浙江省高职院校"十四五"重点立项建设教材

新媒体·新融合·新职业系列丛书

主播素养

主编：金红梅　赵菲菲　林　洁
副主编：童海君　徐可塑　侯肖楠　郑　玲
联合开发：中国轻工业联合会轻工业职业能力评价直属基地

电子工业出版社
Publishing House of Electronics Industry
北京·BEIJING

内容简介

本书以"工学结合、任务驱动"为设计理念,以主播综合职业能力培养为目标,为学习者构建了一个结构化、模块化的行动图谱。本书分为"树德""塑形""修行"三篇,共六个项目,内容包括主播职业道德认知、塑造主播职业形象、修炼主播文化底蕴、培养主播沟通技能、提升主播营销素养和培养主播团队意识。本书诠释了走上主播岗位需具有的核心素质和关键技能,具有鲜明的应用特色。

本书可作为职业院校和应用型本科院校电子商务类、表演艺术类、数字媒体类相关专业的教学用书,也可作为主播从业人员的参考资料和培训用书。

未经许可,不得以任何方式复制或抄袭本书之部分或全部内容。

版权所有,侵权必究。

图书在版编目(CIP)数据

主播素养 / 金红梅,赵菲菲,林洁主编. -- 北京:
电子工业出版社, 2024. 6. -- ISBN 978-7-121-48033-1
Ⅰ. F713.365.2
中国国家版本馆CIP数据核字第2024CQ1852号

责任编辑:张云怡
印　　刷:天津画中画印刷有限公司
装　　订:天津画中画印刷有限公司
出版发行:电子工业出版社
　　　　　北京市海淀区万寿路173信箱　邮编　100036
开　　本:787×1 092　1/16　印张:12.25　黑插:38　字数:438千字
版　　次:2024年6月第1版
印　　次:2025年2月第4次印刷
定　　价:59.80元

凡所购买电子工业出版社图书有缺损问题,请向购买书店调换。若书店售缺,请与本社发行部联系,联系及邮购电话:(010)88254888,88258888。

质量投诉请发邮件至zlts@phei.com.cn,盗版侵权举报请发邮件至dbqq@phei.com.cn。

本书咨询联系方式:(010)88254573,zyy@phei.com.cn。

前　　言

在当下的数字化时代，直播作为一种新媒体营销的传播形式，持续增长的用户数量和迅速扩大的市场规模为电子商务、文化传媒等产业的持续发展和传统产业的转型带来了新的机遇。主播作为直播行业的一个关键岗位，需要了解行业的发展现状，认识岗位的具体职责，熟悉主播行为规范并树立良好的职业心态等。

本书积极贯彻党的二十大和《国家职业教育改革实施方案》文件精神，围绕职业教育人才培养的特色与定位，采用理论与案例相结合的方式，由校企双元合作、创新开发。本书全方位地介绍了主播应具备的综合素养及实操技能，是集实用性、全面性、创新性为一体的新形态活页式教材。

本书以"工学结合、任务驱动"为设计理念，以主播综合职业能力培养为目标，从"树德""塑形""修行"三方面为学习者构建了一个结构化、模块化的行动图谱。从"主播职业道德认知、塑造主播职业形象、修炼主播文化底蕴、培养主播沟通技能、提升主播营销素养和培养主播团队意识"六个维度诠释了走上主播岗位需把握的核心素质和关键技能，具有鲜明的应用特色。

本书遵循"思政引导、岗位导向"的编写原则，整合新经济业态中直播行业对主播岗位人才所需的基本素养及技能知识，突出职业技术技能人才培养的鲜明特色；版式设计新颖活泼，内容表述逻辑清晰，项目设计实用精巧，课程资源丰富多彩，满足学员多样化的学习需求。

本书配以丰富的数字化学习资源和实训项目任务设计，"活页式读本"与"随记式工单手册"相辅相成，传统纸质教材与线上数字化资源相互结合，为开展混合式教学提供了方便，可作为职业院校、应用型本科院校的电子商务类、表演艺术类、数字媒体类相关专业的教学用书；相关数字化资源也为培训机构、直播从业者的自主学习提供了平台。

本书由义乌工商职业技术学院、义乌市城镇职业技术学校、成都工贸职业技术学院、台州职业技术学院、陕西职业技术学院、上海市材料工程学校、泸州职业技术学院与中国轻工业联合会轻工业职业能力评价直属基地（浙江易启莱朗顿教育科技有限公司）、四川莱果驿站科技有限责任公司校企双元联合开发，由金红梅、赵菲菲、林洁任主编，童海君、徐可塑、侯肖楠、郑玲任副主编，程旭东、苗钰、吴天凤、王平春、毛艾嘉、何涛、方小英、俞越、蔡颖、蓝梦佳、于鹏飞、叶芯瑜参与编写。编者参考了大量文献资料并引用了部分企业微博、新媒体号、百度文库等网站的资料，在此对文献资料的作者和相关网站表示诚挚的感谢！同时感谢电子工业出版社编辑人员的辛勤工作！

由于编者水平有限，疏漏之处在所难免，恳请广大读者提出宝贵意见。

编 者

2024 年 2 月

主播素养之"树德"篇

项目一　主播职业道德认知

任务一　了解主播职业现状……………4
　一、主播职业人才缺口大……………5
　二、主播职业岗位需求城市分布广……6
　三、岗位集中在大学学历………………7
　四、中小规模公司多……………………8
　五、从业经验要求不一…………………9
任务二　明确主播岗位职责………………11
　一、直播团队的任务分工、岗位职责和任职资格…………………………11
　二、直播核心岗位商业人才职业能力要求……………………………13
　三、岗位核心能力图谱…………………16
任务三　培养主播良好职业心态…………19
　一、主播需要的职业心态………………19
　二、培养正确的直播心态………………21
　三、主播各阶段心态管理………………22
任务四　熟悉主播行为规范………………26
　一、各个部门对直播的具体要求………28
　二、社会热点……………………………29
　三、未成年人保护………………………29

主播素养之"塑形"篇

项目二　塑造主播职业形象

任务一　定位主播账号……………………35
　一、直播账号的定位类型………………36
　二、直播账号的定位方法………………37
任务二　设计主播人设形象………………40
　一、人设形象的概念……………………41
　二、人设形象的分类……………………41
　三、人设形象的塑造……………………42
任务三　搭建直播间………………………47
　一、直播间搭建的原则…………………47
　二、直播间搭建的细节与技巧…………48
　三、电商直播间的搭建…………………50

主播素养之"修行"篇

项目三　修炼主播文化底蕴

任务一　培养主播逻辑思维………………56
　一、逻辑思维的定义……………………57
　二、逻辑思维的训练……………………58
任务二　训练主播创新思维………………63
　一、创新思维……………………………64
　二、常用的创新思维……………………64
　三、培养创新思维………………………67

任务三 学习网络行业文化 …………… 70	任务四 培育主播礼仪修养 …………… 75
一、网络文化 ……………………… 71	一、直播礼仪 ……………………… 76
二、网络语言文化 ………………… 72	二、形象与才艺 …………………… 77
三、网络直播文化 ………………… 73	三、内在修养 ……………………… 77

项目四　培养主播沟通技能

任务一 主播普通话发音吐字基本功训练	二、主播表情管理的重要性 ……… 112
……………………………………… 87	三、主播训练表情的方法 ………… 113
一、对标准普通话的基本认知 …… 89	四、态势语 ………………………… 116
二、掌握正确的呼吸方法 ………… 91	五、主播常用的身势语言 ………… 116
三、学习正确的普通话发音 ……… 94	六、态势语的训练方法 …………… 121
四、做到吐字归音 ………………… 96	任务四 主播话术设计与训练 ……… 121
任务二 主播语言情感表达训练 …… 102	一、话术的作用 …………………… 123
一、对主播语言情感表达的基本认知	二、直播语言艺术 ………………… 123
………………………………… 103	三、直播话术（以电商直播为例）
二、主播语言情感表达的训练方法	………………………………… 125
………………………………… 106	四、直播节奏把控（以电商直播为例）
任务三 主播表情和态势语训练 …… 110	………………………………… 127
一、表情管理的定义 ……………… 111	

项目五　提升主播营销素养

任务一 了解现代营销基础知识 …… 132	二、消费者心理变化过程 ………… 146
一、市场营销的内涵 ……………… 135	三、消费者购买行为分析 ………… 147
二、营销的核心概念 ……………… 136	任务三 熟悉新媒体营销及品牌策划 … 150
三、直播商品属性常识 …………… 139	一、新媒体营销认知 ……………… 151
任务二 分析消费者心理与行为 …… 143	二、新媒体营销的发展现状 ……… 154
一、消费者购买动机分析 ………… 144	三、新媒体营销下的品牌策划 …… 155

项目六　培养主播团队意识

任务一 认清主播团队角色定位 …… 166	二、多渠道全方位引流 …………… 175
一、主播团队中的八种角色 ……… 167	三、主播引流软文的写法 ………… 181
二、主播团队成员各角色的特点及作用	任务三 训练主播团队协作技能 …… 184
………………………………… 168	一、什么是主播团队 ……………… 185
三、主播团队角色的启示 ………… 170	二、主播团队精神 ………………… 188
任务二 学习主播自我推广技巧 …… 172	三、主播团队沟通 ………………… 189
一、在直播平台中推广自己 ……… 172	

附录　同步实训工单与同步测验

主播素养之"树德"篇

项目一

主播职业道德认知

【项目提要】

近年来,直播作为一种新媒体营销的传播形式,以持续增长的用户数量和迅速扩大的市场规模,为电子商务、文化传媒相关产业的持续发展和传统产业的转型带来了新的机遇。主播作为直播行业的一个关键岗位,需要了解行业的现状,认识岗位的具体职责,培养良好的职业心态,且必须熟悉主播行为规范。

【引导案例】

2021年7月,鸿星尔克的主播在直播间连连高呼:"请大家一定要理性消费。"网友纷纷刷屏道:"不行,我们要野性消费,给我们上最贵的款。"主播又说:"有质量问题,可以7天无理由退货!"网友说:"就算鞋底掉了,我也不找主播!"主播说:"鞋不合适,可以7天内退换货。"网友回复:"不合适我就去砍脚!"这样的直播间,主播和网友的互动堪比说相声。该事件的发生源于鸿星尔克在2021年7月21日为河南捐赠5 000万元物资。7月22日当天,鸿星尔克在淘宝平台的直播观看人次突破200万,是平时的200多倍。7月23日凌晨,鸿星尔克总裁吴荣照赶去直播间,劝大家理性消费。当天,直播观看人次接近900万,比平时增加了近900倍。7月24日,鸿星尔克淘宝平台直播间很多商品售罄,抖音直播间销售破亿元。鸿星尔克官方直播间页面如图1-1所示。

图1-1 鸿星尔克官方直播间页面

项目一　主播职业道德认知

【案例分析】

河南郑州"7·20"特大暴雨灾害发生后，鸿星尔克捐出5 000万元物资。一时之间，鸿星尔克成为"国货之光"。大家抢购、刷段子，似乎所有网民都挤进了其直播间。

本案例中，主播看似"消极"卖货，实则带动了网民爱国情绪的持续高涨，不断迭代，持续共鸣，起到了长久反向激励的作用。直播间是视频时代的"官微"，是网民直接认识品牌的窗口，更是实时更新的意见广场。主播的言谈举止在很大程度上左右着网民的情绪，网民将情绪化作消费，流量直接指向成交量。

那么，当下主播的职业现状是什么样的呢？国家对主播从业人员有何要求？直播过程中不可触碰的底线是什么？通过本项目的学习，以上问题将一一得到解答，为大家开启主播岗位认知的大门。

【思政目标】

1. 践行社会主义核心价值观，培育深厚的爱国情感、国家认同感。
2. 树立法律意识、原创意识，遵守《中华人民共和国电子商务法》《中华人民共和国广告法》《网络主播行为规范》等法律法规。
3. 坚持守正创新，弘扬爱国精神。
4. 培养良好的主播职业心态。

【知识目标】

1. 了解主播职业现状。
2. 掌握主播岗位职责。
3. 熟悉主播行为规范。

【技能目标】

1. 能区分直播团队不同岗位的职业能力要求。
2. 能培养良好的主播职业心态。
3. 能规避主播的不良行为。

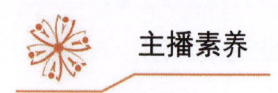

【思维导图】

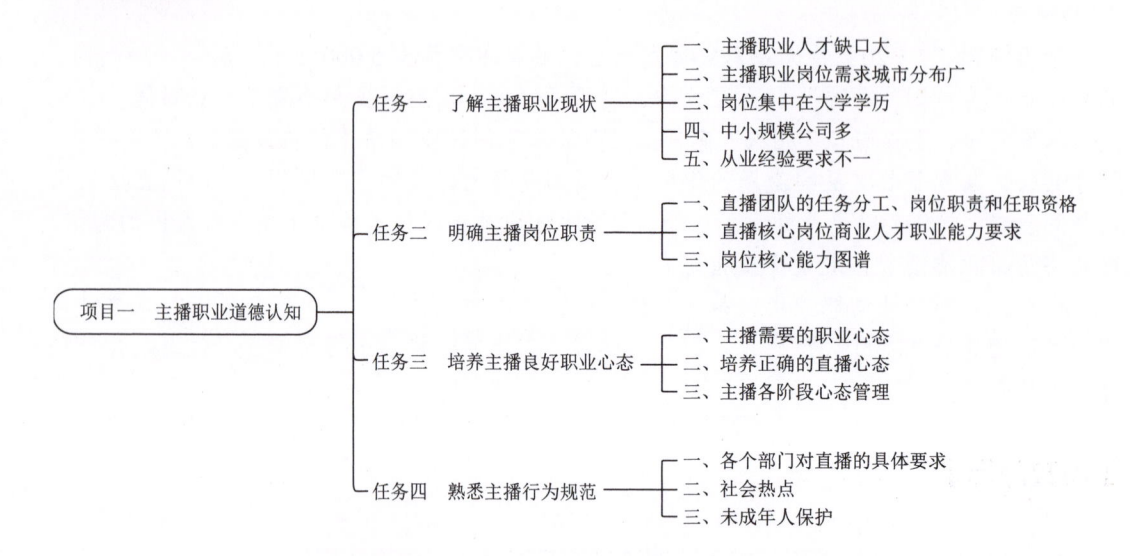

项目一　主播职业道德认知
- 任务一　了解主播职业现状
  - 一、主播职业人才缺口大
  - 二、主播职业岗位需求城市分布广
  - 三、岗位集中在大学学历
  - 四、中小规模公司多
  - 五、从业经验要求不一
- 任务二　明确主播岗位职责
  - 一、直播团队的任务分工、岗位职责和任职资格
  - 二、直播核心岗位商业人才职业能力要求
  - 三、岗位核心能力图谱
- 任务三　培养主播良好职业心态
  - 一、主播需要的职业心态
  - 二、培养正确的直播心态
  - 三、主播各阶段心态管理
- 任务四　熟悉主播行为规范
  - 一、各个部门对直播的具体要求
  - 二、社会热点
  - 三、未成年人保护

任务一　了解主播职业现状

【课前互动】

建议5人组成一个讨论组，分工合作，对电商直播中主播职业的现状进行调查和讨论，各抒己见。

举例说明：分享对电商直播中主播职业现状的认识。

总结与反思：分享本次讨论的结果和体会。

【任务尝试】

1. 登录"巨量学"网站，搜索"主播"相关内容，进行职业现状调查，如图1-2所示。

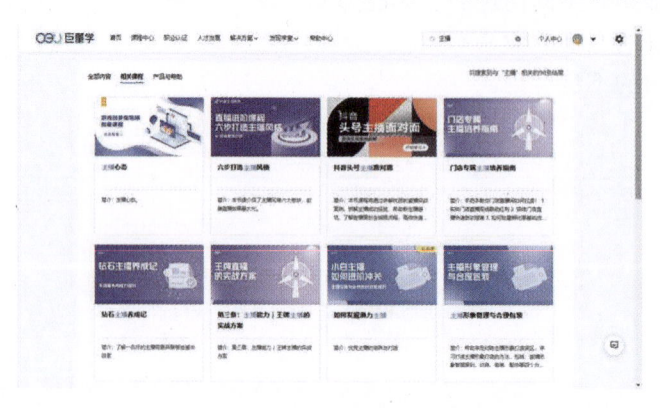

图1-2　搜索"主播"相关内容

2. 登录"前程无忧"网站，搜索"电商带货主播"相关内容，进行岗位职责、任职要求的调查，如图1-3所示。

图1-3 搜索"电商带货主播"相关内容

【任务反思】

体会：

困惑：

【知识链接】

一、主播职业人才缺口大

直播行业涉及多个工作岗位，因行业整体发展快，人才需求量大。六个重点岗位需求量占比如图1-4所示。

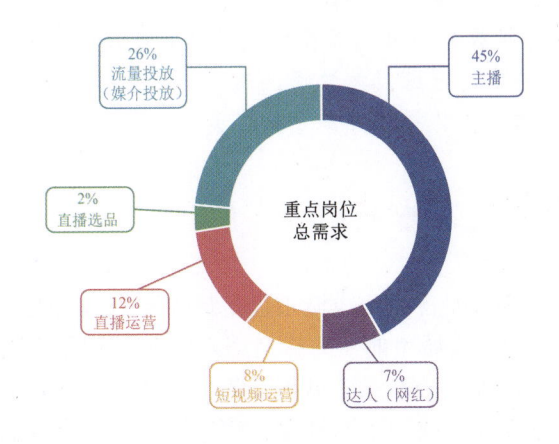

图1-4 六个重点岗位需求量占比

在"主播、达人（网红）、短视频运营、直播运营、直播选品、流量投放（媒介投放）"六个重点岗位中，需求量排名第一的是主播，占比达45%。这与这些年直播电商迅猛发展有关，同时，因为主播对体力消耗较大，很多直播间和工作室实行多班倒的工作机制，因此主播岗位需求相对较大。"全民直播"的时代悄然来临，人人皆主播，万物皆可播。主播需求量虽大，但从客服、销售等岗位转岗快，培训体系也成熟，总体来说成长速度很快。

需求量排名第二的是流量投放（媒介投放），占总需求的26%。这类人才需要有较强的数据分析能力，且熟悉平台，能够提升粉丝数量和转化率，是较稀缺和难以培养的。

排名第三的是直播运营，占比为12%。直播运营是随着直播行业的发展新增的需求，这类人才有一定量的供给，但是能力强、能够操盘和整体运营的高端人才比较稀缺。

排名第四和第五的分别是短视频运营和达人（网红），分别占8%和7%。因为短视频行业从2017年就开始发展，目前已经进入一个稳定期，人才供给和需求都相对稳定。直播选品岗位需求在六个重点岗位中相对较少，只占2%。这与选品和运营岗位需求重合有一定关系。

六个重点岗位概念界定

1. **主播**：指在直播间直接向公众介绍、推销商品或服务的出镜者，以直播带货为主要工作内容，多服务于品牌或商家，依附于企业账号开展工作。

2. **达人（网红）**：指以短视频创作表演及直播带货为主要工作内容的出镜创作者，他们多拥有个人独立账号及粉丝群体，有独立的内容创作能力，在垂直领域有一定影响力。

3. **短视频运营**：指负责短视频账号的日常运营人员。该岗位的主要工作内容包括策划短视频内容，对短视频在各平台的运营数据进行监测及分析，挖掘用户需求，运营粉丝社群，参与平台活动并进行宣发、复盘，建立有效的运营及传播策略等。

4. **直播运营**：指负责带货直播间日常运营的人员。该岗位的主要工作内容包括策划直播流程，协调各工种合力推进直播工作，把控直播流程及整体数据，参与平台直播活动并进行宣发、数据复盘，运营粉丝社群并与之开展互动，挖掘粉丝需求，建立有效的运营及传播策略等。

5. **直播选品**：负责与品牌方对接，对所招募的商品进行评估、甄别、筛选，协助主播及团队了解商品，为公众提供优质商品。

6. **流量投放（媒介投放）**：分为短视频投放和直播投放两种。该岗位主要负责在短视频运营和直播过程中实时跟踪投放数据，确定、调整广告投放策略，提升短视频播放量、用户转化率等数据，优化投放方案及推广策略。

二、主播职业岗位需求城市分布广

就六个重点岗位的总需求而言，一线城市仍是最主要的需求地。北京、广州、深圳作为一线城市名列前三，同为一线城市的上海排名第六。新一线城市中郑州、杭州超越上海，排名第四、第五，成都、沈阳、长沙三个城市紧随上海之后，排名第七、第八、第九，以上信息说明主播岗位需求在新一线城市同样存在较大缺口。六个重点岗位需求主要城市分布如图1-5所示。

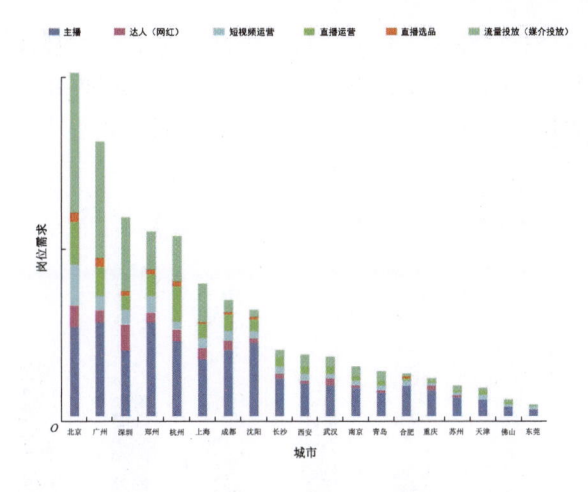

图 1-5　六个重点岗位需求主要城市分布

人口的优势造就了郑州在直播领域的独有特色，郑州的直播行业雏形基本形成，几大主题概念直播基地、商圈等，都凸显了郑州在直播行业的核心竞争力。杭州有电商人才集聚的优势，2020 年 7 月 9 日，杭州市商务局出台《关于加快杭州市直播电商经济发展的若干意见》，大力建设直播电商园区、培育和引进直播达人（网红）、通过奖励和补贴推动头部主播在杭州落户。这些优厚政策对于主播职业人才引进及直播短视频产业发展均有催化剂的作用。成都、沈阳、长沙等地历来具有娱乐精神，依托本地网红资源、内容制作能力和文化积淀，在直播行业优势明显，这些城市的产业和人才集聚效应逐渐显现。

三、岗位集中在大学学历

直播岗位学历需求分布如图 1-6 所示。本科和专科的占比达到 56.7%，其中本科占比为 24.2%，专科占比为 32.5%，以上数据说明直播行业的大部分岗位对人才学历的要求是大学学历。除此之外，"学历不限"占 38.7%，高中及以下占 4.5%；硕士研究生及以上几乎可以忽略不计，占比只有 0.1%。从直播岗位学历需求分布来看，直播行业的就业岗位较为丰富，包含各个学历层次。

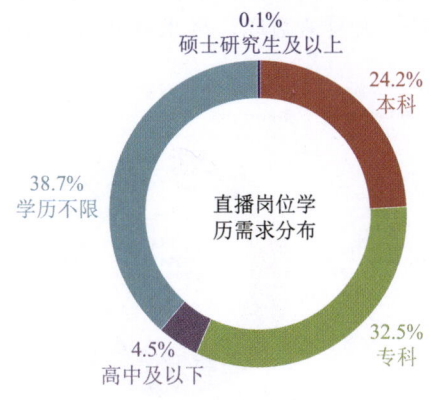

图 1-6　直播岗位学历需求分布

六个重点岗位学历分布如图 1-7 所示。从各个岗位来看，主播岗位"学历不限"占比较大，主播岗位需求中，有 60%以上的岗位不限学历。达人（网红）岗位"学历不限"的占比也超过 40%。主播和达人（网红）作为出镜的表演者和销售人员，独树一帜的表达能力和内容创作能力比学历更为重要。

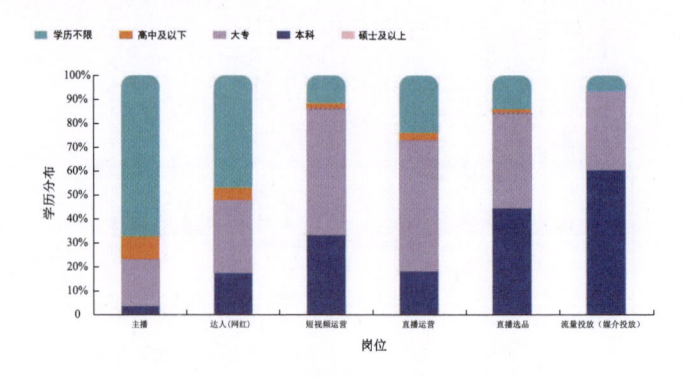

图 1-7　六个重点岗位学历分布

另外四个岗位，如短视频运营、直播运营、直播选品和流量投放（媒介投放）对学历的要求相对较高，专科和本科的学历占比均超过 70%，说明这些岗位对于人才综合素质的要求更高。

总的来说，直播行业的学历门槛虽然不是特别高，但是学习能力强、数据敏感度高、能够不断迭代进步的人才在这个行业中是成长得比较快的。在调研中也发现，因为短视频和直播等消费群体的年轻化，越来越多的经纪公司开始在高校中挖掘学历和文化素质较高的种子达人，进行培养和孵化。

四、中小规模公司多

直播行业公司规模情况如图 1-8 所示。公司规模中 20～99 人和 100～499 人的占比相差不大，两者加起来占比达 71%，其中 100～499 人规模的公司占比为 37%，20～99 人规模的公司占比为 34%，这些公司多为行业中的生态服务公司。这与行业特质联系紧密，因为直播行业属于人才密集型行业，岗位众多、类别分散，公司过大会造成管理难度增加。早期起步阶段，很多公司是一人身兼数职，要求从业者有比较全面的能力。

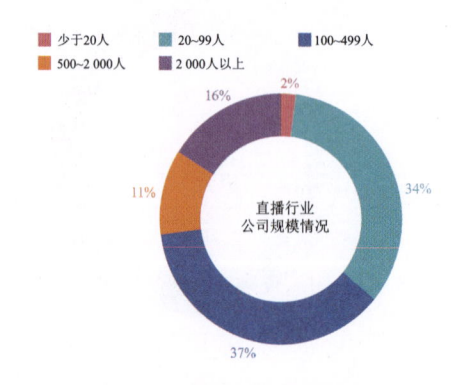

图 1-8　直播行业公司规模情况

公司规模中 2 000 人以上的占比为 16%，这部分公司主要以品牌商为主，很多品牌商在委托生态服务公司进行直播服务的同时，也会自主招聘和培养一些直播人才，并培养内部相关营销人才。

直播行业的相关岗位之所以具有吸引力，是因为其在薪资待遇方面有较大的成长空间。以行业中最为典型的主播岗位来看，随着经验的增长和从业年限的增加，起薪的上涨幅度在 20% 以上。主播岗位不同从业经验平均起薪情况如图 1-9 所示。还有很多岗位会在基本工资的基础上，再根据销售业绩情况增加发放业务提成（一般为销售额的 10%～30%）奖励。

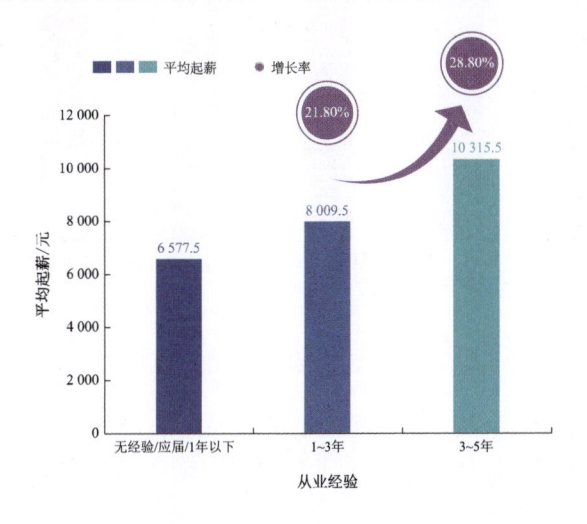

图 1-9　主播岗位不同从业经验平均起薪情况

五、从业经验要求不一

直播行业从业经验要求分布如图 1-10 所示。整体来看，在所有岗位对从业经验的要求中，无经验占比 4%，1 年以下占比 4%，1～3 年占比 34%，3～5 年占比 11%，5～10 年占比 2%，不限经验占比 45%。这与其新兴职业性质不无关系。从 2016 年开始的几年时间里，拥有 1～3 年工作经验者是与短视频共同成长的一批人。"不限经验"占比最多，更凸显了这个行业的年轻态势。这是一个不被条条框框束缚的行业，它需要不断创新，需要大胆突破。

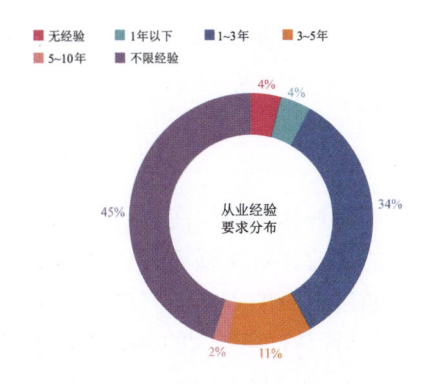

图 1-10　直播行业从业经验要求分布

主播素养

直播行业主要岗位从业经验要求分布如图 1-11 所示。分开来看，在主播、达人（网红）岗位中对从业经验的要求不限经验的占比远超 1～3 年的占比，而在短视频运营、直播运营、直播选品和流量投放（媒介投放）岗位中，1～3 年从业经验的人才需求远大于不限经验的人才需求，这说明这几个岗位对经验值的要求更高。

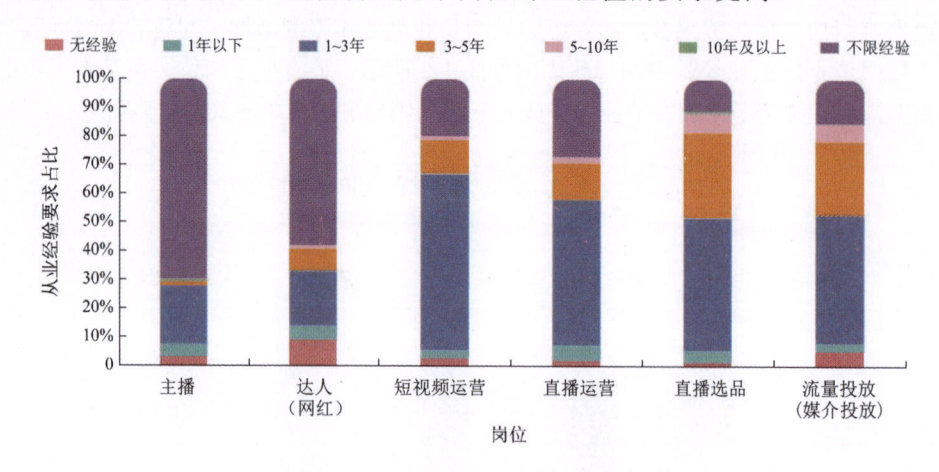

图 1-11　直播行业主要岗位从业经验要求分布

主播岗位性别、年龄、学历、从业经验的分布如图 1-12 所示。主播岗位以女性为主要群体，年龄分布以 18～25 岁为主，本科/专科学历占据样本绝大多数，大部分主播从业经验在 1 年以下，新人主播较多。

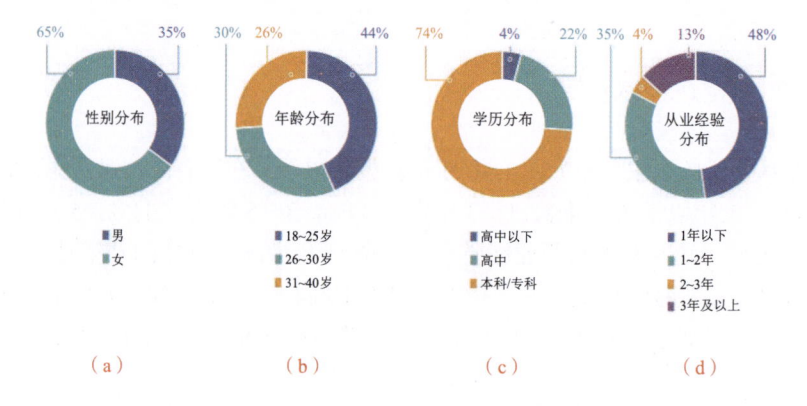

图 1-12　主播岗位性别、年龄、学历、从业经验的分布

【思政园地】

主播是数字经济下的新兴职业群体，他们在各电商平台中积极地推荐并销售商品，找到了可以长效发展、长期经营的事业。对主播而言，"诚实可信"不仅是重要品质，也是形成长期竞争力的关键所在，通过自身的"专业有趣"，帮助用户找到更多好物。不少主播已经具有公众人物属性，一言一行具有相当大的舆论影响力和示范效应。因此，主播不仅需要"守规立信"，在合规守法等方面及时自查自纠，也需要"助益社会"，积极借助平台参与对社会有价值的活动，在承担社会责任的同时，树立自身的正面形象，营造正向氛围。

任务二　明确主播岗位职责

【课前互动】

建议5人组成一个讨论组，分工合作，对当前主流类目直播活动中的主播行为、职责进行调查和讨论，各抒己见。

举例说明：就主播的形象、表达能力及具体工作进行讨论，汇总组员意见，总结主播的岗位职责。

总结与反思：分享本次讨论的结果和体会。

【任务尝试】

登录"抖音"平台，观看服饰、美妆、食品类目的直播各1例，从以下4个方面谈谈主播给人的第一印象。

1. 主播角色、形象是否清晰，是否有易被人记住的特点，是否和品牌调性一致。
2. 主播、副播分工是否明确。
3. 主播是否口齿清晰，对商品是否足够熟悉。
4. 主播语言是否生动、情绪是否饱满，是否能快速带动观看直播的平台用户的情绪。

【任务反思】

体会：

困惑：

【知识链接】

一、直播团队的任务分工、岗位职责和任职资格

直播营销的核心职能团队通常有招商选品团队、直播策划团队、直播团队和直播后期团队。其中，直播团队通常有导演、制片、导播、主播、副播、直播控场、直播运营、运营助理等岗位角色，具体的任务分工、岗位职责和任职资格如表1-1所示。

直播营销的核心职能团队

1. **招商选品团队**。工作内容主要包括拓展供应商渠道、开拓主播和达人（网红）资源、对所招募的商品进行评估和筛选、负责供应商审核和商品合规管理。

2. **直播策划团队**。工作内容主要包括对接项目客户需求、策划直播间台本、策划直播活动，直至项目结束。

3. **直播团队**。工作内容主要包括在大型电商直播中，协调直播流程、保证直播效果；负责总体筹备、保障进度、控制预算；调动和切换摄像机位；进行商品直播讲解及销售；协助主播进行补充讲解，回答直播中的相关问题；提升直播间用户活跃度和活跃直播间气氛，协调突发状况；从整体上进行直播策划和数据提升，负责流量投放，提升直播间ROI（Return On Investment，投资回报率）；协助直播运营开展工作。

4. **直播后期团队**。工作内容主要包括解答用户下单前的问题，解答用户下单和收货后的问题，维护用户与主播黏性，提升主播账号曝光度。

表 1-1　直播团队的任务分工、岗位职责和任职资格

角色	任务分工	岗位职责	任职资格
导演	在大型电商直播中协调直播流程、保证直播效果	统筹直播和直播预告的拍摄录制，负责现场的调度与控制，研发电商直播模式，规划直播排期，控制直播流程、进度、商业执行	能够独立推动整场直播的进程，熟悉平台直播运营环境，具备现场组织能力和团队管理经验；具备较强的创新思维能力，对直播趋势和受众需求有认知
制片	在大型电商直播中负责总体筹备、保障进度、控制预算	负责筛选制作团队，统筹内容设置各个环节的工作；严格执行制片计划及制片预算，跟踪制作过程，保障进度，确保直播质量	熟悉前期筹备、中后期制作全流程及成本；具备良好团队协作意识和综合统筹的能力
导播	在大型电商直播中调动和切换摄像机位	负责直播前设备调试，熟悉直播流程、摄像机布局、灯光布局和完成直播期间导播、跟机工作，保证画面切换质量	熟练使用摄影、摄像设备；工作细致耐心，有责任心，具备较强的沟通能力和学习能力
主播	进行商品直播讲解及销售	负责在直播中介绍、展示商品，与用户进行互动；负责直播后复盘，分析总结话术、情绪、表情、声音等	具备主播职业心态和形象包装能力、话术技巧运用能力；开朗、自信，拥有良好的镜头感；思维敏捷，沟通能力强，具备较强的控场能力
副播	协助主播进行补充讲解，回答直播期间相关问题	直播中负责协助主播介绍、展示商品，回答用户问题，活跃直播间气氛；直播后协助主播复盘	熟悉直播流程、商品信息以及直播脚本内容；性格外向、善于沟通，思维敏捷，具备较强的应变能力
直播控场	提升直播间用户活跃度，活跃直播间气氛，协调突发状况	负责直播节奏的把控、直播间布置规划，活跃气氛；负责直播前设备调试，商品上下架、改价、活动设置，页面信息的编辑、中控台操作；关注直播现场情况，及时解决突发问题	具备直播间场景搭建能力；熟悉中控台控制，具备较强的应变能力，思维敏捷

角色	任务分工	岗位职责	任职资格
直播运营	从整体上进行直播策划和数据提升，负责流量投放，提升直播间 ROI	负责对转化率、销售额等日常直播数据、活动运营数据进行统计分析，从主播和品牌角度出发，总结和分析商品及活动中的问题，及时调整运营策略并推动落地，给予主播直播建议； 研究用户需求和转化特征，促进直播间引流和转化，深入理解选品、营销活动、补贴政策等对交易转化有影响的因素，驱动运营节奏，保证商品销售转化； 负责直播过程中的流量投放、流量检测、流量监控及追踪，通过数据分析进行投放优化，调整推广策略，对 ROI 数据负责，根据主播沉淀能力准确评估投放量	具备直播运营能力； 熟悉直播卖货规则，了解直播行业营销手段； 对数据敏感，了解流量运营规则，对市场动态敏感，具备市场分析、判断能力； 具备团队管理及策划能力、跨部门沟通及外部资源整合能力，有电商直播或新媒体经验； 拥有直播投放经验，熟悉短视频平台及其他媒介； 具备较强的逻辑思维和数据分析能力
运营助理	协助直播运营开展工作	负责直播日常运营和维护等协助性工作，包括直播排期、直播内容策划、活动策划及素材优化等	具备沟通协调能力，有责任心和团队合作意识

二、直播核心岗位商业人才职业能力要求

直播核心岗位有主播、直播运营、直播选品和流量投放（媒介投放），具体岗位核心能力要求如下。

（一）主播

主播岗位核心能力要求如图 1-13 所示。

图 1-13 主播岗位核心能力要求

1. 流量承接能力

（1）明晰品牌定位及其用户群体定位，能够将账号已有用户流量转化为消费用户。

（2）能承接各渠道（广告投放、信息流投放等）流量，并将其转化为用户流量与消费用户。

2. 形象管理能力

（1）能够在镜头前展现与品牌或商品理念相符的形象。

（2）能够根据品牌风格包装个人 IP（Intellectual Property，知识产权）。

3. 卖点提炼能力

对带货商品有较为全面的了解，能够对商品卖点进行概括输出。

4. 互动控场能力

（1）能够把握直播节奏。

（2）能够及时回复用户提问，并展开话题互动。

（3）能够冷静应对突发事件。

5. 个性感染能力

（1）拥有一定的镜头表现力。

（2）拥有明显的个性特征和特定的语言风格。

6. 心理抗压能力

（1）能够坚持长时间直播，适应临时加班、早班、晚班等作息调度。

（2）面对直播间负面评价、言论及其他突发状况时，能够管理个人情绪，顺利完成直播。

7. 学习调整能力

（1）能够不断总结、复盘直播过程，学习并完善直播技能。

（2）能够根据直播效果和反馈调整个人表现以达到直播目标。

（二）直播运营

直播运营岗位核心能力要求如图 1-14 所示。

图 1-14 直播运营岗位核心能力要求

1. 直播内容策划能力

（1）能够根据账号特征、品牌特征等设置直播创意环节及流程策划。

（2）能够进行直播脚本（文案）策划。

2. 控场协调能力

（1）具备现场导演能力，在现场能够调度商品上下架、改价，保障直播策略的实施。

（2）能够参与调节直播间气氛，配合主播进行商品讲解和互动，帮助主播完成直播。

3. 数据分析能力

（1）直播期间能够记录并跟进直播间用户问题及需求，能够进行数据统计分析与监测。

（2）直播结束后能够对直播数据进行汇总、整理、分析，并提供反馈报告和优化建议。

4. 直播活动策划及运营能力

（1）了解账号所在平台发布规则及活动规则，了解平台的流量逻辑。

（2）能够策划并执行直播活动，能够联动技术、商品人员开展活动。

（3）能够对活动效果总结复盘，并持续优化活动运营计划。

5. 用户运营能力

（1）协助主播与平台用户进行互动、答疑，提升其互动频次，维持互动秩序。
（2）能够通过直播数据复盘进行用户画像分析，跟进用户需求，完善直播运营策略。

（三）直播选品

直播选品岗位核心能力要求如图 1-15 所示。

图 1-15　直播选品岗位核心能力要求

1. 品控能力

（1）能够对商品质量、品类、卖点等进行全方位评估、筛选，鉴别出优质商品。
（2）判断商品潜力，识别电商爆款。

2. 达人（网红）选配能力

（1）能够根据特性、风格将商品与主播/达人（网红）进行对应匹配，达成合作共识。
（2）能够使主播/达人（网红）与品牌之间达成长期稳定合作。

3. 市场洞察力

（1）能够了解并掌握行业最新动态及商品流行趋势，发掘有竞争力的新品。
（2）能够对商品销售数据进行分析，对商品周期与价格有准确的趋势判断，优化选品方案。

4. 沟通协调能力

能够和内容运营团队进行沟通，根据内容运营数据分析结果反馈优化选品方案。

5. 谈判议价能力

掌握一定的谈判技巧，能够获取商品底价并与商家进行沟通谈判，争取优惠价格或粉丝福利。

（四）流量投放（媒介投放）

流量投放（媒介投放）岗位核心能力要求如图 1-16 所示。

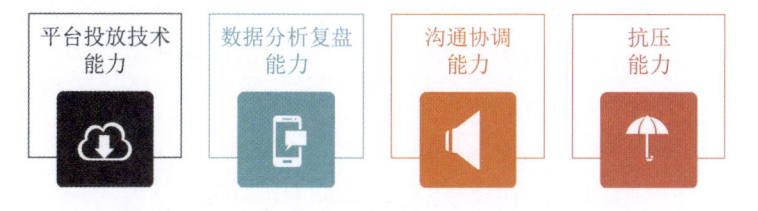

图 1-16　流量投放（媒介投放）岗位核心能力要求

1. 平台投放技术能力

（1）掌握平台投放系统规则、工具及操作技能。

（2）熟悉平台活动规则、底层逻辑、流量走向。

2. 数据分析复盘能力

（1）能够实时跟踪投放数据，结合数据提高点击率、转化率，降低投放成本。

（2）能够对数据进行统计、分析、复盘，优化投放策略。

（3）能够定期收集和分析同行业或跨行业的数据，对业内相关商品和竞争对手进行数据监测及分析。

3. 沟通协调能力

（1）能够与主播和各部门多向沟通，输出直播及短视频数据复盘结果及建议。

（2）能够与设计、商务、推广、运营等部门进行沟通协调，确保工作顺利进行。

4. 抗压能力

能适应临时加班、早班、晚班等作息调度，适应长时间开展工作。

三、岗位核心能力图谱

（一）主播

1. 主播岗位核心能力

主播岗位核心能力阐释及平均得分如表1-2所示。

表1-2 主播岗位核心能力阐释及平均得分

主播岗位核心能力	能力阐释	平均得分
流量承接能力	明晰品牌定位及用户群体定位，能够将账号已有用户流量转化为消费用户	7.25
	能够承接各渠道（广告投放、信息流投放等）流量，并将其转化为用户流量与消费用户	7.18
形象管理能力	能够在镜头前展现与品牌或商品理念相符的形象	7.83
	能够根据品牌风格包装个人IP	7.66
卖点提炼能力	对带货商品有较为全面的了解，能够对商品卖点进行概括输出	7.87
互动控场能力	能够把握直播节奏	7.62
	能够及时回复用户提问，并展开话题互动	7.94
	能够冷静应对突发事件	7.64
个性感染能力	拥有一定的镜头表现力	7.85
	拥有明显个性特征和特定语言风格	7.73
心理抗压能力	能够坚持长时间直播，适应临时加班、早班、晚班等作息调度	7.81
	能够管理个人情绪，顺利完成直播	7.93
学习调整能力	能够不断总结、复盘直播过程，学习并完善直播技能	7.78
	能够根据直播效果和反馈调整个人表现以达到直播目标	7.72

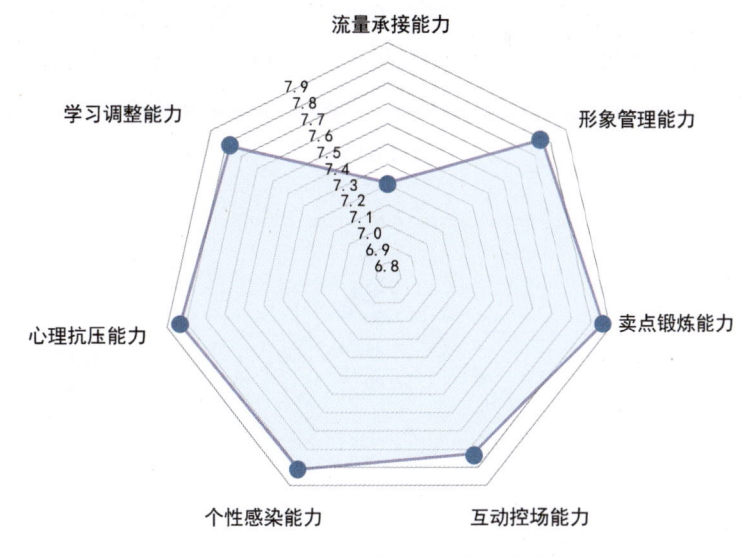

2. 主播岗位核心能力图谱

主播岗位核心能力图谱如图 1-17 所示。以岗位的每一项能力为一个维度，通过计算能力指标平均分，绘制出主播岗位核心能力图谱，从而直观地反映目前主播岗位核心能力长短板状况。

图 1-17 主播岗位核心能力图谱

流量承接能力培养难度大，需要主播不断学习，在工作中不断总结，因此，在主播的各项核心能力评估中，流量承接能力较为薄弱。但是，在各项能力排序中，流量承接能力属于主播的核心竞争能力，因此，该方面的能力培养是未来主播岗位培训的重点。

（二）达人（网红）

1. 达人（网红）岗位核心能力

达人（网红）岗位核心能力阐释及平均得分如表 1-3 所示。

表 1-3 达人（网红）岗位核心能力阐释及平均得分

达人（网红）岗位核心能力	能力阐释	平均得分
流量承接能力	明晰品牌定位及其用户群体定位，能将账号已有用户流量转化为消费用户	7.56
	能承接各渠道（广告投放、信息流投放等）流量，并将其转化为用户流量与消费用户	7.42
垂直领域专业能力	在某一垂直领域拥有专业的知识与经验	7.53
推广互动能力	能充分结合自身定位对商品进行包装及推广	7.72
	能有效与用户互动，提升推广效果	7.58
内容创作能力	有特定的短视频内容或直播带货风格	7.58
	能结合自身定位、风格、粉丝群体特征及商品诉求进行内容策划	7.53

2. 达人（网红）岗位核心能力图谱

达人（网红）岗位核心能力图谱如图 1-18 所示。由图可知，在达人（网红）岗位四项能力评估中，推广互动能力是最强项，而流量承接能力是达人（网红）的最短板，垂直领域专业能力和内容创作能力同样分值较低。垂直领域专业能力和内容创作能力与达人（网红）个人知识水平、生活阅历相关，因此，在对达人（网红）培训的过程中，不仅需要设计培训课程，还需要让达人（网红）自觉地、主动地学习专业知识。

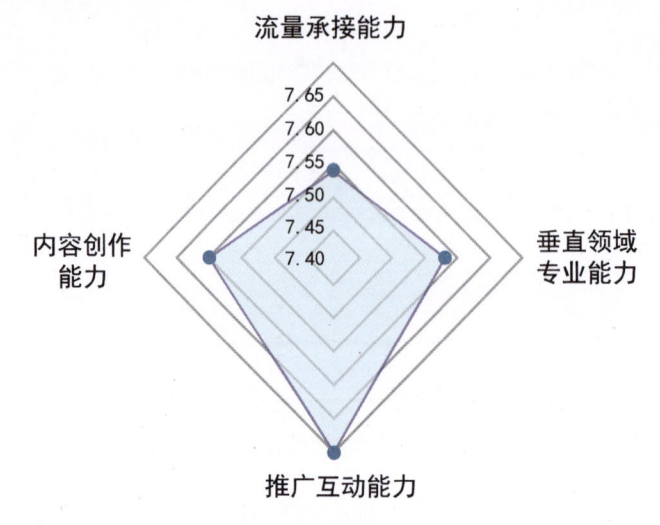

图 1-18 达人（网红）岗位核心能力图谱

（三）主播和达人（网红）需要重点提升的能力

根据岗位核心能力评估，目前用户对于主播和达人（网红）的评价与行业内部评价之间差异较大，用户对于主播和达人（网红）的能力普遍不满意。结合用户对整个直播行业的期待来看，主播和达人（网红）的素质提升是直播行业人才建设较为重要的一环。从主播和达人（网红）岗位核心能力图谱来看，目前主播和达人（网红）的流量承接能力均为短板，流量承接能力是主播和达人（网红）需要重点提升的能力。

短视频社交平台是较大的用户流量平台，对于主播和达人（网红）来说，只有理解平台算法逻辑，懂得广告投放的基本要领，才能够高效地获得流量，才能在短视频和直播运营的过程中"接住"流量，实现传播效果与商业价值的同步提升。

【思政园地】

《网络直播营销管理办法（试行）》相关规定

第三条 从事网络直播营销活动，应当遵守法律法规，遵循公序良俗，遵守商业道德，坚持正确导向，弘扬社会主义核心价值观，营造良好网络生态。

第十七条 直播营销人员或者直播间运营者为自然人的，应当年满十六周岁；十六周岁以上的未成年人申请成为直播营销人员或者直播间运营者的，应当经监护人同意。

任务三　培养主播良好职业心态

【课前互动】

建议 5 人组成一个讨论组，分工合作，对当前电商直播中的主播心理状态进行调查和讨论，各抒己见。

举例说明：分享自己对电商直播中主播心理抗压能力的认识。

总结与反思：分享本次讨论的结果和体会。

【任务尝试】

登录"巨量学"网站，搜索"主播心态"，初步学习"主播心态"微课。"主播心态"微课如图 1-19 所示。

图 1-19 "主播心态"微课

【任务反思】

体会：

困惑：

【知识链接】

一、主播需要的职业心态

好的职业心态是营养品，会滋养我们的人生。积累小自信，成就大雄心；积累小成绩，成就大事业。有相当数量的人,分不清个人心态和职业心态,放任自己的情绪,用个人心态来对待工作。一个人之所以成功,心态占百分之九十九,能力只占百分之一,可见心态的重要性。

职业心态如图 1-20 所示。

图 1-20 职业心态

主播需要的主要职业心态如下。

(一)自信

主播如果连自己都不相信,那么就没有能力让用户相信,更不可能获得用户的支持。如果主播不自信,随之而来的便是对直播的恐慌,怕播不好、没人气、用户不喜欢。总之,会有各种各样的顾虑,这样的顾虑就会成为绊脚石,导致直播表现不佳、流量上不去,使主播更加失去信心,进而形成恶性循环。主播只有对自己的工作能力高度认可,并将细节做到极致,才能影响用户,使用户感觉到时间与注意力的价值得到充分体现。

(二)敬业

主播要把直播事业看成一个使命、一个目标。每一个主播在从业初期都会经历"无人观看"或者"少人观看"阶段,这很正常。作为一名主播,在经历"少人观看"阶段时,也必须尽职尽责、认真地直播。主播一定要时刻记住,哪怕直播间只有自己一个人在,也必须用最佳的状态,全力以赴地去做完这场直播。因为天道酬勤,好运往往会眷顾那些努力的人。

(三)积极

事物都具有两面性,我们用积极的心态去看,看到的永远是事物好的一面,而用消极的心态去看,只能看到事物坏的一面。积极的心态能把坏的事情变好,消极的心态能把好的事情变坏。主播在直播的时候可能都遇到过这样一个问题:有人觉得他的声音好听,他的直播有意思;有人觉得他的声音难听,他的直播很无聊。但是主播不能因为用户的评价而难过,打不起精神,觉得自己不适合当主播。因为每个人的价值观不同,主播不可能做到被每个人喜欢,所以无论直播中发生什么事情,主播都必须以最积极乐观的态度去对待。

（四）学习

学习是给自己补充能量的过程，先有输入，后才有输出。不断地学习新知识，加快知识的更新迭代，将有助于主播想出新玩法、创作新内容，把已有粉丝（用户转化而来）的关注周期大大延长，并且更容易得到新用户的关注，从而在主播的路上走得更远。用心去做直播的主播会将自己的知识、学识和体验用不同的方法表现出来，不断提高直播质量和效果，从而有效吸引用户。主播只有不断地学习，才能适应行业的发展。

以上这些就是主播直播时需要具备的职业心态。主播是一份具有挑战性的工作，只有正视主播的工作性质，永远怀着感恩和谦卑的心不断学习，才能真正地做好直播。

二、培养正确的直播心态

（一）耐心是成功的垫脚石

刚加入主播行列的人，往往因为没有耐心而放弃直播。要知道，做每一件事都需要有十足的耐心。只有坚持在线直播，才会让越来越多的人关注自己，所以说，耐心与坚持是直播成功的垫脚石。

1. 耐心的重要性

直播时，很多平台用户往往喜欢问问题，并且会问与直播不相关的问题，导致主播心情不愉快。但是，作为主播要有足够的职业素养，这样才能得到用户的支持。对用户提出的问题，主播要耐心回复。要想成为一名合格的主播，一定要有足够的耐心。

2. 耐心的培养

（1）主播应调整好心态，静下心来给自己进行定位，理清楚自己的思路，直播的目的，最后要达到的效果或者获得的结果。

（2）主播应给自己制定目标，有目标才有前行的动力。确定直播时长或者粉丝数，相信自己有耐心和能进步。主播耐心培养的关键动作与说明如表1-4所示。

表1-4 主播耐心培养的关键动作与说明

关键动作	说明
足够用心的扶持期	很多直播平台都会给予5～7天的新注册账号流量扶持期，主播要珍惜扶持期，做好冷启动。平台还会用大数据和算法来做流量分配，因此，初期数据和表现对后期直播间运营有非常重要的意义
足够稳定的直播时间	不能"三天打鱼，两天晒网"，可以不每天都直播，但是时间一定要相对固定（如某带货主播基本上是每晚19:00～23:00直播）
足够久的直播时长	如果时间太短，直播间人气会无法积累，而且平台通过数据看到主播的努力，也会有流量奖励（如某些直播间在初始阶段，直播在线人数一直是几百人，但是坚持直播一段时间后，某一天得到平台流量扶持，涌进来10万人）
足够多的耐心培养	先多花心思为直播间的粉丝争取福利，多表现自己的专业性，多做能培养自己和粉丝感情的事情，慢慢获得粉丝足够的信任，树立自己的形象，再一步步带货。这是一个积累的过程，不能心急

（二）降低失落感，加强抗压能力

随着互联网的高速发展、信息的快速迭代、社会舆论影响力的扩大，主播难免会遭受来自各方面的压力。很多主播会因为自身和外界的压力而陷入职业价值否定，从而否定自我价值。因此，主播也需要更多的心理建设，从而能够更好地面对直播中出现的各种问题。

作为直播行业的新人，不要盲目地与他人进行比较。有的主播运气非常好，刚开始直播便收获了很多用户的支持，能够在最准确的时机把握机会，这也是他们背后辛勤付出的结果。因此，不要羡慕别人，主播需要做的就是尽量提升并完善自己，当自己足够优秀的时候，自然就会收获很多用户的喜欢。

对主播性格和心理承受能力的要求，或许在早期更胜过专业度与表现力。如果主播具有出色的共情能力与同情心，其一定会"好风凭借力，送我上青云"。因此，每一位主播都要学好心态管理课。

（三）培养控场能力与合作意识

能力和意识决定了主播的成功，也决定了主播的高度。控场与合作是主播必备的能力和意识。主播要学会控制现场气氛和发展走向。一个人可以成才，一群人可以成事，一帮人可以成功。即使主播再优秀，能唱、能跳、能演，如果没有合理的组织策划、场景搭建、供应链配套等，直播也很难实现长久盈利。事业是靠团队支撑起来的，小成就靠个人，大成就靠团队，没有完美的个人，只有完美的团队。

我们不能保证拥有积极向上的态度和合作意识就一定能成功，但是成功的主播都必须具有良好的心态。每位主播不论直播资历深浅，年龄大小，背景如何，要想成为优秀的主播，就必须首先在直播中展现自己的才华、提升自己的能力。

三、主播各阶段心态管理

（一）新主播心态管理

1. 主播职业习惯

主播是一份职业，需要专业的技能及职业素养。好的职业习惯对于主播来讲可以加强职业认知，积极正式地准备和消极随意地应付差事会对职业的认可度造成不同的影响。

主播需要培养良好的职业习惯，从开播准备、时间管理、与用户沟通等方面做到规范化，通过仪式感增加行为价值。

2. 表演者心理

主播经常会陷入职业价值否定、自我价值否定的怪圈，对于这类问题，应该从主播心理的直接问题点出发进行疏导。一般来说，出现这类问题，秀场主播占大多数，户外主播和电商主播占少数。因为户外主播和电商主播处理这类问题比较容易，只要主播运营人员协助主播重新梳理职业发展规划就可解决大部分问题，而秀场主播需要做更多的心理建设。首先就是对职业价值的认知，这个问题可以从表演者心理角度帮助主播进行疏导，主播通过用互联网展示自己的才艺，让平台用户在繁忙的生活中放松心情，主播还有望成为大众偶像，弘扬正能量，为社会带来积极影响。

3. 解放天性

主播是需要在镜头前表演的职业，与歌手、演员一样，是聚焦在目光下的表演形式。因此，主播需要有面对大众表演的能力。只有解放天性、克服紧张心态、放得开，才能在镜头前不紧张，进行自如的表演。可以通过以下方式进行训练：

（1）学会调整呼吸，缓解紧张情绪，放松心态。

（2）提高说话的音量。

（3）训练口齿灵活度和吐字清晰度。

（4）训练说话的音调。

（5）练习和陌生人讲话，练习当众模仿各种动物的叫声或动作，提升当众讲话的能力等。

4. 降低失落感

（1）部分新主播在进入直播行业之前，因为看到一些不实的社会新闻报道，认为直播是很简单、很好做、不用浪费多大精力就能有收获的行业。对于存在这种观念的主播，团队要尽早给其做心理建设，从 ROI 角度提前培训，降低其心理预期，提升其职业稳定性和主观能动性。

（2）对于之前从事过直播行业且有过直播辉煌历史的主播，关于失落感的心理建设更为重要，更应提前帮助其客观分析平台实际情况，预防因投入过大没有产出而产生巨大的心理落差。

5. 情绪控制

以下是部分新主播直播后存在的问题。

（1）自我感觉良好，认知不明确。外形较好的主播往往有天生的优越感，但其不明白粉丝能追捧他也能远离他，故应调整好直播心态，避免"招黑"。

（2）有惰性。"三天打鱼，两天晒网"的人很多，他们不明白每个行业都需要坚持努力，懒惰的人不会成功。

（3）过分要求。对于粉丝的行为不要过分要求，要明白自己的粉丝也可以是别人的粉丝，能关注自己就行，对粉丝过度管理会适得其反。

（4）急于求成。部分主播开播还没 20 分钟，看到没人说话、没有礼物，就表现得烦躁、不安。要知道直播不是立竿见影的工作，只有付出才有回报。

（5）负能量。直播是一种分享，是给广大平台用户带来欢乐的，负能量的直播只能提前结束自己的直播生涯。

（6）盲目跟随。各行各业都有优秀的从业者，很多新入行的主播会去学习成功主播的开播技巧。但是，学习不是模仿，直播需要每个人有自己的特点，一味地模仿只会打乱自己的计划与安排。

（二）主播职业发展瓶颈期心态管理

主播职业发展到一定程度会遇到职业发展瓶颈期。与大多数职业发展的瓶颈期一样，主播需要对方向或者对自身做出调整，以下是一些常见的问题和解决方法。

1. 心理落差

部分主播可能是因为运气比较好或者时机比较好，在短时间内有了不错的发展，没有经历过前期的心理历练，抗打击能力较弱，一旦好时机过去就会形成巨大的心理落差，从而一蹶不振。对于这种情况，主播应做自我警醒，时常疏导自己，时常与他人沟通并记录自己的心理状态。

2. 圈子变窄

长时间的网络生活会导致主播朋友圈变窄，生活范围变小，情绪抑郁；部分主播因开播时间在晚上或者直播占用太多生活时间等原因导致线下生活状态越来越差。面对这些情况，公司应经常组织集体活动，或者通过隔一段时间再让主播到公司进行直播等方法让主播扩大自己的工作或生活圈。

3. 流量瓶颈

部分主播在直播一段时间后会遇到流量瓶颈，如粉丝不增长导致各项数据降低、人气下降等。一般来说主要原因如下：主播开播状态不好导致粉丝留存率下降、关注率降低等，如此负向循环，导致主播人气下降。面对这种情况最好的办法就是让主播暂时停播，通过旅游等方式调整心态。主播只要用积极、正能量的状态面对每一场直播，就会越来越好，流量也会越来越大。切记，所有的平台流量策略都是主播数据越好流量曝光越好，主播数据越差流量曝光越差。

4. 矛盾处理

主播开播时间长了会遇到与粉丝或其他主播之间产生矛盾等问题，遇到这种情况公司应该通过疏导调整其心态。一般来说，矛盾是激发话题最有效的手段，主播和主播之间、主播和粉丝之间的矛盾大部分并不是真正的矛盾，只要摆正心态，积极应对就行，或许还会给主播带来流量增加的好处。

5. 私人生活被爆料产生心理压力

部分主播可能会遇到被不理智粉丝爆出自己住宅地址等私人信息的情况，出现各种影响生活的事情。对于这种情况，主播只能提前预防，尽量不要暴露和自己有关的任何信息，包括私下进行粉丝维护的时候，一旦发现有影响正常生活的现象应尽快搬家或者向相关部门寻求帮助。

6. 长时间稳定收益导致厌烦心理

职业主播稳定发展一段时间也会产生一些心理问题。和我们在职场工作一样，主播也会有想换工作、不想上班、迷茫的阶段，这种时候就需要多给主播做心理辅导，多安排一些业余活动，如购物、旅游等。

7. 对职业发展出现迷茫心理

出现这种情况的原因一般是主播觉得自己的直播生涯快到"天花板"了，想突破、寻找新的发展方向，公司应该协助主播多元化发展，安排转岗或者进修学习等。

（三）头部主播公众人物心态管理

1. 社交心理管理

平台头部主播有很高的粉丝关注度，往往在聚光灯下生活，任何小的过失都会被放大，因而部分头部主播会有很大的压力，尤其是在社交方面。对于粉丝的关注，建议头部主播尽量不要把自己的社交圈暴露在粉丝面前。在直播间讲话时注意用词，线下与粉丝沟通时，不要过于张扬，要保持不卑不亢、落落大方的姿态。如此，万一头部主播的社交圈不慎暴露也可以很好地和粉丝分享，不至于被过度放大问题。

2. 舆论心理管理

头部主播往往身处舆论的风暴眼，不可避免地会有很多话题。对于这些话题只要有正确的认知并加以引导就行，头部主播不用有太大的压力，因为舆论也是直播的一部分，甚至特殊时期头部主播还要通过制造舆论来获取关注。

3. 压力心理管理

（1）头部主播在具有一定影响力的时候，往往会因未来发展的不可期性产生很大的心理负担，害怕自己走下坡路。对此，头部主播要提前做好心理建设，没有永远的第一，也没有永远的最后，直播生涯本就是起起落落，不用太在意结果，享受工作，享受过程即可。

（2）头部主播因为需要维护粉丝、保证直播质量等，往往会有比较多的费用支出，应提前做好成本管理，防止因收支不平衡导致个人破产。

（3）头部主播名气变大之后，粉丝对头部主播的期望值也会增加，这会给头部主播带来一定压力。对于这种情况，头部主播可以通过完善自己的直播内容、减少私人信息暴露、保持一定神秘感等方式尝试解决。只有把最好的一面展示给粉丝，才能持续获得支持。

（4）送人玫瑰，手留余香。头部主播有了一定的影响力及相对稳定的收入后，应根据自己的能力回馈社会，以实现自己的社会价值。

【拓展阅读】

走红的东方甄选董宇辉

2022年6月，东方甄选董宇辉直播爆火后，有网友质疑是否有专业团队为其代写文案。对此，董宇辉在接受央视采访时曾做出回应，称"张口就来的小作文"等一些简单的文案不需要提前准备。主播在镜头前张口就来的东西，取决于其这些年读过的书。

据悉，董宇辉在直播间不止卖货，还输出优质内容。董宇辉曾在卖大米时说道："什么叫美好？你在闹，他在笑；草在结它的种子；风在摇它的叶子；五常大米正在开它的花；你坐在镜头前，千里之外，一直看着屏幕，龇牙咧嘴地笑，这就是美好。"董宇辉在直播中输出的类似金句还有很多，有部分还被网友整理成语录，制作成图文传播。

资料显示，每一位新东方在线老师都经过层层筛选。新东方在线的老师中，不乏省高考状元及清华大学、北京大学等高校的优秀毕业生，以及新东方集团的明星主讲老师。东方甄选董事长兼CEO俞敏洪曾在微信公众号"老俞闲话"中表示，直播用上了新东方老师能说会道的特点，能够感受到做直播的老师把教学中的一些特长用在了对直播商品的介绍中。

【思政园地】

网络直播的价值取向要以社会主义核心价值观为引领。

党的十九届四中全会提出"坚持以社会主义核心价值观引领文化建设制度"，网络直播作为文化产品，社会主义核心价值观的引领成为其发展的价值取向。网络直播的发展应做到以下几点。

第一，提升质量。质量是网络直播的生命。优质的网络直播是传播社会主义核心价值观的基石，只有高质量的网络直播才能占领阵地。网络直播具有商业属性，但与社会主义核心价值观引领并不矛盾。网络直播育人、化人功能的实现，必须有正确、科学的价值观做导向。网络直播可以实现社会主义核心价值观润物无声地传播。

第二，榜样示范。形象、生动的典型案例具有强说服力和高接受度，是价值观引领的重要途径之一。网络直播带来了榜样的"平民化""符号化"，使受众更能"共情"，并且具有与受众互动强、更新快的特点，这就要求用社会主义核心价值观长期性、动态性引领网络直播。

第三，强化引领。网络时代提出了用社会主义核心价值观引领网络直播的必然要求，而融入社会主义核心价值观的网络直播又能满足受众的精神文化需求。社会主义核心价值观将国家、社会、个人三个层面的价值认同高度统一，不仅能让受众保持积极进步、向上向阳的精神状态，也能引领网络直播保持对高尚、健康的精神追求。

第四，加强监管。社会主义核心价值观是民族的精神支柱、个人的精神支撑，承载了社会成员的美好愿景。需要引导网络主播将社会主义核心价值观传播与其自身发展的一致性协同起来，同时从政策层面明确行业规范，落实监管主体的责任。各级监管组织、各网络直播平台、用户应彼此监督，形成合力。

总之，伴随互联网技术的迅猛发展，网络直播如火如荼地发展了起来。社会主义核心价值观的核心性、主导性引领是其价值传播的本质要求，从这个意义上说，以社会主义核心价值观引领网络直播发展显得既迫在眉睫又任重道远。

任务四　熟悉主播行为规范

【课前互动】

建议 5 人组成一个讨论组，分工合作，对当前网络直播中主播的行为状态进行调查和讨论，各抒己见。

举例说明：阅读文件《网络主播行为规范》并分享体会，了解网络主播从业的红线和底线。

总结与反思：通过阅读文件《网络主播行为规范》，了解进一步加强网络主播职业道德建设、规范从业行为、强化社会责任、树立良好形象、推动网络主播更好发展的重要性。

【任务尝试】

2022 年 6 月 8 日，国家广播电视总局、文化和旅游部联合印发了《网络主播行为规范》的通知。关于印发《网络主播行为规范》的通知如图 1-21 所示。

请同学们上网搜索相关法律法规，阅读文件《网络主播行为规范》，并思考以下问题。

项目一　主播职业道德认知

1. 《网络主播行为规范》出台的背景和目的是什么？
_____
_____

2. 《网络主播行为规范》所指的"网络主播"主要包括哪些人员？
_____
_____

3. 针对保护未成年人合法权益和身心健康，《网络主播行为规范》对网络主播提出了哪些具体要求？
_____
_____

4. 针对网络表演、网络视听节目服务中存在的"饭圈"乱象，《网络主播行为规范》对网络主播提出了哪些具体要求？
_____
_____

5. 根据《网络主播行为规范》有关规定，网络主播出现违规行为将会受到何种处理？
_____
_____

图 1-21　关于印发《网络主播行为规范》的通知

【任务反思】

体会：

困惑：

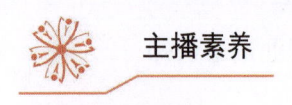

【知识链接】

一、各个部门对直播的具体要求

第一，广告中不得利用国家标志或者象征进行商业推广，具体管控规范如下：

1. 广告中不得涉及我国的国旗、国歌、国徽等。
2. 广告中不得涉及香港特别行政区和澳门特别行政区的区旗、区徽等。
3. 广告中不得涉及军队象征，包括军旗、军歌、军徽等。
4. 广告中不得涉及华表、天安门、人民英雄纪念碑、人民大会堂等象征或标志性建筑。
5. 广告中不得涉及中国共产党、共青团和少先队象征，包括旗、徽、红领巾等。

第二，广告中不得使用或变相使用党和国家现任、离任或者已故领导人及其他相关工作人员的名义或者形象进行商业推广，具体管控规范如下：

1. 不得使用或变相使用党和国家领导人、其他国家机关工作人员的名义、声音或者形象（包括卡通形象）进行推广宣传。
2. 不得使用领导人语录进行广告宣传。
3. 针对特型演员，禁止利用其所扮演的伟人形象以任何名义，开展商业促销、公司宣传、婚礼司仪、广告代言、商业讲座。

第三，广告中不得使用或变相使用国家机关的名义或者形象进行商业推广，具体管控规范如下：

1. 广告中不得使用或变相使用国家机关的名义或者形象做商业宣传。
2. 广告中不得涉及红头文件及仿红头文件形式。
3. 广告中不得涉及"特供""专供"国家机关的内容或类似内容。
4. 广告中不得涉及"中央办公厅""国务院办公厅"等相关描述。
5. 广告中不得使用"国药/国械认证、国家认证、药监局认证、国药"等以国家机构为背书的内容。
6. 广告中不得利用国家市场监督管理总局及批复证件做商品安全性、保障性、专业性的背书。
7. 公文写作图书类广告中不得涉及领导相关，如"领导批示、讲话、发言、重要讲话"等。

第四，广告中不得利用国家战略方针或政策进行商业推广，具体管控规范如下：

1. 不得利用国家战略方针/国家政策进行商业推广，包括但不限于改革开放、一带一路、共同富裕等。
2. 不得攻击讽刺国家政策/制度，如攻击社会主义体制、计划生育、三胎等国家政策。

第五，广告中不得使用或者变相使用英雄烈士名义进行商业推广，不得涉及歪曲、丑化、亵渎、否定英雄烈士的形象、事迹的内容。

第六，广告中需使用完整、正确的中国国家版图。

第七，广告中不得涉及损害国家尊严或者利益、泄露国家秘密等内容，具体管控规范如下：

1. 广告中任何文字、地图、图表中都不得使人误以为香港、澳门、台湾是"国家"。
2. 广告中不得涉及分裂国家、破坏国家统一的内容。
3. 广告中不得涉及极端组织、邪教组织的相关内容。
4. 广告中不得涉及历史虚无主义，不得恶搞经典、歪曲历史，不得宣传与党的发展历程和光荣传统相抵触的内容。
5. 广告中不得涉及针对国家的消极不实的言论。
6. 广告中不得涉及泄露国家秘密的内容。
第八，广告中不得利用国内、国际政治事件或热点进行商业推广。

违规案例1　　违规案例2

二、社会热点

第一，广告中不得利用社会热点事件进行商业推广，具体管控规范如下：
1. 不得使用社会热点事件（自然灾害/体育/教育等各个方面）直接或间接进行商业推广，如借"河南暴雨"事件进行商品推广。
2. 不得涉及不实的热点事件制造紧张情绪，如日本核泄漏引发中国多地"抢盐风波"。
第二，广告中不得利用负面舆情人物进行商业推广。

三、未成年人保护

第一，广告中不得利用不满十周岁的未成年人作为广告代言人。
第二，广告中不得诱导未成年人或家长购买商品或服务，具体管控规范如下：
针对不满十四周岁的未成年人的商品或服务广告，不得含有劝诱其要求家长购买广告商品或服务的内容等。
第三，广告中不得含有损害未成年人身心健康的内容，具体管控规范如下：
1. 不得含有不利于未成年人身心健康的广告内容。
2. 不得含有未成年人喝酒、饮酒、递酒、劝酒、买酒等形象，包括未成年人的卡通形象。
第四，广告中不得教唆未成年人违法犯罪，具体管控规范如下：
不得涉及教唆未成年人违法犯罪的行为，如引诱、教唆未成年人参加黑社会组织等。
第五，广告中不得使用未成年人进行商品推销或介绍，具体管控规范如下：

违规案例3

违规案例4

违规案例和合规案例

1. 不得涉及未成年人主动介绍、推销商品；十周岁以上未成年人代言，在提供监护人书面授权书的情况下可做介绍推荐（医疗、药品、医疗器械、保健食品等禁止使用代言人的行业除外）。

2. 化妆品行业，不得涉及儿童演绎使用成人化妆品。

【拓展阅读】

虎牙平台主播违规管理方法（摘录）

一、主播违规管理概述

虎牙平台为了增强直播视频业务管理，给用户提供一个健康和谐的才艺展示与欣赏平台，制定了《虎牙主播违规管理方法》。

二、视频直播间违规定义

虎牙主播必须遵守本方法，否则将受到相应处罚。违规的情节严重程度由虎牙直播视违规影响、违规次数、违规时间和违规主体等因素综合评定。

主播有义务保证直播环境健康有序，主播需对直播内容负责。

三、账号处分规则

1级处罚：账号禁播1天。
2级处罚：账号禁播5天。
3级处罚：账号禁播10天。
4级处罚：账号禁播30天。
5级处罚：永远封停账号。

【思政园地】

近年来，我国互联网直播行业发展迅速，已拥有庞大的用户群体和巨大的市场。然而，在商业利益的驱动下，部分直播平台存在传播色情、暴力、谣言、诈骗等信息乱象。治理网络直播乱象，在政府部门重拳监管的同时，行业、企业、用户三方都需要加强自律意识，共同营造风清气正的网络直播空间，促进整个行业的健康发展。

网络直播的快速发展，给普通人提供了展示才艺和观赏互动的平台，因此受到许多年轻人的追捧。巨大的市场需求和用户群体，令不少直播类平台"火气正旺"。但"虚火"之下的隐患也不可忽视：一些直播平台盈利能力匮乏，为吸引投资不惜刷流量造假，营造繁荣假象；有的网络主播为追求新奇，以低俗内容为吸睛手段，大打"擦边球"，甚至逾越法律底线。网络直播亟待对症下药。

一要不断健全网络法律制度。应在落实法律法规的基础上，健全网络诚信体系，完善黑名单制度，出台直播文明公约，明确网络直播的监管主体、行为规范、直播范围、约束条件、法律责任等，依法严惩网络违法犯罪行为，把网络直播内幕由平台监管、网民举报推向制度防范的前台，彰显法治的威力。

二要加大平台执法监管力度。监管部门要落实和强化执法、问责等机制，实现全网络监测、全覆盖管理，切实铲除不良"土壤"。同时，要推进网上网下联动，创新疏堵结合方式，把网上查案与网下查人结合起来，推动监管手段向智能化、常态化方向转变。网络直播企业要加强行业自我约束和内部监管，加快直播监管设备研发利用，建立完善平台内容审核体制，推行图像识别与人工过滤的双重机制，提高监控审核效率。

三要自律与他律相结合。网络不是法外之地，治"网"还须靠"网民"。在当前网络法治欠健全的情况下，要进一步提高网民的整体素质与综合修养，引导网民增强自律意识，自觉抵制直播歪风邪气。同时，要加强他律，发挥好网民作为互联网应用主体的天然监督作用，自觉增强其理性认识并参与直播监督，形成人人监督"连环锁"。

主播素养之"塑形"篇

项目二

塑造主播职业形象

【项目提要】

2020年，"互联网营销师"这一全新职业被人力资源和社会保障部（简称人社部）、国家市场监督管理总局、国家统计局联合发布，它标志着在"互联网营销师"中占比极大的"主播"群体，作为一项职业得到了官方认可。同时，这也意味着主播需要符合行业标准、展现职业素养、塑造职业形象，而做到以上要求，则需要主播掌握定位主播账号、设计主播人设形象、搭建直播间的技巧与能力。

【引导案例】

新东方的东方甄选，是现下火出圈的直播账号，尤其是以"文化+双语"直播输出的董宇辉，更是成为东方甄选直播间的头部主播。广大用户持续关注东方甄选直播间，使直播间的粉丝数飙升。2021年12月28日，东方甄选发布消息，直播当天卖出了460.4万元的商品，收获了20 000多名粉丝。2022年3月25日，东方甄选直播间粉丝数达到40万人，双语带货模式正式登场。2022年6月9日，属于东方甄选的高光时刻到来，自嘲酷似"兵马俑"的董宇辉上场直播，高密度的文化输出再加上双语模式的展示，使东方甄选粉丝数突破100万人，直至7月24日，东方甄选粉丝数飙升至2 305.8万人，董宇辉也成为新一代头部主播。

东方甄选案例

【案例分析】

区别于其他直播间的风格，董宇辉的直播间极具特色，低分贝的轻音乐、低密度的直播讲解，"文化+双语"方式的输出，向广大用户展示了全新的带货直播模式。例如，卖大米的时候，董宇辉从文案出发，告诉直播前的受众："你在外面吃过很多菜，但那些菜都没有味道了，因为每次吃菜的时候，你得回答问题，得迎来送去，你吃得不自由；你回到家里，就是这样的西红柿炒鸡蛋、麻婆豆腐，甚至是炒土豆丝，真香，越吃越舒服。""我没有带你看过长白山皑皑的白雪，我没有带你感受过十月田间吹过的微风，我没有带你看过沉甸甸地弯下腰犹如智者一般的谷穗,我没有带你去见证过这一切,但是,亲爱的,我可以让你去品尝这样的大米。"董宇辉另辟蹊径,利用差异化的直播文案,开拓了个性化主播直播新赛道。正如人民网点评董宇辉走红:"有内容"的主播是否会成为未来直播带货的"常青树"尚不可知,却在一定的程度上赋予了带货主播这个职业更加丰富的精神价值,也在一定程度上给已经固化的直播带货形式打开了新的思路。

那么,当下主播的职业形象究竟如何?不同的直播账号有着哪些定位和特色?主播的"人设"是否也影响了当下的直播模式?主播从业人员应如何塑造自身形象,才可以成为一名优秀的主播?让我们通过本任务的学习,一起打开主播职业形象塑造的大门。

【思政目标】

1. 塑造良好的主播形象,在妆容、服饰、语言表达、肢体语言方面,多做积极、正面引导。
2. 坚持守正创新,提升文化自信,构建专业自信。
3. 培养良好的主播工作态度,形成谦虚好学、博采众长、不断进步的主播工作习惯。
4. 树立法律及版权保护意识,遵守《中华人民共和国电子商务法》《中华人民共和国广告法》《网络直播行为规范》等法律法规,坚守法律底线。
5. 培养主播严谨专注、精益求精的职业素养。

【知识目标】

1. 了解主播直播账号类型。
2. 掌握不同气质主播的妆容、服饰要素。
3. 了解妆容、服饰搭配的基础知识。
4. 熟悉直播设备,柔光灯色温、亮度的调节方法。
5. 掌握直播间搭建的细节、技巧。

【技能目标】

1. 能够完成直播账号定位的策划。
2. 能完成男、女主播的妆容和服饰搭配。
3. 能通过妆容、服饰突出主播的形象气质。
4. 能结合商品定位、直播主题、用户画像,通过妆容、服饰提升主播的形象气质。
5. 能够完成直播间的布光与场景搭建。

项目二　塑造主播职业形象

【思维导图】

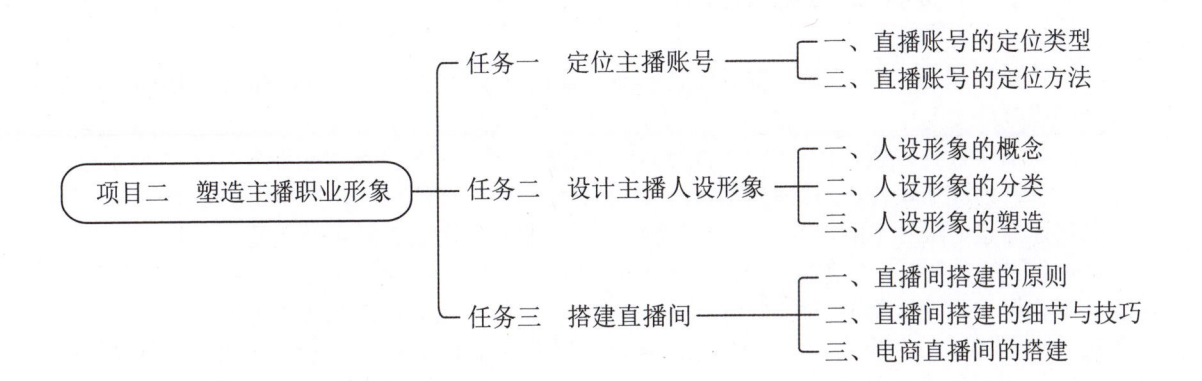

```
项目二 塑造主播职业形象 ─┬─ 任务一 定位主播账号 ─┬─ 一、直播账号的定位类型
                          │                        └─ 二、直播账号的定位方法
                          │
                          ├─ 任务二 设计主播人设形象 ─┬─ 一、人设形象的概念
                          │                          ├─ 二、人设形象的分类
                          │                          └─ 三、人设形象的塑造
                          │
                          └─ 任务三 搭建直播间 ─┬─ 一、直播间搭建的原则
                                                ├─ 二、直播间搭建的细节与技巧
                                                └─ 三、电商直播间的搭建
```

任务一　定位主播账号

【课前互动】

建议4人组成一个小组，在任务开始前让学生登录"抖音"平台挑选并观看几段直播节选，观看完毕后要求学生通过主播的互动方式、直播风格、账号简介等信息对这些账号的定位进行多方面的讨论。

总结与反思：分享本次讨论的结果和体会。

【任务尝试】

建议4人组成一个小组，打开"抖音"平台中的"创作者服务中心"，通过对所选账号视频数据、粉丝数据的查询，对当前账号的定位进行初步的分析。

【任务反思】

体会：

困惑：

35

【知识链接】

一、直播账号的定位类型

不论是"抖音""淘宝"还是其他电商直播或新媒体平台,都拥有着成千上万、各式各样的直播账号。

直播主体在各大新媒体直播平台注册,可注册为"个人号"或"企业号"。"个人号"以独立个人为注册单位,需要实名认证,注册时免费,但在注册成功后呈现的功能较少、无实名认证标志、账号不能涉及任何企业特征。"企业号"认证需要向平台提交注册个体工商户、企业的相关资料,且需要缴纳一定费用。"企业号"注册的特点在于功能多,有蓝 V 标志、昵称保护、搜索置顶、官网链接、添加联系电话等一系列增值服务,另外,"企业号"在直播运营期间务必要注意经营范围的选择,直播商品品类必须在企业所选定的经营范围内。

在初步接触直播领域时,对现有账号定位进行分类,能够促进初学者加深对直播领域的了解。直播账号的定位类型主要有以下几种。

(一)品牌直播

品牌直播为"企业号"的一种表现形式,品牌直播账号即各大品牌的官方直播账号。该类直播间以品牌商品作为账号的直播主体,直播间所选商品均为该品牌的商品,其主要目的在于提升品牌知名度、塑造品牌形象,同时辅以一定的销售带货行为,是各大品牌在直播时代的新型广告宣传模式。品牌直播利用直播这一媒介的优势,将品牌宣传与销售带货融为一体,及时、高效地收集和反馈信息,便于了解消费者的真实想法,进一步优化商品。

(二)店铺直播

店铺直播为"企业号"的另一种表现形式,店铺直播账号一般为各经销商店铺或厂家的直播账号。该类直播账号以店铺本身作为账号的直播主体,将销售商品作为核心定位,主要采取的直播形式为线下实体店直播、工厂实地直播、老板本人导播等,其主要目的在于提升店铺可信度、促进销售。将实体店、工厂作为直播间能够大幅提升消费者的购买体验,领导者作为店铺或企业的直接负责人,其在直播间的宣传也关乎个人信誉,能够有效提升直播间商品的可信度。店铺直播可以将商品展示得更为全面,在直播中实时解答、实时展示也能够满足消费者对于商品细节的需求。店铺直播示意图如图 2-1 所示。

图 2-1 店铺直播示意图

（三）达人直播

达人直播账号属于"个人号"，达人直播账号即 KOL（Key Opinion Leader，关键意见领袖）、各领域内的达人博主所开设的直播账号。该类直播账号以主播达人作为账号的直播主体，其主要竞争力在于直播间的内容策划模式、主播本人的表现形式与能力。达人主播主要来自各个新媒体平台的博主，在成为直播领域达人的同时，经营图文、短视频、音频等多种不同媒介的账号，其优点为专业性，特定领域的优秀博主能够作为 KOL 给予平台用户有效的信息，帮助平台用户进行消费决策，进而带动商品销售。达人直播示意图如图 2-2 所示。自由或拥有个人团队的达人主播，其直播间定位、内容及选品能够自主裁定，而隶属于 MCN（Multi-Channel Network，多频道网络，专业培育和扶持达人的经纪公司或机构）的达人主播，其直播策划、直播间的选品由机构决定。

图 2-2　达人直播示意图

二、直播账号的定位方法

初步进行直播尝试时，只有先对直播账号进行准确定位，才能有效地开展直播。在确定账号定位时，首先需要理解账号定位背后的机理，理解账号定位方法背后的原因，在此基础上践行账号定位的具体方法。直播账号定位原则如图 2-3 所示。

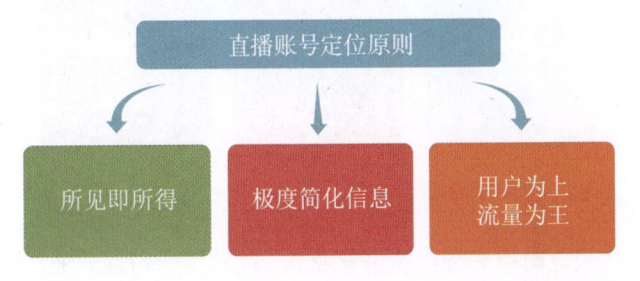

图 2-3　直播账号定位原则

首先，所见即所得。直播作为一种新兴的媒体宣传形式，最鲜明的特征在于直观性、即时性、交互性。在直播间，虽然有现代科学技术提供的美颜、变声等美化效果，但除其经过粉饰的表象，直播中所展示的商品、主播的介绍与演示等内容是真实可信且尤为直观的，平台用户在进入直播间后所能够看到、听到的内容便成为他们对直播间、商品的印象，也就是"所见即所得"的效果。因此,直播账号的定位会通过直播过程展现在平台用户脑海中,形成印象,意味着每一次直播都需要在定位的范畴中呈现,以避免过于多样化的直播间表现造成平台用户对直播间的印象过于模糊。

其次,极度简化信息。一场直播的时间有限,进入直播间的平台用户的注意力与兴趣也有限,如何在极短的时间内有效传递信息、吸引用户流量,其关键在于极度简化信息。大部分平台用户来到直播间的原因为休闲放松、获取有效信息、购买优惠商品等,因而每个直播间在介绍商品、传递信息、描述优惠活动的时候需要简洁、明确地表达相关内容,即极度简化信息,这样才能在短时间内将有效信息传递给平台用户,帮助平台用户决定是否留在直播间继续观看或快速进行购物决策。

最后,用户为上、流量为王。由于各大直播平台均以用户流量、用户标签为衡量某一直播间质量、水平的重要指标,因而借助平台之力开展的直播业务也应当以用户为上、流量为王。只有关注用户的信息接纳度,回应用户的合理需求,全方位展示商品,顾及细节,才能持续吸引用户留在直播间,进而促进直播账号的发展。

只有理解了以上原则,我们才能把握直播账号定位的基本方向,进而在此基础上增进对直播账号定位方法的了解。准确把握直播账号定位有以下几条具体举措。

(一)明确主营业务

直播中的主营业务指的是直播间的主要销售品类,是账号注册时所选择的类目。大部分直播平台在注册账号时,都需要选择主营的类目。以"抖音"直播平台为例,在注册账号时可供选择的类目繁多,经营大类分为一级、二级、三级三个层级的类目,"抖音"平台中经营大类的分级示例如图2-4所示。直播账号在注册时一旦选定某一类目,日后直播间内容就必须围绕该类目下的商品开展直播,否则将会被平台处罚。虽然满足一定的条件能够向平台申请改变类目,但成功率较低。

图2-4 "抖音"平台中经营大类的分级示例

因此,直播账号在设立时就必须明确主营业务,能够用一句话清晰、简洁地概括业务内容,即直播间卖什么商品、直播间的商品卖给谁。主营业务可体现在直播账号的昵称、头像、简介等直观体现账号信息的地方,方便平台用户在第一时间了解账号的主要特征。

(二)找到对标直播账号

在明确主营业务之后,需要前往各类电商直播平台,寻找对标直播账号,即寻找垂直领域中相关性强的直播账号或互补直播账号。对标直播账号可以是商品类目、用户标签均完全对应或基本相似的业内同行，也可以是相似或相关领域内直播账号中的佼佼者。如果主营业务为竞争对手多的热门领域，那么寻找垂直领域中的优秀直播账号即可；若选择了较为小众的领域，则可以寻找相关性强的其他领域直播账号，如直播账号的主营类目为茶具，则对标直播账号可以将国学等具有相关文化属性特征的直播账号纳入其中。

在寻找对标直播账号时，可利用竞品分析的思维，将直接竞品、间接竞品、替代品直播账号列入表格，以备后续查看、分析、学习。对标直播账号的三种类型如图 2-5 所示。

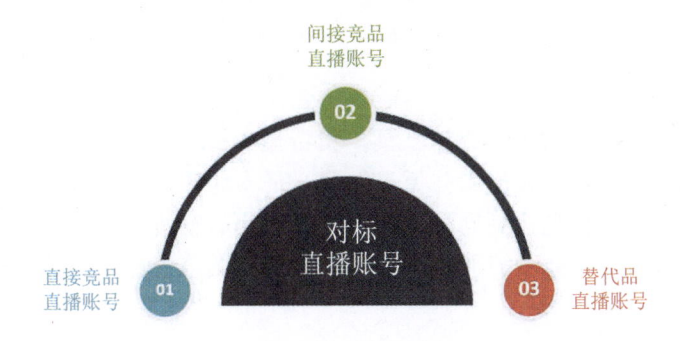

图 2-5　对标直播账号的三种类型

（三）分析优劣势

通过收集并积累对标直播账号，我们可以得到一批具有研究价值的样本。此时，比起立刻开始运营自己的账号，更应先着手研究收集到的对标直播账号，分析对标直播账号的优势与劣势，提炼、总结经验，再将其优点融入自身账号的建设与运营工作中。具体的分析方法主要有以下几种。

1. 比较法

比较法是一种常用的优劣势分析方法，即将所收集的竞品账号信息制成表格，就几项通用标准对几个竞品账号进行分析，找出各个商品的优缺点和特色，并提炼总结，在表格中呈现，使得各竞品账号的优缺点一目了然，便于后续工作的开展。

比较法包含客观分析与主观分析两个层面。客观分析指从竞争对手、市场中获得、圈定需要考察的几项标准，以真实数据反映实际情况，其考察标准为客观、绝对的数据，如直播账号粉丝数、一场直播的转化率等。主观分析可以根据事实及个人判断，对竞争对手进行优势与劣势的总结，由于这一分析过程是对现有事实与数据的提炼，并非现实完整的反映，因而具有主观色彩。

2. SWOT 分析法

SWOT 分析法是用于分析自身商品的一种常用手段，属于综合性较强的分析方法。SWOT 分析法如图 2-6 所示。S、W、O、T 四个字母分别指代 Strengths（优势）、Weaknesses（劣势）、Opportunities（机会）与 Threats（威胁）。其中，优势与劣势分析属于内部条件分析，反映了直播账号内部的优点与缺点；机会与威胁分析属于外部条件分析，体现了所持账号的外部发展条件，反映了有哪些可能性可以把握、有哪些风险需要规避。

图 2-6　SWOT 分析法

3. 波特五力模型

波特五力模型是一种常用的分析工具。波特五力模型如图 2-7 所示，在直播账号的分析应用中，可以用于分析账号所入驻类目的行业基本环境，也可用于全方位分析某一典型的竞争对手。波特五力模型包括同行业竞争者、替代品威胁、潜在进入者威胁、供应商议价能力、购买者议价能力五个方面。分析这五种外在竞争力量，能够为账号选择定位方向提供决策参考。

图 2-7　波特五力模型

任务二　设计主播人设形象

【课前互动】

建议 5 人组成一个讨论组，对当前电商直播中主播人设形象包括妆容、服饰的特点进行调查和讨论，各抒己见。

举例说明：谈谈自己对主播人设形象（妆容、服饰）的认识，主播人设形象对直播有哪些影响。

总结与反思：谈谈本次讨论的结果和体会。

【任务尝试】

1. 登录"知网"或"知乎"平台，搜索"主播形象"，自学主播形象管理与合理包装。
2. 登录"抖音"应用程序，查看"交个朋友直播间"男女主播的妆容和服饰特点，对比"广东夫妇直播间"男女主播的妆容和服饰特点并进行分析。

【任务反思】

体会：

困惑：

【知识链接】

一、人设形象的概念

"人设"是人物设定的简称，最早用来形容动漫、小说、漫画等二次元作品中对虚拟角色的外貌特征、性格特点的塑造，基本内容包括姓名、年龄、身高、性格、喜好、专长、出生背景、成长背景等。例如，在创作电影、小说人物之前，需先想好这个人物的相貌、性格、爱好、经历、家世等是什么样的，用这些内容把人物设定丰满起来。

"形象"是指能引起人的思想或感情活动的具体形态或姿态。形象包含外在的容貌、形态、眼神、举止，也包含内在的性格、气质。

人设形象简单来说，就是一个有血有肉的完整人物形象。不仅电影、小说的角色塑造会用到人设形象，娱乐圈的艺人和自媒体的网红、主播等，也常常有人设形象的说法。艺人、网红、主播在粉丝面前展现哪种相貌气质、哪些性格特征、哪些能力专长，往往是经公司与经纪人设定包装过的。例如，一个人在粉丝面前展现出来的人设是生活时尚精致的高管，那么不管他在现实生活中是不是真的时尚精致、是不是高管，至少在粉丝面前、镜头前，他要是一个生活时尚精致的高管，故在妆容、发型、服装、配饰上要为维持这个人设做一些包装。同时，其在行为举止方面也要符合高管的人设。

二、人设形象的分类

随着直播电商的蓬勃发展与"颜值经济"的推动，人们越来越重视个人颜值、气质与形象的提升。不同的人设定位需要搭配不同的妆容服饰，以打造符合人设的人物形象。

于平台用户而言，无论是颜值与才艺并存的才艺展示、美妆、护肤、时尚穿搭、健身等类型的主播，还是以传播专业知识为主的律师、医生、专家、学者等类型的主播，或者是搞笑类型的主播，外在形象决定了平台用户看到他的第一印象，这是快速捕捉和定位一个主播人设的非常重要的方面。

主播人设形象主要有以下几种。

（一）专业类型或知识传播类型的主播

该类主播多以职业形象增强人们对其人设的信任感，如律师多着西装或衬衫，搭配眼镜、胸针、手表等配饰，妆容和发型干净利落；医生多穿白色工作服，妆容和发型较为自然；健身教练多穿健身服，发型清爽有活力，妆容简单自然。

（二）搞笑类型的主播

该类主播多会通过对比、反差和夸张的剧情来实现喜剧效果，在妆容、发型、服饰方面也需要通过夸张的手法塑造喜剧形象。像"广东夫妇"就是美女搭配潮男的形象，但是为了塑造甜蜜和搞笑的人设，经常会以包租婆、包租公的造型创作搞笑视频，甚至通过故意扮丑、男扮女装等夸张的表演形式达到搞笑和吸引关注的效果。

（三）教授一技之长类型的主播

该类主播结合自己的一技之长及人设定位塑造形象。像"日食记"和"蜀中桃子姐"两位博主虽然都是教烹饪方法的，但是"日食记"是有格调的小资定位，其展示在镜头前的服饰、妆容、煮菜环境、做饭器皿都比较讲究，而"蜀中桃子姐"则是充满乡土气息的定位，展现在镜头前的人物形象非常朴实，发型和妆容几乎没有特意打理，服装也没有特意搭配。

（四）美妆或服饰搭配类型的主播

该类主播除了需要掌握专业的化妆和服饰搭配知识，还需要通过镜头更好地对妆容、服饰搭配的效果进行展示，尤其是通过妆前和妆后的对比、穿搭前后整体形象气质的对比，明确妆容和服饰搭配的重要性。

综上所述，主播在进行人设形象的塑造时，不可以盲目追随时尚，或者盲目模仿自己喜欢的造型，一味地从外在形象方面进行塑造，而应当从内在出发，结合自己的专业、行业，自己的优势、才艺、技能点，或者自己超乎他人、有别于他人的资源和环境优势等综合考量后，确定做什么类型的主播，再根据不同类型的主播人设定位，塑造与人设相符的形象。

三、人设形象的塑造

（一）主播人设形象塑造的基本内容

主播在找准人设定位之前，首先要学会最基本的主播人设形象的塑造。最基本的主播人设形象塑造的关键词是干净、自然，让人看到后不产生别扭或不舒服的感觉，需要从妆容、发型、服装三个方面进行最基本的主播形象塑造。

1. 男女主播上镜百搭妆容

除非是搞笑类型的主播，如"疯产姐妹"，或是乡村人设，如"蜀中桃子姐"等，不需要特意化妆做发型，在此之外，为了上镜好看，大多男女主播都需要掌握标准的上镜妆

男主播妆容参考

容。男主播化妆前需要将胡子刮干净，根据眉毛生长情况决定是否需要修眉。男主播的上镜百搭妆容的底妆要尽量轻薄，以加强面部立体感和下颌线轮廓感为主，重点描画眉型，涂上润唇膏或棕橘调的口红，打造清爽自然的妆效。女主播的底妆也要尽量轻薄，不要太厚，如果底妆太厚，叠加美颜滤镜后假面感会过重，要注意黑眼圈、痘痕等面部瑕疵问题的遮盖，以及面部立体感的修饰，眼妆可用大地色突出立体感，眼影和腮红以橘色、粉色等暖色调为主，增强亲切感。

女主播妆容参考

2. 男女主播上镜百搭发型

主播头发保持清爽干净、不油腻的同时要有一定的蓬松感，不要紧贴在头皮上，显得脸大头发少。可以用蓬松夹等美发工具将发根处夹蓬松，再将外侧头发覆盖下来，塑造蓬松发型，或用蓬松干发喷雾塑造蓬松发型。蓬松夹和蓬松干发喷雾如图2-8和图2-9所示。无论是卷发还是直发，长发还是短发，除了蓬松度，发型的整洁程度也非常重要，可以选择护发精油、发胶、发蜡等，将头发毛糙的地方梳理光滑。发蜡如图2-10所示。

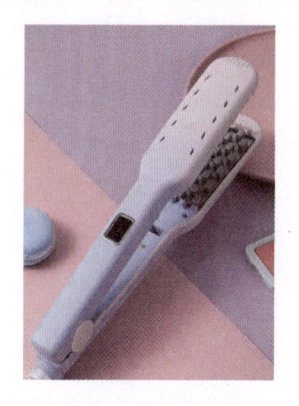

图2-8　蓬松夹　　　　图2-9　蓬松干发喷雾　　　　图2-10　发蜡

3. 男女主播上镜百搭服装

服装能够反映一个人的内在修养，传达一个人的偏爱喜好，主播出镜的衣着服装应随直播类型和内容的不同而变化。主播服装作为直播构造因素之一，应与直播的主旨相协调，通过冷暖色调的变化或者休闲与正式之间的风格转换来配合和衬托直播活动。目前，主播服装的基本风格可以分为以下三大类。

一是休闲便服。休闲便服适合偏娱乐、轻松类话题讨论的主播，便服给人生活化的形象，可拉近与沟通对象间的距离。

二是简约正式服装。简约正式服装偏正式化，适合类似于新品发布、分析行业知识或者代表职业经理人等的主播。

三是专业服装。专业服装适合有鲜明个人特色的主播，适合带有自我风格的个人才艺类的主播。

4. 男女主播上镜服饰要素

挖掘并合理定位主播外在形象的重要性不容忽视。很多主播都是凭借甜美、靓丽、帅气，或有辨识度的外形走红网络，从而形成"个人IP"的。而穿搭问题放在人前光鲜靓丽的主播身上，不仅是一件重要的事情，还是一门技术活。那么，主播应怎样穿搭呢？

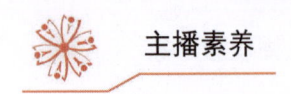

(1) 衣服要轻薄。

首先，对于衣服的厚度只有一个要求，那就是务必轻薄。不管外面是雪花飘飘，还是暴风骤雨，主播在镜头里衣服要轻薄，即便是天气冷也不要穿棉衣或羽绒服上镜，不然会令主播形象显得臃肿杂乱，令主播的印象分大打折扣。

(2) 款式的选择。

主播衣服款式选择中最大的禁忌就是过于暴露。有些女主播会认为穿着暴露一点会更有流量，因此，在挑选衣服的时候会刻意选择那些过于暴露的衣服，其实这样做往往会适得其反。女主播可以选择肩膀部分有一点设计感的上衣，如一字肩，在镜头中有些许惊艳的感觉，尺度又刚好合适。喜欢穿古风服饰的主播可穿汉服上镜。但汉服也是有讲究的，分为仿制和正版，在经济实力允许的情况下，主播尽量不要选择仿制汉服，除了质感有差别，还会涉及版权问题。如果主播穿着仿制汉服直播，又正好碰上某个汉服爱好者，那么，主播被"批评"的概率也会增加。

(3) 色彩的选择。

首先，主播要注意服饰应以浅色系为主，因为黑灰色系的衣服会稍显压抑，而纯白色的服饰上镜容易曝光，出镜的效果会大打折扣，不妨选择米白色替代；其次，直播间不是街拍，比起那些醒目的撞色搭配，更建议主播选择同色系的搭配，用同一颜色的深浅、明暗营造层次感。因为一场直播长则七八个小时，短则两三个小时，平台用户长时间停留在直播间，盯久了会产生视觉疲劳，故主播在选择服装色彩的时候，应该选择简单一点的颜色，不仅更加耐看还舒适。比较推荐的是鹅黄、米色、藕粉、蜜桃粉、婴儿蓝等色彩，上镜会显得柔和，非常提升气质。如果是走可爱风的主播，可以选择一些浅色，同时有少量彩色装饰的上衣，同样能加分不少。

(4) 衣服版型与材质。

许多主播为了能够呈现给平台用户精彩又有新鲜感的直播，在服装上的花费较高。购买服装，一定要注重版型，版型不好，会给整体搭配减分。在服装的颜色和材质选择方面有一个技巧，就是同样的颜色搭配不同的材质，展现出来的效果会有很大的不同。例如，夏天超级受欢迎的牛油果绿，如果搭配纯棉、麻等天然、有筋骨感的材质，会让人眼前一亮，但如果搭配冰丝或者莫代尔材质就不太适合。这两种材质穿在身上显得松松垮垮，虽然看起来挺舒服，但是难免会让人产生"这是穿着睡衣就来了吗"的想法。毕竟直播是一份工作，工作场合还是要选择较为正式的衣服。

(二) 强化人设形象的塑造

完成最基础的上镜妆容，只是完成了主播人设形象塑造的第一步，这样的形象很难让平台用户记住。因此，在完成最基础的妆容、服饰搭配的形象塑造后，主播需要结合自身的个性气质、技能特长、行业特点、性格特点等进行人设形象的强化与提升。

以女性主播为例，结合"抖音"大数据分析，可爱、妩媚、时尚的女主播形象更能吸引用户的关注。

1. 可爱人设形象

自身带有甜美气质、爱笑的女主播可以通过妆容和服饰搭配来塑造可爱的人设形象。妆容方面可以通过画卧蚕来达到放大双眼的效果，配合美瞳来美化睫毛和眼线，令眼睛看上去更大，配合甜美的笑容来突出可爱的形象；发型以中长发为主，可以配合空气刘海增加可爱气质；配饰方面，可选择与服装质地、色系呼应的帽子或围巾，造型可爱的耳环或发卡等，突出清纯可爱的人设形象。

2. 妩媚人设形象

如果女主播身材比较好，可以结合身材优势，突出妩媚的人设形象。一般来说，妩媚的人设形象适合才艺展示类主播。在妆容方面，突出精致的眉眼，唇色多以红色为主，发型以长发或大波浪卷发为主，凸显女性魅力；在服装选择方面，选择凸显身材的收腰或露腰的款式，通过形象的塑造，突出妩媚的人设定位。有时也可以通过妆容和服饰的搭配，将清纯可爱与妩媚两种看似矛盾的气质融为一体，会令人印象深刻。

3. 时尚人设形象

时尚人设形象能迅速捕捉时尚元素，将时尚元素与主播自身气质很好地融合，突出有别于可爱、妩媚的酷飒气质或中性气质。主播可以深入挖掘中国传统元素，将旗袍、汉服等传统服饰与时尚审美相结合，塑造出有记忆点的中国风时尚形象。

主播提升人设形象不仅要做到外表看上去很美、很帅气或者很有个性、很有趣，更要注重从挖掘自身内涵做起，不断向受众展现内涵丰富、全面、立体的形象，传播更有价值和意义的内容。

（三）鲜活人设形象的塑造

1. 体态

体态决定了平台用户对主播的第一印象。体态包括站姿、坐姿、走姿等各种身体姿势，影响着平台用户对主播的整体评价。

正确的站姿。对于电商主播而言，身体应适当放松，自然地表现一种积极向上的状态，展现个人的精神气质。

正确的坐姿。头部、颈部、肩部、腰部和背部需要挺拔端正，尤其头部、肩膀不要歪斜，脖子切忌前倾，要用腰部发力，让后背和肩颈挺直。如果能看到腿部，女士需要将双膝并拢，同时可以向左或向右倾斜，凸显女性的优雅感；男士可以将双膝分开，不要跷二郎腿或做抖腿等小动作。

正确的走姿。女主播脚步轻盈，姿态曼妙，可以展现女性特有的温柔；男主播步伐平稳、矫健，可以展现男性的活力。主播在行走状态下，保持上半身稳定的同时，要做到腰部挺直，头部端正，两肩放松，自然摆臂；起步时身体要保持挺直，切忌走路时左右晃动；行走时方向要稳定，尽量面对平台用户，不要背对镜头。

2. 表情

主播在直播时要注意控制自己的面部表情。面部表情是由面部肌肉（表情肌）和骨骼的收缩运动形成的。当主播心情愉悦时，嘴角和眉毛会上扬，面部肌肉会因喜悦呈现出丰富的变化，同样，主播也会因烦躁而呈现出皱眉、瞪眼等面部表情。主播应尽可能保持欢欣、愉悦的表情，平日里可以结合自己的五官特点、气质属性，对照镜子，从微笑弧度等方面去练习面部表情。

3. 声音

拥有动听声音的主播，一开口就能赢得粉丝的喜欢。许多新人主播没有意识到一个问题，就是自己听到的自己的声音与他人听到的自己的声音是不同的，建议主播录下自己的声音感受一下，或许会对自己的声音感到震惊。对自己的声音不够了解，或是对自己的声音缺乏自信，都会导致主播无法更好地掌控直播现场。因此，主播要通过录音熟悉自己的音色，进而找到改善的方法。主播想让自己的声音变得更具魅力、更有力量，平日可以从口腔、气息、音量和语速四个方面着手，进行大量的练习，更好地控制自己的声音。

4. 手势

肢体语言是主播感染平台用户情绪的主要方式。在主播需要掌握的肢体语言中，手势和表情、眼神一样占据着极为重要的地位。手势包含的意思非常丰富，在日常生活中有广泛的应用，在某些领域更是不可或缺的，如交警依靠手势引导车辆通行。在直播领域，手势也是提升直播感染力、吸引力的重要元素，主播可以通过手势展现自己的精神面貌。因此，主播应该掌握一些必要的手势知识，根据直播内容做出恰当的手势。

主播手势的动作幅度大小应该根据直播场面的大小和人数的多少来调节，切忌场面小，手势动作大，要把握好手势持续的时间，动作快慢适度，不能将手一直停留在原处而忘记收回。为了丰富直播中的手势类型，主播应该多学习一些有趣的手势。手势的使用要与主播其他肢体语言相通，贴合直播内容与情绪状态，做到自然流畅、协调一致。当然，主播在形成自己的手势风格之前，不妨去借鉴学习其他主播的手势，取长补短才能更好地运用。

【拓展阅读】

罗永浩"交个朋友"人设形象引领直播新潮流

主打"基本上不赚钱，交个朋友"的"抖音一哥"罗永浩的直播，目前已是 7×24 小时全天候、全品类的直播。"尽可能吸引更多的用户和粉丝关注直播间并下单"是罗永浩的目的。因此，罗永浩的人设形象主打真实自然，突出自身的朴实、喜感和亲和力，让用户放下戒备心，欣然买单。罗永浩的人设形象如图 2-11 所示。目前，罗永浩虽已经鲜少出现在抖音直播间，但其企业账号直播间延续了罗永浩的风格，主打真实自然、不做作的人设形象，直播间的男女主播形象气质都非常好，尤其是女主播的形象和很多网红女主播的风格不同，她们的妆容和发型干净自然，形象温婉大方。男女主播身着情侣装以搭档的方式进行互动直播，搭配非常和谐，形象也符合大众的主流审美，能够最大限度地吸引不同年龄段、不同地域、不同需求的男女粉丝和用户观看直播并进行购买。

罗永浩和其企业账号直播间的主播，结合自身的性格特点，从直播间定位的角度出发，精准定位人设形象，从妆容、发型、服装，再到眼神动作、表情姿态等，都围绕着人设定位展开，进而打造出气质鲜明、风格突出的主播形象。

图 2-11 罗永浩的人设形象

任务三　搭建直播间

【课前互动】

建议3人组成一个讨论组，对当前电商直播中直播间搭建的情况进行调查和讨论，各抒己见。

举例说明：谈谈自己对主播直播间搭建的认识，直播间的搭建对主播的印象强化有哪些影响。

总结与反思：谈谈本次讨论的结果和体会。

【任务尝试】

1. 登录"巨量网"网站，搜索"直播运营"，自学直播运营的相关知识；
2. 登录"抖音"应用程序，总结"交个朋友直播间"男女主播的直播间搭建特点，对比"广东夫妇直播间"男女主播的直播间搭建特点并进行分析。

【任务反思】

体会：

困惑：

【知识链接】

一、直播间搭建的原则

在内容为王的直播时代，依靠鲜活的形式仅可以在短时间内吸引用户，因为每个人都有一定的猎奇心理，但仅止于此是很难留住用户的，更无法将用户发展为稳定的粉丝。内容是网络直播能拥有固定的超高流量的根本保证。在网络直播中，创作好的内容、对内容进行包装，往往能使主播获得更好的发展。

接下来，我们讲一讲直播间的整体布置。从秀场直播到游戏直播，再到如今的泛娱乐化直播，网络直播不断地更迭外在形式，朝着多元化的方向发展，而这种泛娱乐化的发展方式，也给人们提供了更为宽泛的舞台。一间小小的网络直播间，成为主播向外展示自己的通道，不需要参加各种选秀节目，主播就可以发挥自己的特长，实现舞台梦。

在进行直播之前，直播间的包装是非常重要的。不可否认，人们的认知在很大程度上还是首先受到视觉影响，对周围的感知也主要是通过视觉来完成的。让人赏心悦目的直播间能在最短的时间内俘获平台用户的关注。

主播素养

不管是素雅，还是华丽，直播间必须有一个确定的风格。网络直播间的布置其实花样繁多，既有豪华大气的贵族风，也有温暖清新的自然风，还有粉红可爱的少女风等。主播对于直播间场地的选择也不尽相同，无论选用哪种风格布置直播间，无论把哪里作为直播场所，干净整洁都是对直播间的第一要求。

素雅的空间　　统一色彩视觉的空间

直播间的空间一般较小，一张干净整洁的书桌、一把舒适的椅子、一台计算机和一些必备的直播设备就完成了直播间的基本配置。一些主播也会在背景墙上涂上一些花纹，或者选用一些带有简单图案的壁纸进行装饰，或者利用线条、色彩来扩大视觉空间。

在布置直播间的时候，一些讲求个性的主播，特别是绝大部分的年轻主播，会把直播间布置得带有强烈的个人印记，会摆放一些能反映个人爱好的物品，如乐器、书籍等。但无论摆放什么、怎样摆放，都要遵循一个原则——简洁明快，再配上柔和的灯光，从而达到良好的视觉效果。

很多主播会再三考虑直播间的布置，因为这事关直播呈现效果。如果实在很难决定直播间的呈现形式，那么，最简单的方式就是把直播间布置得干净整洁。因为有序的物品摆放方式和干净卫生的环境总能使人愉悦。

二、直播间搭建的细节与技巧

（一）利用道具体现主播个性特征

在装修房间的时候，人们一般倾向于先确定房间的整体风格，是设计成欧式风格，还是简约风格，或者是华丽的洛可可风格，然后再从细节上体现房间的特色。直播间的布置也如此，一开始要从直播间的整体风格入手。但与一般房间布置不同的是，房间一般是供人休憩放松的场所，而直播间则是主播与网友交流互动的场所，很多网友对主播的第一印象都是从主播的外貌和直播间给人的感觉中获得的。一般房间的布置和直播间的布置如图2-12和图2-13所示。

图2-12　一般房间的布置　　图2-13　直播间的布置

直播间就像是主播的第二张脸，并且这张脸往往能够呈现出更多有关主播的信息。因此，如果主播要展示自身的特色，在直播间的细节装饰上，如道具方面，就要下足功夫，突出自身的特点。

道具的布置不仅可以表现主播强烈的个性特征,使网友了解主播,并且能够吸引有着相同志趣的平台用户。在电商直播中,平台用户进入直播间的第一感受是环境给予的,如果背景和房间布置得过于花哨和杂乱会让用户反感。不可否认,如今很多用户选择观看直播,是因为直播提供了一个可以自由交流的场所,在这里可以与志趣相投的人一起聊天、购物,实现现实生活中很难达成的社交。直播的社交属性正是直播快速发展的原因之一。

因此,如果主播能通过道具对平台用户进行主播特征的表现,一方面能使平台用户更快地找到志趣相投的群体;另一方面也会加快主播的粉丝积累。通过道具突出主播的个性是比较简单的,如一个爱好二次元的主播,可以通过在直播间里摆放二次元人物的海报、周边商品等道具来表明自己的喜好或者专长,喜欢化妆的主播可以在直播间里摆放一些化妆品等,总之要突出自己的个性。

道具对于突出主播的特征是非常有用的,在直播间整体规划好之后,不妨从道具入手,更直接地向平台用户传达主播喜好。

(二)利用背景布降低布置成本

有的直播间充满游戏感,仿佛是一个游戏天堂;甜美女主播的房间总是少女感很强,精细雕刻的白色桌椅、精致的粉红色小床、各种各样的玩偶,就是一个粉红世界;有的直播间极富设计性,既有贵族风格,也有小清新风格,既有素雅宜人的,也有充满视觉冲击力的。

如果你以为所有直播间都是实际装修过的房间,那就大错特错了。因为有些外表看起来很美的直播间,也有可能是由壁纸撑起来的,是利用视觉误差而节约成本的布置。我们在直播画面中所看到的温馨唯美的直播间,可能就是一个很小的房间,有时甚至连房间也不是。通常情况下,很多直播间是利用"主播背景布"搭建的。

相对于实际装修的费时费力,直接购买直播专用的背景布要简单方便得多,而且成本也很低。一般的主播专用背景布的成本也就在30~100元,只要再购买一个固定背景布的专用背景架就可以了。一些带有立体效果的背景布,在灯光的作用下往往能呈现非常逼真的效果,如果不仔细观察,网友很难发现直播间是利用一块背景布搭建起来的。有了背景布,主播就可以很容易地更换直播间的风格。用背景布布置的直播间如图2-14所示。

图2-14 用背景布布置的直播间

需要注意的是,背景布的选择一定要根据主播直播的内容和主题来决定。

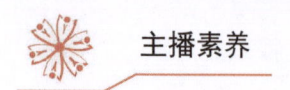

三、电商直播间的搭建

直播这种新的互动交流方式已经在各行各业开花，电商行业也不甘落后，纷纷开启了电商直播新模式。但电商进入直播领域的逻辑与一般的映客、斗鱼等直播平台是完全不同的，它是把直播作为一种辅助售卖的工具，是为了增加流量、提高商品销量、扩大商品的销售市场。相较于图文单一的营销模式，直播能带来更丰富的商品体验。对于一些电商来说，甚至只要开通直播，就可以看到变现模式的改变，因此，电商纷纷投入直播平台领域。在直播过程中，通过主播详细讲解商品，不仅能增加用户对商品的信任感，而且商品的展示也将加深用户对品牌的印象。

因为电商直播的最终目的是实现商品的售卖，所以电商主播在进行直播间布置的时候，一定要加大商品曝光度。即在直播时确保商品展示无处不在，使用户能在最短的时间内看到商品。当然，这并不意味着要在直播间堆满商品，而是要把想推出的新品或者想要推荐的品牌放在最醒目的位置，应以浅色、纯色背景墙为主，可以加一些品牌标志或直播主题装饰，或者把商品的标志直接放在背景墙上等。

电商直播间的搭建还有以下几个小技巧。

（一）场地布景好，秒变高大上

整洁、温馨、有文化内涵的直播布景能给主播带来自信心，也能为主播的颜值效果加分；反之则容易"溜粉"，留不住平台用户。

真实的布景比背景布的效果要好很多，高级感更强。直播间背景的颜色最好选择浅色、灰色，灰色系是摄像最适合的背景色，不会曝光，观感舒适，简洁大方。直播间的地面也要尽量选择浅色的地毯、地板。

（二）配置直播设备，打造专业直播间

一个高质量的直播间，视听感受非常重要，专业设备不容忽视。

一些新人主播的直播间，因为不懂如何布置光线，要么昏暗，要么曝光过度，视觉观感很差。其实直播间要做到专业打光并不难。补光灯是直播时不可缺少的，却是新手主播容易忽略的设备。很多新手主播刚开播时，普遍借助室内原有的灯光或自然光，但是仅仅依靠室内原有的灯光或自然光远远无法满足拍摄所需要的亮度。

灯光建议选择冷、暖、白三色，如果有条件，可以增加摄影灯箱等辅助打光设备，会让直播画面明亮清晰，效果更好。尽量选择可以调节亮度的补光灯，如果灯光亮度不能调节，尽量避免将强光直接打到主播脸上，导致主播面部曝光过度。要利用白墙或补光板产生折射光和散射光，将光线散射到主播脸上，这样柔和的光线能够起到美化皮肤、提亮肤色的作用。一般情况下，一套完整的灯光设备包括环境灯、主光灯、补光灯及辅助背景灯，如图2-15～图2-18所示。

图2-15　环境灯 　　图2-16　主光灯 　　图2-17　补光灯 　　图2-18　辅助背景灯

环境灯：起照明作用，负责整个直播间的亮度，一般是直播间的顶灯或者 LED 灯。

主光灯：起辅助作用，用来辅助打光，使主播脸部和商品的光线柔和，给人舒适的视觉感受。

补光灯：起美颜作用，能让主播的皮肤看起来细腻有光泽。圆圈补光灯既能补光又能柔光。

辅助背景灯：一般安装在主播身后的背景墙上，通过明暗对比使画面更加立体。

为什么有的主播讲话声音好听？为什么有的主播的直播间能放背景音乐，或者有搞笑的音效互动？其实这些都是声卡的功劳。声卡是专业直播必备的，其不仅能美化声音，而且能让主播讲话更省力。而好的收音，还需要麦克风来帮忙。直播设备的基本配置如图 2-19 所示。

图 2-19　直播设备的基本配置

在全民直播时代，主播要想脱颖而出，靠的不仅是颜值，还有"音值"，只有选择合适的直播设备，才能在直播过程中达到最好的效果。

直播间灯光设备搭建教程　　服装直播间的高级布灯方式

【拓展阅读】

案例 1：直播间布置的艺术

现今，泛娱乐直播行业迅速兴起，各种泛娱乐女主播也凭借其可爱迷人的形象吸引了大批网友的关注。长相可爱、声音甜美成了泛娱乐女主播的特色，这些女主播的直播间也带有强烈的个人特色——甜美可人、小清新。

主播直播间的布置往往能加深平台用户对主播的印象，泛娱乐主播直播间总是充满强烈的少女感，形状各异的蝴蝶结、可爱的小熊玩偶、各种大小不一的公仔、可爱多样的抱枕、精美华丽的床饰、精致的吊灯等布满了直播间。直播间在颜色的选用上以暖色系为主，红色、黄色这些颜色成了很多女主播直播间的背景色。粉红、桃红、樱草色、青白、蔚蓝色、丁香色、藕色、象牙白、月白、米色穿插其中，给人一种温暖、甜美、清新、可人的感觉。

一个行业的快速发展，必定会吸引无数淘金者，电竞直播也不例外。对于电竞主

主播素养

播来说，解说的专业性是内核，很多玩家看解说，在很大程度上是抱着学习的目的。此外，主播幽默风趣的解说风格也会吸引大批粉丝。作为有一定专业水准的电竞主播，在从事电竞解说之初该如何推广自己，加深粉丝对自己的印象呢？

除了形成自身独特的解说风格，电竞主播还应重视对直播间的布置，因为这也能吸引电竞玩家的注意。电竞主播及其工作环境如图2-20和图2-21所示。

图2-20 电竞主播　　　　图2-21 电竞主播工作环境

案例2："村红"直播带货，创新农村电商新篇章

从重庆市秀山县雅江镇桂坪村的山野果林到边城的洪安古镇，再到秀山物流园区的花灯美食街，"村红"带着网友抓土鸡、捡土鸡蛋、寻农家腊肉、割蜂蜜、炒茶叶、刺苗绣，探索极具风土人情的秀山"土货"。50位农民带着自家的土特产来到"村淘大集市"，通过直播向平台用户展示自家的土特产，还现场直播了打包、装车、发货的全过程。

直播开始后，农村淘宝"村红"团队成员先是来到重庆秀山生态养鸡场，在鸡场内追截一只农家土鸡，土鸡一跃而起的瞬间，在现场及直播平台观看的人都为之惊叹，充分展现了"秀山土飞鸡"的魅力。养鸡户及时在直播镜头前介绍本次直播主推的土特产之一——正宗土鸡的特点，随后展示土特产之二——土鸡蛋。在直播现场，养鸡户讲解辨别真假土鸡蛋的秘诀，并用土鸡蛋做菜。土鸡蛋从采集到"验货"再到上饭桌的过程吸引了众多直播平台用户边看边"剁手"，截至当天下午3时，土鸡蛋销量突破10万枚，该场直播创造的收益非常可观。

我们可以尝试分析这个案例的成功点。

（1）形式新颖。大部分平台用户看过明星、网红、模特儿直播，没看过"村红"直播，仅是创意就已经非常吸引人。将农民与村淘合伙人作为主角，结合农家户外直播，吸引了更多年轻用户观看。

（2）最大化曝光量。对农村、淘宝官方合作进行推广，打造"村淘日"，因前期造势充分，该直播登上了平台热搜榜。

（3）"所见即所得"，提升用户信任度。在产地源头用最真实的直播镜头展示土特产的优胜之处，同步讲解专业知识，让平台用户相信"所见即所得"。

（4）直播同步销售，提升用户购买欲望。淘宝直播渠道可实现在直播的同时放出商品购买链接，传播与销售同步进行，大大提高了用户的购买欲望，转化率极高。

"村红"借助直播带货，带动农民增收致富。通过直播真实农村场景，延伸了农村、农业、农民及相关产业链的融合构建，创造出一条数字化、产业化、品牌化的电商与乡村融合发展新道路。

主播素养之"修行"篇

项目三

修炼主播文化底蕴

【项目提要】

当直播成为一种兼具广泛性与渗透性的社会存在时,越来越多的从业者涌入这个行业,主播成为当下极为热门的职业,有的主播甚至成为很多青少年的偶像。然而,主播的文化底蕴与素质修养良莠不齐,当一些主播凭借丰厚的知识储备及深谙互联网文化的优势而成为顶流时,却有一些网络主播为了博人眼球而无视国家法律法规和公序良俗,给社会造成恶劣影响。所以,国家对主播从业者提出了更高的要求。主播应该了解法律法规,丰富文化底蕴,提高自身修养。

【引导案例】

"兵马俑的出现,意味着秦王朝时期已经大规模地使用陶土泥娃娃代替活人殉葬。"秦始皇陵兵马俑博物馆讲解员冰某在某短视频平台发布了一条视频《您应该知道的兵马俑意义》,引发网友点赞、评论。该讲解员凭借丰富的历史知识和幽默的讲解风格迅速受到网友的欢迎。"秦始皇陵兵马俑到底有几个坑?""一号铜车马是干啥的?""兵马俑是不是单眼皮?"……面对网友提出的各种问题,冰某在直播中总能以轻松、幽默的方式进行讲解。他之所以能吸引众多网友,一方面源于他对陕西省历史故事、旅游资源的熟悉,另一方面源于他注重知识的积累及自身文化素养的提升。

主播冰某如今的工作场所也不再限于秦始皇陵兵马俑博物馆,汉景帝阳陵博物院、西安半坡博物馆等都有他的身影。他还会开直播聊历史故事、旅游资源,以及助农带货(陕西农特产)等。凭借风趣幽默、通俗易懂的讲解,冰某吸引了约800万名网友的关注,这个"90后"年轻人让文物"活"了起来。

【案例分析】

有些主播带货,只会说"真的太好了""快去抢购"等词汇,而有些主播则能引经据典、触类旁通,从诗词歌赋讲到人生哲学,既能将商品的卖点融入段子中,还能让平台用户开开心心消费。例如,武汉特产可以这样卖——"烟笼寒水月笼沙,不只东湖与樱花,门前风景雨来佳,还有莲藕鱼糕玉露茶,凤爪藕带热干面,米酒香菇小龙虾,守住金莲不自夸,赶紧下单买回家……"文化底蕴不是一朝一夕练成的,而是坚持不懈地读书与思考的结果。丰富的知识储备能为主播赢得更多更好的机会。

那么,作为主播应该具备怎样的文化素养?如何提升自身的文化素养?主播如何进行逻辑思维与创新思维的训练?怎样深入了解互联网行业文化?如何提升自身的礼仪修养?让我们通过本任务的学习,解决以上问题,开启文化底蕴的"修行"之路。

【思政目标】

1. 促使学生坚定信念,培养其崇高道德感与社会责任感,使其知识广博、人格健全。
2. 激发学生的创新探索精神,提高其解决问题的能力。
3. 探索网络直播的规律,培养学生脚踏实地、尊重科学的精神,增强其文化认同感,培养文化自信心,弘扬爱国担当。
4. 引导学生深刻理解和弘扬社会主义核心价值观、中华优秀传统文化和社会主义先进文化,增强其对国家意识、文化自信以及对公民人格核心精神的认同。

【知识目标】

1. 掌握逻辑思维方式。
2. 了解创新思维模式。
3. 熟悉网络行业文化。
4. 掌握提升礼仪修养的方法。

【技能目标】

1. 能够思路清晰地完成直播内容架构及表达。
2. 能创新直播形式与内容。
3. 能与时俱进、高质量地完成直播。

主播素养

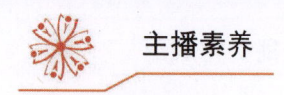

【思维导图】

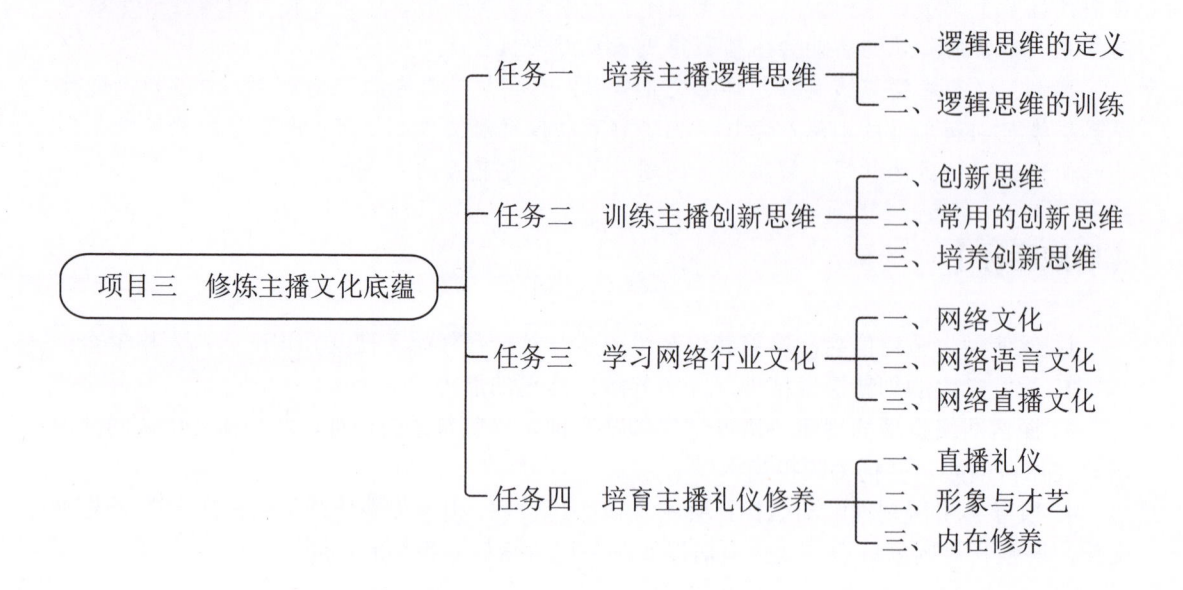

项目三 修炼主播文化底蕴
- 任务一 培养主播逻辑思维
  - 一、逻辑思维的定义
  - 二、逻辑思维的训练
- 任务二 训练主播创新思维
  - 一、创新思维
  - 二、常用的创新思维
  - 三、培养创新思维
- 任务三 学习网络行业文化
  - 一、网络文化
  - 二、网络语言文化
  - 三、网络直播文化
- 任务四 培育主播礼仪修养
  - 一、直播礼仪
  - 二、形象与才艺
  - 三、内在修养

任务一 培养主播逻辑思维

【课前互动】

提前观看某场直播（可由教师指定，也可自行选择），2～3人组成一个讨论组，每组选择模仿其中一个商品的带货方式与内容，还原直播现场。

从商品不同维度的介绍，分析主播、副播如何分工；快速记录一段商品介绍的重点内容，组内进行对比，分析大家记录的内容有何不同。

【任务尝试】

1. 观看一场带货直播（或直播回放视频）。
2. 重点观看某一商品的带货内容，快速记录商品卖点。
3. 观看直播视频后，梳理思路，分析主播的特点、人设、优势及其承担的任务。

【任务反思】

列举你知道的直播类型、直播平台、知名主播。

选择直播中某一商品，记录商品卖点。

分析主播的特点、人设、优势及其承担的任务。

【知识链接】

一、逻辑思维的定义

逻辑思维是人们在认识事物的过程中，借助概念、判断、推理等思维形式来反映客观现实的理性认识过程。逻辑思维能力是我们学习、工作及生活中必不可少的一种能力。逻辑思维能力差的人，在学习或听别人说话时，经常理不清思路，更不能清晰地把想法传达给他人。作为主播，需要清晰地掌握直播流程，有条理地将商品展示给消费者。

主播良好的逻辑思维有助于高效地学习，如更好地理解商品信息、顺畅地与消费者沟通；高效地工作，如条理清晰、主次分明地向消费者传达想法，说服他人；高效地生活，如快速读懂一本书、看懂一部电影、理解一些舆论话题等。总之，良好的逻辑思维可以使人变得自信，从众多人中脱颖而出。例如，有的主播带货时思路清晰、卖点突出，对商品的讲解能力很强，既囊括了商品的优缺点，又直击消费者痛点，让消费者看了忍不住想购买；有的主播因为之前就是深耕某行业的专业人士，对商品的理解有深度，评测与讲解非常专业，让消费者信服继而关注下单。

主播应具备的思维能力

1. 核心思维能力

内容创作是直播工作的重中之重。综观各平台知名主播，必有一项出众的才艺，或者具有活跃直播间气氛的能力。平易近人、热情亲切与充满正能量是主播直播的基调。发生重大事件的时候，主播应做到：未知全貌不予置评、不涉及敏感话题、不引战其他主播及其他粉丝群体。

2. 数据思维能力

数据分析的前提是要做好数据积累，之后，通过分析这些数据得出结论，为决策提供参考。数据分析可以直观地表达想要呈现的信息、观点和建议。这些数据分析的结果有着重要的参考意义，可以通过数据分析来实现精细化运营。

3. 逻辑思维能力

运用逻辑思维把控直播工作整体流程。不仅是直播，不管做什么工作，都可以围绕明确目标、规划执行、总结优化三个方面去完成。

主播素养

> 明确目标：只有具备明确的目标，才能更好地确定运营内容。
>
> 规划执行：前期规划事无巨细，执行的时候才能顺利。把目标、规则、反馈流程理顺，这样直播才会是有效果的。
>
> 总结优化：通过复盘总结经验教训，调整工作的重心，如此循环，不断前进。

二、逻辑思维的训练

（一）培养抽象思维

逻辑大致可以理解为对具体事物规律的抽象总结。人类大脑之所以能进化出逻辑推理功能，一个主流的观点是因为原始人类在追捕猎物的过程中需要根据猎物足迹、习性和环境等各种信息分析出猎物所在位置。因此，逻辑性越强，抽象思维就越强。

从宏观上来说，一个人思维的逻辑性和受教育程度有很大关系：受教育程度越高，接触到的知识越趋于抽象，对于复杂概念的把握能力越强，其思维和语言表达的逻辑性就会越强。

锻炼逻辑思维的10个好方法

（二）阅读

通过阅读来提升逻辑思维。遇到需要运用抽象思维进行阅读的书，一定要慢慢读、精读，甚至不时地回顾已读过的章节，重新整理自己的想法。有逻辑的阅读，是能够一边阅读，一边在大脑中整理出作者所要表达的思想框架的。如果你读完一章忘记一章，最后逻辑思维能力的提升也会有限。反过来，如果读完书之后能够根据自己的理解把作者的核心思想阐述清楚，即使忘记细节表达，思维锻炼也到位了。

（三）写作

人的表达能力是需要训练的。主播在自己表达能力有限、逻辑思维不够清晰的情况下，可以先从书面表达开始。书面表达可以给予我们足够的时间思考，琢磨用词和逻辑的严密性。书面表达可以是有目的的写作，如读书笔记类的评论或者分析报告，也可以是一般性的写作，如对自己生活体验和见闻的总结。

光是写作还不够，更能锻炼逻辑思维的环节其实是校对修改。例如，直播脚本写好之后会再修订2~3次，每次修订时除了排除错别字和调整用词，很大一部分时间都花在观察分析脚本的逻辑性上。这样一个过程不光可以让我们写出来的文字在质量上大大提升，还能帮助我们发现自己常见的逻辑性问题和错误，进而加以完善提升。

（四）辩论

如果有条件，可以尝试参加辩论赛。这也是锻炼逻辑思维和逻辑表达能力的极好方式。一方面，赛前的准备工作要求参赛者梳理逻辑和组织语言；另一方面，临场的压力也可以提升参赛者的反应速度和自信心。

【练一练】

1. 人类中的智力缺陷者，无论经过怎样的培训和教育，也无法达到智力正常者所能达到的智力水平；新生婴儿如果没有外界的刺激，尤其是人类社会的环境刺激，也同样达不到正常智力水平，甚至还会退化为智力缺陷者。以下哪一项作为这段叙述的结论最为恰当？

   A. 人的素质是由遗传决定的。
   B. 在环境刺激接近的条件下，人的素质直接取决于遗传的质量。
   C. 人的素质主要受环境因素的制约。
   D. 遗传和环境共同作用决定了人的素质状况的优劣。
   E. 社会环境和自然地理环境都会对人的智力产生长远的影响。

2. 辩论："高薪不喜欢的工作和低薪很喜欢的工作，你选哪个？"

★★★★★

（五）多听

反应速度快和说话有逻辑都是优秀主播的必备素质。当我们的反应速度和逻辑思维都不是特别出色的时候，为了避免表达有误，在与人交往的时候可以先多听对方的观点和表达，培养自己边听边思考的能力，等对方观点表述完整，自己胸有成竹的时候再进行回应。

另外，善于聆听也能够让我们有很多机会去观察他人讲话的逻辑，并且去尝试模仿。边听边在心里默默列出对方表达的主要意思，按顺序排列，甚至可以尝试在他人表述完之后把听到的内容总结陈述出来。因此，在进行直播前，我们应该先去看一些知名主播的直播回放，分析他们的讲话逻辑。

（六）表达

口语表达是思维的外在形式，是思维的一种传递工具。思维是语言的内容，没有思维就没有语言。语言表达过程实际上是把思维结果表述出来的过程，说话就是从内部语言向外部语言转化的过程。确定说什么就是一种思维活动，在说什么与怎么说之间有这样一个转换过程：思维—句子类型—词汇—语言。这个过程是完整的，任何一个环节出了差错，都会影响表达。因此，从思维到语言的转化过程十分重要，主播进行这方面的基础训练有利于更顺畅地完成即兴讲话。发散思维是即兴讲话走向成功的最佳思维方式。

连接法：承接上一位表达者的话题继续往下说的训练方法。卡耐基在训练学员即兴演讲能力时就常用此法。卡耐基让一位学员尝试精彩地讲述一个故事，这位学员说："前几天我正驾驶直升机，突然注意到一大群飞碟正朝我靠近。于是，我驾驶飞机开始下降，可最靠近我的飞碟里却有个人开始向我开火。"说到这里，卡耐基要求他停下，然后要求另一位学员接着叙述下去。

连点法：将头脑中闪现的人、事、物和散点按照一定的顺序和结构连缀成篇。例如，散点为：花儿、气息、跑。可用连点法表示如下："置身各位青年朋友之中，我似乎感觉到春天的气息扑面而来,大家都很年轻,都有花儿一样的青春,花儿一样的年龄,花儿一样的生活,愿我们化作一匹骏马,奔向光辉灿烂的明天。"

> 【练一练】
> 　　以"立秋了"为开始,请同学们每人用一句话接下去,第三、第六、第九位同学接的内容里须有商品出现,接的话要与上一句话衔接流畅,并且符合逻辑。
> 　　三位同学每人在纸条上分别写上人名、地名、商品,可随意发挥,如"貂蝉""操场上""吸尘器",由第四位同学将三个线索词组成一段商品广告。

★★★★★

(七)思维导图

思维导图(The Mind Map),又名心智导图,是表达发散性思维的有效图形思维工具,它简单有效,是一种实用性的思维工具。思维导图发挥图文并重的优势,把各级主题的关系用隶属与相关的层级图表现出来,在主题词与图像,甚至颜色之间建立记忆链接。

思维导图是将思维形象化的方法,是一种结构化思考的高效工具,它可以帮助我们理清思绪,重塑更加有序的知识体系。由此可见,思维导图在工作或生活中有着许许多多的运用场景。例如,它可以用来理解概念、帮助记忆、制定计划安排、写读书笔记、分析事物、归纳知识等。

目前,思维导图流行两种画法,即手工绘图和电脑软件绘图。采用电脑软件绘制思维导图会比手工绘图更加简便高效。下面以 MindMaster 软件为例介绍操作步骤。

1. 新建思维导图

执行"新建→创建"命令,便能开启思维导图绘图模式。新建思维导图如图 3-1 所示。

直播带货全流程
思维导图

图 3-1　新建思维导图

2. 编辑思维导图

(1) 添加主题。如果想要为思维导图添加下一级主题,只需在空白画布上单击蓝色"＋"符号即可。添加主题如图 3-2 所示。

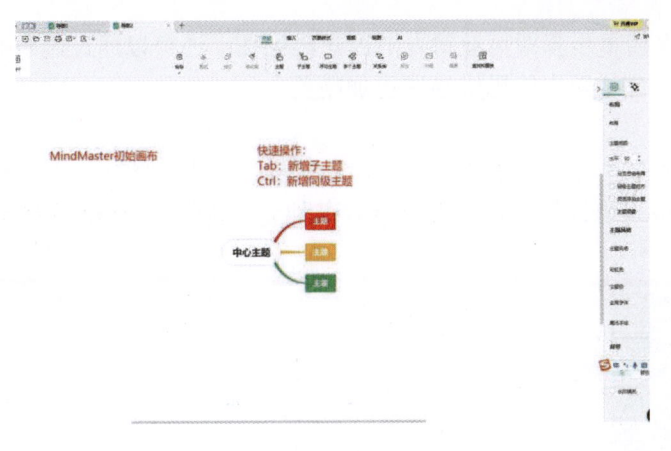

图3-2　添加主题

（2）输入文本。鼠标双击主题框就能为思维导图添加文本，编辑结束后单击空白画布即可。输入文本如图3-3所示。

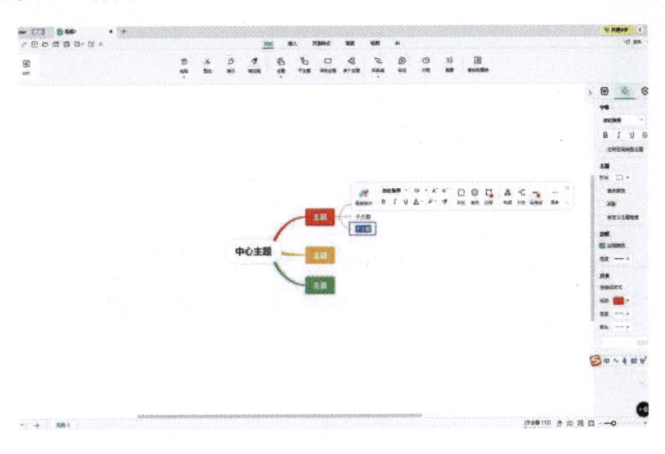

图3-3　输入文本

（3）完善思维导图。上述操作可以绘制出最基础的思维导图。如果想让思维导图显得更加专业，不妨使用标注、关系线、概要和边框四大基础功能。完善思维导图如图3-4所示。

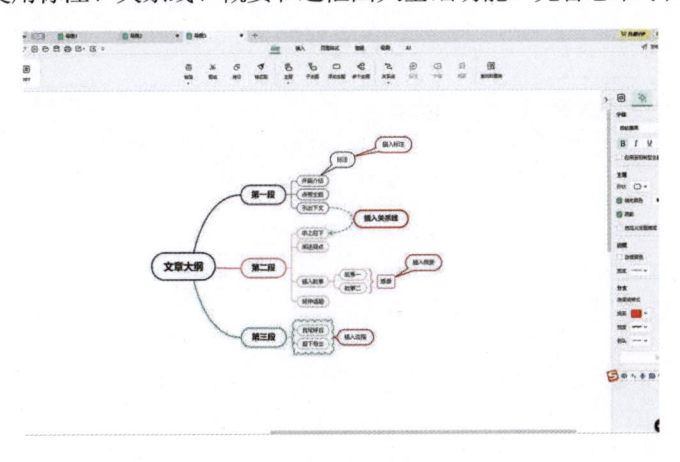

图3-4　完善思维导图

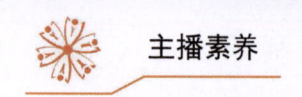

通过以上几个简单步骤即可获得专业的思维导图。还可以通过调整布局、切换样式、插入图片、更改颜色等操作使思维导图更加精美。

3. 导出思维导图

导出思维导图是所有操作中的最后一步，执行"导出→图片→图片格式"命令，可以选择合适的图片格式进行导出，也可以选择其他诸如 PDF、Word 等格式进行导出。导出思维导图如图 3-5 所示。

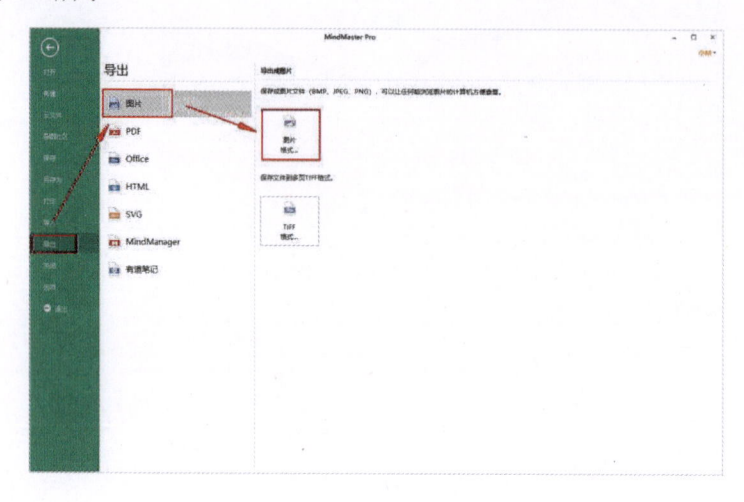

图 3-5　导出思维导图

经过一番简单操作后，即可得到最终的思维导图。与手工绘图相对比，MindMaster 软件绘制的思维导图，更加整洁、美观，易修改。MindMaster 软件绘制的思维导图如图 3-6 所示。

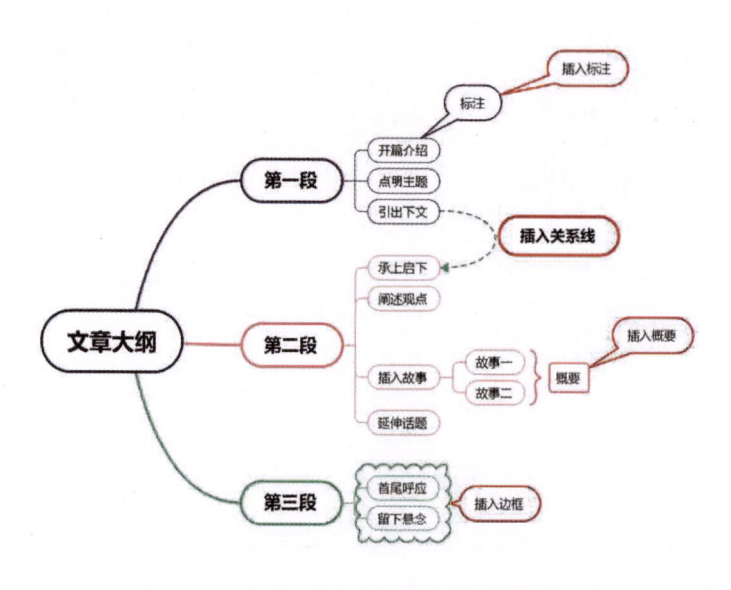

图 3-6　MindMaster 软件绘制的思维导图

【拓展阅读】

思维导图的绘制技巧如图 3-7 所示。

图 3-7　思维导图的绘制技巧

【思政园地】

逻辑思维涉及人们分析、综合、判断、推理等认知活动及其过程，只要人们在思考或用语言文字交流，就离不开逻辑。逻辑思维学习是主播坚定理想信念，树立科学价值观的重要手段。一个缺乏系统逻辑思维训练的人往往难以形成完善的价值判断体系，也难以有效地理解和分辨各种思想和观点，容易盲从、迷信或产生谬误，难以对正确的思想或观点保持坚定的态度。主播应培养缘事析理、明辨是非的能力，以能够辨别常见的思维谬误，能够认清这些错误观点的理论漏洞，在直播中勇于反驳错误的言论。

任务二　训练主播创新思维

【课前互动】

生活中很多物品的功能并不是单一的，如玻璃杯，不仅可以用来喝水，还可以用来种植小型植物，变成漂亮的盆栽，还可以当作粉刷收纳桶，配上玻璃浮雕和珍珠，显得贵气十足，还可以把普通蜡烛融进杯子，滴入香薰精油，使其变身香薰蜡烛……试着说一说生活中可以有多种使用功能的物品。

【任务尝试】

在 5 分钟内，尽可能多地说出某个物品可能的用途，越多越好，充分发挥无穷的创意！

主播素养

【任务反思】

什么样的创意会让人觉得眼前一亮？怎样才能想出这些好的创意？

时间的限制对想出好的创意是否有影响？

一个好的提案是不是只要有好的创意就行？如果不是，好创意有哪些影响因素？

【知识链接】

一、创新思维

创新思维是指以新颖独特的方法解决问题的思维过程，通过这种思维突破常规思维的界限，以超常规甚至反常规的方法、视角去思考问题，提出与众不同的解决方案，从而产生新颖的、独特的、有社会意义的思维成果。例如，人民创意联合淘宝直播共同推出"非遗手艺人直播特别专场"活动，如图3-8所示。20多位非遗传承人及手工艺匠人同时在线直播，吸引了百万名网友在线观看，当天售出近百万元的非遗及手工艺品。"直播+非遗"开创了文化传播新模式。沙河鸟笼、橄榄核雕、榫卯积木、瓷板画……直播间里的各种手工艺品让非遗"飞入寻常百姓家"。

图3-8 "非遗手艺人直播特别专场"活动

二、常用的创新思维

（一）发散思维与收敛思维

发散思维是对同一问题从不同层次、不同角度、不同方向进行探索，从而提供新结构、新点子、新思路或新发现的思维过程。例如，介绍口红时，在功能方面可以作为腮红、眼影；在外观方面可以设计成名片形状便于携带；在个性化方面可以刻字作为有纪念意义的礼物……

收敛思维是指在解决问题的过程中，尽可能利用已有的知识和经验，将各种信息重新进行组织、整合，从不同的角度和层面，把众多的信息和解题的可能性逐步引导到条理化的逻辑序列中，得到一个合乎逻辑规范的结论。例如，某款口红留色非常好，质地为液体，则取名为染唇液，强调其属性。

（二）横向思维与纵向思维

横向思维是一种同时性的思维，它截取历史的某一横截面，研究同一事物在不同环境中的发展状况，并通过与周围事物的对比，获得对事物更全面的认识。横向思维是允许不断尝试，探索可能，进行充分联想的思维，往往要求人能够分别对不同的情境进行对应的、专注的思考和探索，从而产生多方面的感观体验。例如，某主播描述某款唇釉很闪亮，会说："哇哦，嘴巴上面有星星。"

纵向思维是一种历时性的比较思维，它是从事物自身的过去、现在和未来的分析对比中发现事物在不同时期的特点及前后联系，从而把握事物本质的思维过程。例如，介绍口红时，可多款口红同时试色，展现其质地、色彩上的差异。

【练一练】
分别用发散思维与收敛思维、横向思维与纵向思维描述洗发水、音箱、饮料等商品。

★★★★★

（三）正向思维与逆向思维

正向思维是按照常规思路，遵照事物发展的自然过程，或以事物的常见特征、一般趋势为标准的思维方式，是一种从已知到未知来揭示事物本质的思维方法。

逆向思维在思维线路上与正向思维相反，是在思考问题时，为了实现创造过程设定的目标，跳出常规，改变思考对象的空间排列顺序，是从反方向寻找解决办法的一种思维方式。大部分人喜欢用固定的思维方式思考问题，但往往得到一般的想法。不妨以相反的方式去思考，往往会豁然开朗，收获意想不到的思路和解决办法。

如今谈直播带货，已不再是"直播带货不过亿，不好意思发战绩"了。关注商品交易总额之余，新方案必然是重中之重，尤其随着直播带货逐渐成为"致富经"，不但促进各明星加快入场，从影视演员，再到文化名人、商业大佬、运动健将……在直播带货或品牌直播过程中，也催生了各式带货风格。其中，我们发现游走于传统直播带货话术之外的"反向带货"方式，不仅商品交易总额可观，互动及用户黏性也颇高，成为直播带货的一股清流。

（四）求同思维与求异思维

求同思维是指在创造活动中，把两个或两个以上的事物根据实际需要联系在一起进行"求同"思考，寻求它们的结合点，然后从这些结合点中产生新创意的思维方法。

求异思维是指对某一现象或问题进行多起点、多方向、多角度、多原则、多层次、多结局的分析和思考,捕捉事物的内部矛盾,揭示表象下的事物本质,从而选择富有创造性的观点、看法或思想的一种思维方法。

例如,"共享充电宝""共享按摩椅""共享婴儿车"等商品的出现,就是将共享单车的"共享"性这一"求同"特点结合"求异"思维,将"共享经济"发扬光大。

【拓展阅读】

反向带货——在"吐槽"中被"安利"

随着短视频的兴起,直播带货已出现多轮趋势变化。一是直播平台载体的不断变化,二是不同圈层主播的加入,使得直播带货内容更加细化,除了"商品展示—价格叫卖—最后冲刺"模式,越来越多的模式不断产生。其中,被吐槽得最多也是最能够吸引消费者关注的,便是"反向带货"。主播推荐商品时被平台用户吐槽、调侃,反而会创造意想不到的结果。

反向带货——
在"吐槽"中被"安利"

案例1:郝劭文聊天式带货

看点:将直播间打造成沉浸式聊天室,以聊天为主,以带货为次。聊天意味着情感、情绪沟通,有效降低了消费者对带货的天然抵触心理。主播安静带货不吆喝,聊到位了,再顺势推荐商品,可谓一气呵成。

郝劭文的直播带货就是范例。昔日童星转型做电商直播,本身就有粉丝情感和情怀加持,再加上个人风格显著,有低沉嗓音的优势,让郝劭文的沉浸式聊天直播间热度不减,一个月带货超7000万元。尤其是其自创的"睡衣小超市"概念,安静接地气的直播氛围,既打造了区别于其他直播间的差异化优势,又有着极高的用户黏性,吸引了更多不同需求的消费者进入直播间。很多人表示,看郝劭文的直播很治愈且没有压力,这种"求异"的带货方式便是在消费者极其放松的前提下顺势完成的精准带货。

案例2:美少女嗨购蹦迪式带货

看点:将直播间变成蹦迪现场,将"购物场"变成"氛围感受场"。

主播靠猎奇方式吸引关注的一个典型便是美少女嗨购的蹦迪式直播带货玩法。4个女孩,1天带货百万元。相较于一般直播间传统的靠嘴输出、陈设固定的场景,蹦迪式直播从"人"到"场"的敲定,就足以支撑起一场直播间的访问量。除了猎奇,这种直播形式刚好顺应了如今人们讲究氛围感的要求,收获了热烈反响。主播与其说是卖货,不如说是卖一种氛围,在这种极具感染力和带动性的氛围下,消费者很难抑制住心中要"剁手"的冲动。从某种程度上来说,这也加快了氛围电商的发展进程。

资料来源:直播电商趋势多变,"反向带货"或将成顶流?作者:一鱼知秋叶

三、培养创新思维

（一）提出创新性问题

将已发明的事物发展为用户可以接受，并愿意为之付费的商品得有创新思维。想要培养有价值的创新思维必须要做到三点：持续解决问题；提高服务效率；提供更好的商业模式。提供优质方案的能力在于提出问题，好的问题又可以启发创新思维。培养发问技巧的方法如图 3-9 所示。

图 3-9 培养发问技巧的方法

互联网九大思维

（二）洞察用户需求

创新思维在商业模式中的运用可以做到点石成金，让有价值的想法获得更好的效果，关键点在于洞察用户的深层需求。目标用户的实际需求可以细分为五大板块：任务、痛点、目标、感受、影响，如图 3-10 所示。

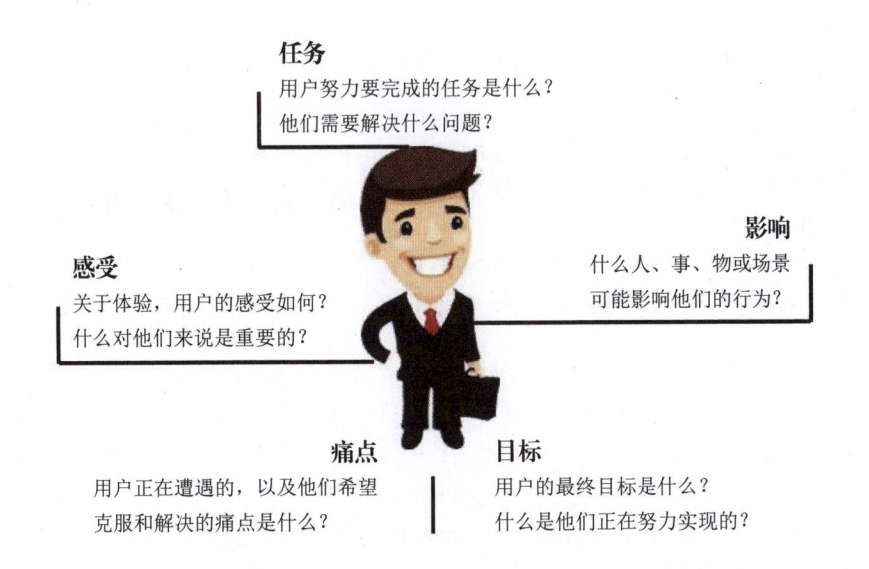

图 3-10 目标用户的实际需求

（三）讲好故事

创新经济是同时具有创意与创新双重特质的商品之间所进行的交易。产生创意是催生某种新事物的能力，其本身是没有任何经济价值的，它需要落到实处。呈现创意的最佳方法就是讲出一个好故事，好故事能得到广泛传播。讲出精彩的故事有七个关键点，分别是目标、阻碍、努力、结果、意外、转弯、结局，这七点被称为"靶心人公式"，如图3-11所示。掌握了"靶心人公式"，三分钟就能讲出一个引人入胜的故事。

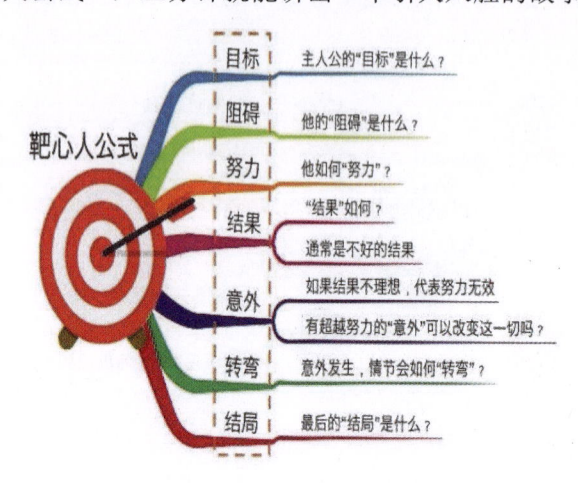

图3-11 靶心人公式

以广为流传的"褚橙"故事为例：褚橙由云南红塔集团有限公司原董事长褚时健种植而得名，同时又因褚时健非同寻常的人生经历，它也被叫作"励志橙"。这个品牌背后的故事赋予了褚橙很多的人格价值、精神价值、情怀价值，商品受到市场青睐也是意料之中。

【练一练】
上网搜集褚橙的资料，用"靶心人公式"讲述褚橙的故事。
★★★★★

运用创新思维训练方法——六何检讨法（5W1H法）开启一场直播

六何检讨法（5W1H法）的优点即提议讨论者从不同的层面思考和解决问题。5W是指"何事（What）、何人（Who）、为何（Why）、何时（When）、何地（Where）"；1H指"如何（How）"。

1. What——播什么内容？卖什么商品？

想要做直播，一定要明确直播的主体商品是什么。如果品类不明确，传达给用户的信息就是模糊的，用户就不知道这个账号到底是做什么的。

因此，在确定账号之前，一定要想清楚要做什么商品或者哪一类商品。有了明确的商品定位，用户就会对账号有比较清晰的认知，如果后期运营得好，用户只要想买这类商品，就会首先想到这个账号。

2. Who——目标群体是谁？出镜人员是谁？

为什么说确定目标群体很重要？因为不同的用户群体自带不同的属性。例如，年龄大的人群，下单时会更注重价格、实用性，而年轻人下单时会更注重观赏性、趣味性这些特点。

假如商品是美妆彩妆类的，那么用户群体就偏向年轻女性，在后期的内容策划上，就要多满足女性群体的消费需求，如商品的包装应更美观、更潮流、更时尚等。另外，出镜人员的选择也一定要符合商品调性。假如账号是做护肤、美妆的，那么出镜人员最好选择皮肤比较好、妆感时尚的主播，这样其介绍商品时说服力才会更强。

3. Why——用户为什么要看我们的直播？为什么要买我们的商品？

要想解决这两个问题，首先要了解用户痛点。例如在观看直播时，人们往往被一些新颖有趣的内容或者当下的热点事件吸引，因此，直播内容可以借助这些要素，以吸引更多人观看。其次，如何说服用户购买商品？这就需要深度挖掘用户的痛点，然后再找商品的卖点，看能否将二者结合起来，当然也可以采用降价、优惠等福利吸引用户下单。

4. Where——选择哪个直播平台？直播地点选在哪里？

不同的直播平台受众不尽相同，如果是为天猫、淘宝店铺带货，可以直接选择"点淘"；垂直领域无店铺的一些关键意见领袖可以直接在拥有粉丝数量多的短视频平台开设直播，如"抖音""快手"及微信视频号等。

直播地点的选择要与直播内容相关。例如，朱广权公益直播就选择了央视直播间，凸显公信与公益。选择适合的直播地点能为主播的商品增加可信度。例如，为农产品类商品直播时，直播地点可以选田间地头；如果卖书，那么选择一个书店作为直播地点无疑是最合适的；如果主打的商品特色是工厂直发，那么直播地点可以选工厂。当然，利用信息技术，可以轻松实现拍摄背景的变化，合理地使用这些技术也是可以的。

5. When——什么时间直播？直播频率如何？

大部分直播会安排在晚上，因为这个时候人们的空余时间比较多，观看人数一般会较多。当然主播也可以结合商品的属性和目标用户决定开播时间，如旅游主播、植物花卉带货主播就需要在白天合适的时间段进行直播。直播频率视情况而定，一天两场到几天一场不等，最好有固定的时间，如每天18：00～23：00，或者每周一、周三、周五17：00～20：00，便于用户记住观看时间。

6. How——如何实操？

主播确认人员，确定设备，确定商品，注册好账号后，就可以开始直播了，但前期的准备工作要做好，可以提前彩排，以免直播中"翻车"。

【练一练】

尝试使用5W1H法策划一场带货直播。

★★★★★

【思政园地】

坚持"四种思维"，护航直播带货行稳致远

直播带货为互联网经济打开了更为广阔的发展空间，在助推线上经济与实体经济深度融合的过程中不断激发出新的经济增长点。要坚持辩证思维、法治思维、创新思维、系统

思维，为直播带货戴上监督管理"紧箍咒"，不断提升直播带货"含金量"，护航直播带货行稳致远。

1. **坚持辩证思维，强化问题意识，秉持发展眼光。**直播带货依托主播代言推介，加强与消费者的互动，顺应了移动互联网时代的潮流趋势，对于破解农产品销售难题、拓宽农产品销售渠道、增加就业岗位、提高农民收入、强化产业链整合具有重要意义。尤其是在构建以国内大循环为主体、国内国际双循环相互促进的新发展格局的过程中，更需通过丰富消费模式扩大内需，而直播带货就是拉动消费、激发市场活力的重要载体。对直播带货要坚持辩证思维，以发展眼光看待其对社会经济发展的益处和不足之处，通过完善规则、合理引导、严格规范，增强直播带货的可持续性和生命力。

2. **坚持法治思维，健全法律法规，加强执行落实。**因直播带货新业态的特性，少数平台和网络名人"恃宠而骄"，钻规则和标准的空子，进行虚假宣传，损害了消费者的切身利益。直播带货本质上是商品交易，对直播和交易的全过程及商品交易的服务细节可通过法律法规进行规范。《网络直播营销行为规范》《视频直播购物运营和服务基本规范》等各项标准、规范，对直播带货起到了规范、引领作用。要进一步完善法规体系，为行业设门槛、画底线、立规范、树标准，助推直播带货行业提速步入法治化轨道，切实划清规则边界，强化执行落实，有力、有效地保障消费者的合法权益。

3. **坚持创新思维，用好科技手段，完善信用体系。**直播带货推动商品交易实现从"人找货"到"货找人"的转变，提升了人们的消费体验，建立了新的消费方式。在其快速发展的同时，应用好科技手段，完善信用体系，对其出现的数据造假、退货率高等问题进行有效监管。要搭建"互联网+监督"平台，完善技术监测系统，建立情况明、数字准、可监控的数据库，以有效弥补传统人工监督的局限性。还要加强直播带货信用体系建设，依据主播直播的表现及其所在平台的用户规模等条件，划分直播带货等级和分类标准，对消费者消费行为做好引导，防止主播在短期内"收割流量"。

4. **坚持系统思维，明晰各方责任，加强协调联动。**随着直播电商的快速发展，新情况、新问题不断出现，需要明确各方监管职能，建立协同治理机制，共同织牢监管网络体系，打造安全放心的网络消费环境。直播平台应加强行业自律，提高商品准入门槛，强化交易全流程生态治理及审核把关，保障消费者的合法权益。政府部门要加大普法力度，提高消费者的法律意识，畅通消费者的维权渠道，帮助消费者养成理性消费的良好习惯。市场监管部门要强化商品质量监督管理，提高企业违法成本，不给劣质商品"可乘之机"。其他相关部门也要对主播加强教育管理，通过系统性培训和规范化考评机制，提高主播的职业素养，强化其规范意识。

任务三　学习网络行业文化

【课前互动】

互动游戏1：一人说出一个网络热词。

互动游戏2：一人说出一个农特产品，其他人接力说出与农特产品对应的俗语或古诗词。

【任务尝试】

互动游戏 1 的规则和程序：第一个同学说出一个网络词语，并指定一个同学回答该词语的含义，第二个同学解释完之后再说出一个词语，以此类推，卡顿者接受惩罚，如表演节目等。

互动游戏 2 的规则和程序：抽若干名同学，每人在黑板上写一个农特产品，其他同学在下方写出与其相关的俗语或古诗词（该活动也可以利用线上教学软件的互动讨论板块实现）。回答数量多者获得奖励。

游戏目的：①熟悉网络流行文化，了解网络语言含义，活学活用，拉近参与者之间的距离；②提升个人文化素养，感受中华文化的博大精深。

【任务反思】

> 这些网络热词为什么会流行？能否将其应用在直播中？
>
> 如何更好、更快速地记住一些诗词或名言，为提升个人文化素养做积累？

【知识链接】

一、网络文化

网络文化是以互联网技术为基础，在网络空间中形成的文化现象的总和，包括文化活动、文化方式、文化产品和文化观念等多个方面。这些文化现象是随着网络技术的不断发展而逐渐形成的，具有独有的特征和价值。网络文化是人类社会发展到信息时代而出现的新文化，是人类文化在互联网技术条件下的发展。它是人类文明的划时代成果，包含着丰富的经济、科技、教育、艺术等信息，具有传播速度快、时效性强、信息容量大、覆盖范围广、高开放性和交互性等特点。任何一种文化形态都有其价值取向，互联网文化有其开放性的一面，也有民族性、地域性的一面，受所在国家、民族主流文化的主导和影响。

（一）网络流行文化

网络流行文化是指在互联网上迅速传播并受到大众喜爱的文化现象，包括网络用语、表情包、短视频和流行歌曲等。这种文化现象具有时效性、创新性、互动性和大众性的特点，能够迅速地传播开来，并且能够反映社会的热点和时代特征。网络流行文化具有流行文化、亚文化等多方面的基本特征，网络流行文化更具有全球性、多样性、跨文化性、技术性的特征。文化不仅仅是生活经验和成长体验，还会形成一系列内化的用以指导行为的共同价值观与规范。随着互联网的普及与发展，以互联网为基础的网络文化逐渐形成。网络流行文化已经成为影响人们思维、语言、行为、价值观的重要因素之一。

(二)网络娱乐文化

网络流行语和搞笑图片等构成了浩浩荡荡的网络娱乐文化大潮，反映了青年人富于创造精神和娱乐精神的群体特点。另外，值得注意的是，近两年的网络娱乐文化在突出娱乐精神的同时，其嘲讽调侃的意味明显增强，不是为了娱乐而娱乐，而更多的是用来表达青年群体的社会心态和对现实问题的看法。青年群体对待娱乐的开放和平等态度，消解着主流文化的严肃，这也正是多元、轻松的网络文化发展的方向之一。因此，当代青年娱乐方式和娱乐态度的变化，是网络娱乐文化中不可忽视的一部分。

(三)网络社交文化

社交文化就是通过社会上人与人的交际往来传递信息、交流思想，以达到某种目的的社会活动所体现出来的文化现象。随着互联网的快速发展，网络社交媒体优势凸显，特别是近年来移动社交媒体的发展。网络社交媒体以其方便、快捷的优点快速占领年轻用户市场，并使用户在新媒体社交网络上非常活跃，由此带来一种共享、包容、自由、平等、公开的新型媒介文化样式，即新媒体环境下的网络社交文化。

二、网络语言文化

语言是文化的重要组成部分，是记录文化的符号系统。网络语言是指从网络中产生或应用于网络交流的一种语言，包括中英文字母、标点、符号、拼音、图标（图片）和文字等多种组合。这种组合往往在特定的网络媒介传播中表达特殊的意义。网络语言往往流行范围较广、使用频率较高。网络语言文化与当今社会流行文化有着不可分割的关系，同时也忠实地反映了当下网民的社会生活文化和社会群体心理。

网络语言的产生往往适应了社会文化发展的需要，反映了网民当下最真实的心理变化，促进了社会各个群体之间的交流。在直播过程中，适当、合理地使用网络语言可以快速拉近与网友的距离。对于网络语言的产生有以下几个方面的探索。

(一)网络自发产生

一些网络语言来源于游戏直播、网红语录、网友评论等。例如"芭比q了"，"芭比q"不就是"烧烤（barbecue）"吗？烧烤还能有什么特殊含义？这个流行语其实来自"抖音"的一名游戏主播，他的游戏角色被烧时，喊了一句"完了，芭比q了，家人们"，意思就是"完了，被烧烤了，被火化了"，因为特别魔性的表达方式，所以就被广泛传播了；"栓Q"来自英语"thank you"的谐音，原本是"谢谢"的意思，但后来被延伸为表达自己对某件事情的无语心情。

(二)从时事中产生

一些网络语言来源于社会热点事件、时事政策等。例如，"人民至上，生命至上"体现了共产党人"以人民为中心"的价值追求；"最美逆行者"是指由于职责和信念所系，在发生重大危险时不顾个人安危，迎难而上，去拯救他人生命、保护他人财产安全的人。

（三）从文娱类产品中产生

一些网络语言来源于热播影视作品、热播综艺节目、直播、短视频等。例如，"刘某宏女孩/男孩"，刘某宏和妻子在家直播健身，如图 3-12 所示，前者动感十足，后者气喘吁吁，强烈的对比使直播场面相当搞笑。结果两人瞬间爆红，粉丝数在短短一个月内突破 2 000 万人，每场直播的观看数量惊人，人们纷纷加入"刘某宏女孩/男孩"跳操阵营，故也有了"刘某宏女孩/男孩"的称号。例如，"瑞思拜"是英语"respect"的音译，也有"厉害了"的意思，这个词来源于某说唱歌手，渐渐成为网络热词。

图 3-12　刘某宏和妻子在家直播健身

对于这些网络词语的出现，我们不能简单地说好还是不好，更不能草率地评价对错，而是应该辩证地看待。我们要看到，这些网络词语的出现有其积极的一面。这些网络词语的出现是时代发展的产物，是科技进步的体现，也是群众个性化表达的一种方式。

从人类发展的角度来看，我们应该善待网络语言文化，因为它是网络时代的代表、网络时代的烙印。网络语言是语言简便使用的体现，丰富了多元的文化体系，活跃了人们的生活，方便了人们在网上的交流，体现了文化的创新运用，在某些领域也发挥了重要的作用。但是，网络语言的出现也存在着一些问题。例如，低俗的词语会影响青少年的身心健康发展，在某种程度上容易让人们尤其是青少年产生误解；一些容易使人混淆含义的网络语言，对传承发扬传统文化精髓存在着一定的负面影响。因此，对于网络语言文化，我们应该承认其在多元文化体系和价值观背景下存在的价值，这是网络时代发展的必然产物，同时也要注意扬长避短，发扬其有利的一面，改善其不利的一面，通过合理的方式将中华优秀传统文化创新并传承下来。

近些年网络流行词汇

三、网络直播文化

网络直播经过几年尝试，发展迅速。时空一体的沉浸式体验，正在推动网络直播从人们惯性化的生活场域发展成为泛化的社会文化仪式。网络直播主体的深度参与打破了前台与后台、虚拟与现实的界限。

（一）网络直播文化的形成

近年来，许多大型娱乐型网络文化直播平台纷纷崛起，电视台及大型互联网网站都开设了网络直播板块，根据各自的资源与定位进行网络直播活动，吸引了一大批不同领域的年轻用户，也吸引了越来越多其他年龄段的用户关注直播。双向交流、互动性更强的特点，使得网络直播平台的用户可以轻松实现与喜爱的主播实时互动交流，这使得网络直播更加"亲民"。各平台使出浑身解数，直播形式与内容不断推陈出新，共同推动网络直播文化的形成。

（二）电商直播形成文化场

电商直播属于多角度、多维度、多元素交织的综合文化场。电商直播文化场交流线如图 3-13 所示。主播与平台用户——信息与心理需求，平台用户与商品——消费需求，主播与商品——经济利益诉求，平台用户与平台用户——分享情绪与信息交流，是最为明显的四条交流线。这是其他销售方式或消费场所不可能具备的多通道交流方式。优秀的电商主播除了向平台用户有效地推荐商品，还要与平台用户同步进行有效的知识、信息、情感交流，使直播间内外形成复杂的文化传播场和心理场。

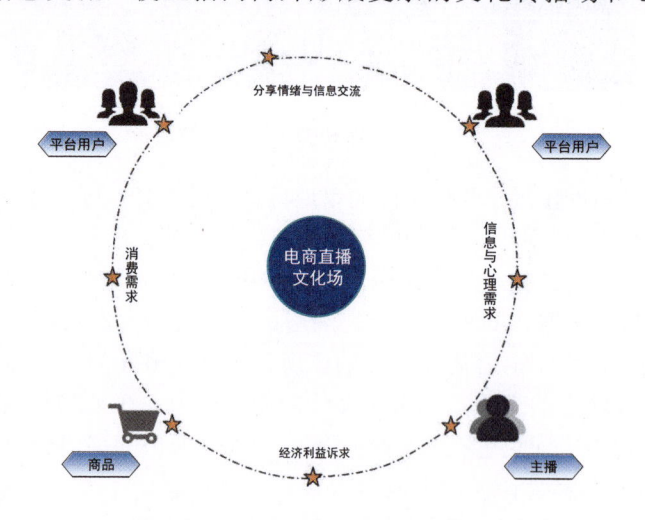

图 3-13　电商直播文化场交流线

（三）文化价值引领直播价值

随着 5G 等硬核技术的崛起，文化价值引领技术更新成为新课题。直播平台或直播板块根据各自的能力、资源与定位进行网络直播活动，畅通销售渠道，不断优化平台服务和观看体验，在有限的直播用户中抢夺市场份额。在线上与线下，直播文化创造力得以充分释放，小众化甚至个性化文化需求得以满足，人们分享思想、情绪与态度，借此融入群体、获得个体的文化归属感。电商直播追求认同感更为直接和重要。如在东方甄选的直播中，主播用中英文双语，一边讲解商品，一边分享知识，讲述自己的生活，吸引着用户的关注，蕴含着超越想象的智慧与情感的语言，让人在直播中流连忘返。一些地区推进电商直播文化综合产业园、电商直播文化创意周、电商直播文化节、电商直播培训等的发展，发挥地方特色，积极探索创新，丰富文化内涵。

【思政园地】

发展中国特色互联网文化

中国特色互联网文化是基于中国互联网空间，源于中国互联网实践，传承中华民族传统文化，吸收世界互联网文化优秀成果，面向大众、服务人民，具有中国气派、体现时代精神的互联网文化。中国特色互联网文化既有互联网文化的共性，也有其个性，即"中国特色"。

发展中国特色互联网文化，就是要充分发挥互联网在中国社会主义文化建设中的重要作用。信息技术的发展，经济的全球化发展，互联网文化的兴起与发展及日益密切的对外文化交流与融合，促使中华文化进入一个不断发展与创新的新时期。这既有利于发展社会主义先进文化，推动和谐文化建设，也有利于满足人民群众日益增长的精神文化需求，提高全民族的思想道德素质和科学文化素质，促进人类的全面发展；有利于用社会主义核心价值体系占领互联网文化阵地，引导互联网文化，扩大社会主义精神文明的辐射力和感染力；有利于增强中国的软实力，保证国家文化安全，树立国家良好形象。我们必须以积极的态度、创新的精神，大力发展中国特色互联网文化，切实把互联网建设好、利用好、管理好。

任务四 培育主播礼仪修养

【课前互动】

1. 安排学生每天和不同的人进行交谈，掌握寻找话题、破冰、建立长期联系等的技巧。
2. 安排学生每天进行"三分钟演讲"一次或"三分钟默讲"一次。
3. 安排学生每天讲一个与传统文化有关的故事。
4. 安排学生每天录制一段模拟直播视频，通过视频查找自己的不足。

【任务尝试】

讲话前，深吸一口气，平静心情，面带微笑，与听众交流眼神后开始讲话。

勇敢地讲出第一句话，声音大一点，速度慢一点，说短句，讲话中间不停顿。

当讲话因紧张而停顿时，停下来有意识地深吸一口气，然后随着吐气讲出后续话语。

如果表现不好，自我安慰："刚才怎么又紧张了？没关系！"之后继续平稳地讲，同时用自信战胜恐惧。

紧张时，可以做放松练习，深呼吸或尽力握紧拳头，然后迅速放松，连续进行10次。

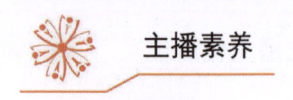

【任务反思】

个人修养可以从哪些方面体现出来？

如何提高个人修养？

【知识链接】

一、直播礼仪

网络礼仪主要是指网络道德，包括尊重他人、不透露他人隐私、使用礼貌用语、不滥用权力、保障信息传输畅通等。网络虽为虚拟世界，但在网上与人交流应与平时交流一样遵守礼仪规范和文明用语。网络交流更需要自律，表达观点时要避免口号化、情绪化、标签化。主播在直播时应该保持头脑冷静，理性地表达观点，注意自己的言行，树立良好的网络形象。

主播在直播中肢体动作运用要恰当，不能做出有不良影响的动作，丧失用户对主播的支持。在直播中，主播礼仪运用得当能够帮助主播树立良好的个人形象，从而更好地维护和用户之间的关系，因此，主播也应把现实中的礼仪用到直播中，获得用户的认同。

礼仪要点一：尊重每一个人。互联网给来自五湖四海的人提供了一个共同的交流场所，这是高科技的优点，但也往往使得人们在面对电脑屏幕时忘了是在和其他人打交道，人们的言行也因此容易变得粗俗和无礼。因此，直播礼仪第一条就是"记住人的存在"，当着他人的面不会说出口的话在直播时也不要说。

礼仪要点二：网络上下行为一致。在现实生活中，大多数人都是遵纪守法的，在网络上也同样应当如此。网络上的道德和法律与现实生活是相同的，不要以为在网络上与他人交流就可以降低道德标准。

（一）主播肢体行为的注意事项

在直播中，主播不要摇头晃脑、左顾右盼；不要抬着头、歪着头、扭着头或背对着摄像头说话；主播不能在直播间演绎个别用户荒诞、无知的提问，也不能模仿个别用户犯下的错误，这些行为只会让用户难堪；主播在与用户对话时，不能把双臂交叉放在胸前，也不能把双手交叉放在直播案台上，或者用一只手肘顶住桌子，手掌托腮，显得不尊重对方。

（二）主播动作的含义

主播的情绪和动作应密切配合，才能达到好的视觉效果。有时主播的一个动作就能胜过千言万语，产生无声胜有声的效果，因此主播要运用好肢体语言技巧，让直播内容更加生动、活泼、有趣，更有观赏性。

1. 主播做出的欢迎动作

主播在直播间用双手尽情地鼓掌；主播把手指张开做出打招呼的动作；主播在直播间做出握手的动作；主播在直播间说出欢迎某人时，伸出右手，做出"请"的动作；主播从坐姿改为站姿，同时做出迎宾时"请进来"的欢迎动作或者"请这边走"的动作。

2. 主播做出的感谢动作

在说出礼物榜上的粉丝名字并感谢他们送出的礼物后，主播可以双手合在一起，也可以一只手握拳，另一只手掌搭在拳头上，然后说声谢谢；主播在直播间做出右手放在胸口、左手放在背后的鞠躬动作；主播将两个手掌合在一起，在胸前前后摇摆来表示对粉丝的感谢；主播双手十指触碰在一起做出心形的动作；主播将一只手的大拇指和食指交叉在一起，其余三指向手心并拢，做出爱心动作。

二、形象与才艺

人们对于美的事物，都喜欢多看两眼，而往往这两眼就能起关键作用；主播让人赏心悦目了，输出的内容才有吸引力，不然推荐的商品再好也显得没有吸引力。

形象较好的主播容易得到用户的青睐，在强大的美颜功能之下，形象好的主播越来越多。因此，除良好形象之外，主播还要有好的个性与才艺。主播才艺的范围很广，除了琴棋书画、诗词歌舞类传统技艺，还包括其他技能，如做饭、煮茶、折纸、脱口秀等，无一不是才艺。真正体现"一招鲜"的场景非网络世界莫属，因为再小众的技巧和才艺在网络世界庞大的用户量面前，也有可能找到数量可观的爱好者。因此，有一技之长，在网络世界里很容易找到用武之地，这类主播也很容易成为用户心目中的"明星"。对于带货主播来说，不仅要会推荐商品，还要能解答用户的问题。当然，这是一个学习成长的过程。对于新主播来说，抗压能力一定要强，要能经受得住各方面的压力与考验，要学会调整自己的心态，善于反省和自我疏导。在直播过程中难免会有突发状况，这时就需要主播有一定的随机应变能力，要有处理突发状况的能力，做到处乱不惊，这样很有利于增强用户的信赖感。一名优秀的主播不光要接受粉丝的"宠"，也要更"宠"粉丝，珍惜粉丝。

三、内在修养

（一）有"栏目"意识

具有规律的、稳定的在线直播时间是主播敬业的表现。具有固定的、稳定的直播时间的主播更容易积累粉丝。我们以传统媒体的广播电视栏目概念为例。在电视节目发展的早期，没有形成固定的栏目，什么时候有节目了，或者什么时候准备好设备了，就什么时候播出，观众不知道何时能够看到何节目——这种情况现在看来有些不可思议，却在很长一段时间内是一种常态。后来，随着技术的发展和经验的积累，人们开始有了"栏目"的概念。在固定的时间播出同一主题的节目，这就是和观众"约会"的开始。那个时候，刊登节目播出时间的报纸发行量巨大。

直播时代，有"栏目时间"意识的主播会更受欢迎，更易成功。主播每天固定时间进行直播，如图3-14所示。因为在相对固定的时间见到主播，而主播又能保持一个相对稳定

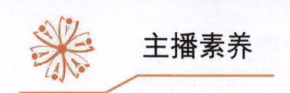

的状态，粉丝会感觉非常欣慰——这就是主播与粉丝的"约会"。保持这份信任与期待，是主播不断积累粉丝的有力法宝。

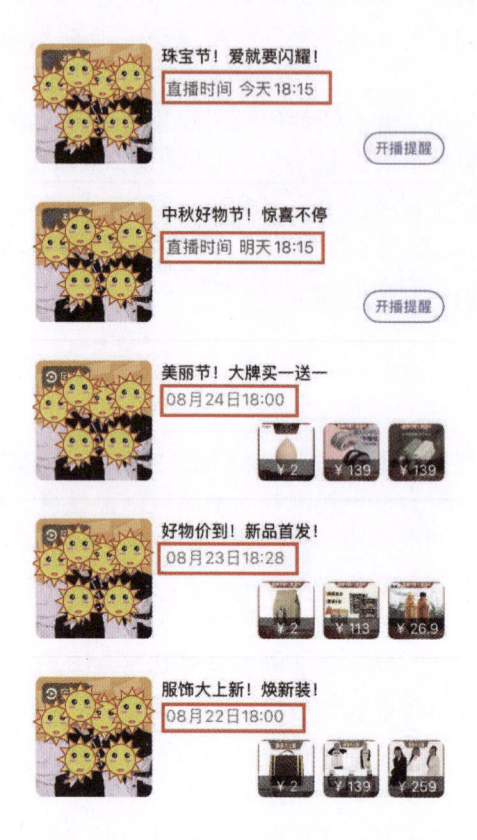

图 3-14　主播每天固定时间进行直播

（二）善于互动

善于与用户互动是优秀主播的又一表现。如果以"家"来比喻直播间，主播就是主人，进入直播间的用户就是客人。无论是日常走动，还是宴会庆典，主人都应热情好客，并安顿好客人。主人如果冷淡矜持或言语不当，客人或许会掉头就走。这个"安顿"就是交流与互动。无论是男主播还是女主播，只要可以通过互动和交流带动用户，让用户感觉到自己是受欢迎的，是被主播需要的，他们自然就愿意继续关注主播进而转化为支持行动（成为粉丝）了。

性格开朗、乐于交际也是优秀主播的表现。性格开朗对于主播来说十分重要，直播间人气是否旺盛与主播的性格有着直接关系。有的主播一上线就表现热情，积极互动，很快就能吸引用户、留住用户。反之，低调沉默、慢热型的主播则很难在第一时间留住用户，更遑论将其转化为粉丝了。主播在直播间与粉丝连麦如图 3-15 所示。

图 3-15　主播在直播间与粉丝连麦

粉丝也需要"被需要"。如何体现这一点呢？其实就是主播与粉丝的积极互动。主播可以在直播间读粉丝的名字，可以回答粉丝提出的问题，并表现出因为粉丝的到来而开心或兴奋，让粉丝感觉到自己是主播的朋友，而不仅仅是无名粉丝。

（三）用心学习

用心学习的主播是好主播。愿意学习、用心思考的主播，将在主播的路上走得更远、做得更好。不断地学习新知识，加快知识的更新迭代，将有助于主播想出新方法、创作新内容，这样可以把老用户的关注周期延长，并且更容易得到新用户的关注。主播一定要不断地给自己充电，及时更新自己的知识储备，提升专业度。

用心做直播的主播，会将自己的知识、学识和体验用不同的方法表达出来，不断提高直播质量和效果，如布置直播间、做好服装与造型的搭配，从而有效吸引用户眼球。另外，主播对自己的工作要高度认可，并将细节做到极致，这将大大影响用户，令用户感到时间与注意力的价值得到充分体现。

（四）增强业务能力

一个合格的带货主播，不仅要熟悉商品，清楚商品卖点，还需要把卖点清晰准确地传递给用户，这需要主播有高超的临场应变能力、口播能力，更要懂得洞察用户心理，了解用户在想什么。用户是聪明多变的，这也很好地解释了为什么有些人气很高的主播常常被嘲笑"带不动货"，而专业的带货主播则很少"翻车"，所以，提升带货主播的业务能力是重中之重。

1. 设置吸引人的直播标题

引爆式的标题是必需的，一个吸引人的直播标题具有先声夺人的能力，能瞬间激起用户的观看欲望。好的标题有几个核心点：一是能引起用户的好奇心，可以运用反问、疑惑、夸张等语气造势；二是要能引发联想，切忌空洞无具体内容，要让用户有想象的空间；三是要利用一些有热度的话题或是耳熟能详的词语，这样就能够营造一种轻松有趣的感觉，让人想去一看究竟。

2. 在直播中制造高潮

平淡无奇的直播内容难以激起波澜，就像一部电影、一首歌，不仅要有平铺直叙，也要有高潮跌宕。主播善于制造话题往往能让用户印象深刻，也能刺激用户的欲望，但是分寸感很重要，不能太过，否则会适得其反。高潮与互动一般是相辅相成的，只要把握好节奏，让互动促进高潮，高潮带动热度，直播内容就会变得非常有观赏性和价值感。

【练一练】
为你的直播间制作一个封面，再拟定一个吸引人的标题。
★★★★★

提高个人修养与提升个人气质的方法

1. 提高个人修养的方法

有礼貌：平时在待人接物的时候要有礼貌，要礼貌待人，礼貌处事。多用敬语和他人交谈会给别人留下好的印象。

多读书："腹有诗书气自华"，个人读书多还是少，直接影响个人的修养水平。

做到慎独：慎独是在无人监督下仍能保持积极心态，不做违背道义的事情。

正确的自我认知：自我认知即对自己的了解和认识。认识自己并不是一件很容易的事情，它是一个艰难而长期的过程，但只有能正确认识自我，客观评价自我，才能找准自己的位置。

控制个人情感：个人情感说白了就是"七情六欲"。作为一个人，想要摆脱七情六欲是不可能的，但是我们可以控制它。要学会控制情感尤其是负面情绪，如怒、哀等，这些情绪极易破坏人的心情，破坏人的修养。

坚定个人意志：个人意志就是个人有意识、有目的、有计划地调节和支配自己行为的能力。提高自己处理问题的能力也可以增强个人意志。

明确个人信念：个人信念就是对某人或某事有信心或信赖的一种思想状态。一个人的信念会支撑这个人的行动。例如，有的人的信念是成功靠努力，那么他想要成功就会努力；如果他认为成功靠运气，都由命运决定的话，他就会听天由命。正确的个人信念有助于提高自身的修养。

注意个人言行：个人言行就是一个人的语言和行动。一个人的言行举止和他的性格特征密切相关。有些人对于别人看穿自己很是好奇，其实这并非魔术，只是他在言行举止中透露出的信息让别人对他有所了解。因此，注意平时言行十分重要。

培养良好习惯：习惯即一个人积久养成的生活方式。习惯最可怕的地方就是不会轻易改变，因此，在习惯形成之初我们就要对它进行判断，如果是好习惯，当然要保持，如果是坏习惯则应及早改正。

2. 提升个人气质的方法

（1）充满自信，保持乐观心态。

一个自信乐观的人给人的第一感觉就会比消极悲观的人舒服很多，也会让人感觉好接触。因此，提升个人气质的第一步就是要培养自信乐观的心态，做到友善待人。

（2）提升内在涵养。

涵养不高的人跟有涵养的人在谈吐和待人接物方面是不一样的。因此，提升内在涵养非常有必要，而提升涵养最主要的途径就是多读书。

（3）保持良好的言谈举止。

在与他人交谈时，眼睛要正视对方，保持微笑，语速不能太快，也不要边说话边乱晃四肢；语气要随和，态度要诚恳；适时搭配一些肢体动作，不时增加一点幽默话题也是可以的，要让人感觉随和谦逊，不失幽默。

（4）提高自身品位。

一个人身处什么样的环境，接触什么样的人，自身品位也就在那个水平。要学会总结筛选，摒弃低俗的，保留好的，学习更好的。例如，学习如何品茶、品酒，学习舞蹈，学习钢琴、小提琴等。

【拓展阅读】

新东方"双语直播"突然火爆全网，俞敏洪老骥伏枥再创辉煌（节选）

"宇宙的尽头是直播带货"，一名新东方前明星老师直播带货还债，上演了一部"真还传"传奇。

今天，一个新东方校长"伏枥"6个月后发力闯入直播间，火了！

从0到100万粉丝，他们用了6个月，从100万到200万粉丝，他们只用了3天，从200万到300万粉丝，他们只用了两天。

他们，就是俞敏洪的新东方直播团队！东方甄选直播间如图3-16所示。吟诗作赋、能歌善舞，段子张口就来，双语直播是常态，甚至会5门外语……近日，东方甄选直播带货热度走高，主播全程双语直播，会英语和不会英语的都沉默了：原来直播带货还可以这样玩？

一边卖货一边教英语，新东方的"双语直播"火了！东方甄选主播双语带货如图3-17所示。

最近这两天，新东方旗下东方甄选和一个叫董宇辉的方脸帅哥已经在热搜上"住"了好几天。

一个新东方的英语老师董宇辉，在直播间里双语直播，一边"上课"，一边"卖牛排"。他的直播，幽默风趣，耳目一新，火出了圈。

图3-16　东方甄选直播间

另外，很多东方甄选主播的直播特点都是先说一遍英语，然后再说一遍中文，还时不时地抽出"小白板"写一遍英文。

这种直播确实新鲜，这样的主播是直播界的"天花板"了吧！

上知天文下知地理，从诗词歌赋谈到人生哲学，他们不卖课，只带货，带的还不是高客单价和高毛利的快消品，而是朴实的农产品。

而且，双语直播并不是东方甄选的唯一法宝，旁征博引，历史、地理、文学、哲学、音乐，各领风骚。

不喊3、2、1，没有砍价剧情的拙劣表演，安安静静地聊天，有知识点，有人生感悟，佛系带货，丰俭由人。这是一个非常有价值观的直播间。其他主播对东方甄选直播间的评价如图3-18所示。

数据显示，东方甄选直播间在2022年6月9日~6月10日的观看人次超过了760万，单日销量总额也超过了1 500万元。

而在48小时之前，直播间的观看人次才65万，单日销量总额也才一两百万元。简直是爆炸式增长。

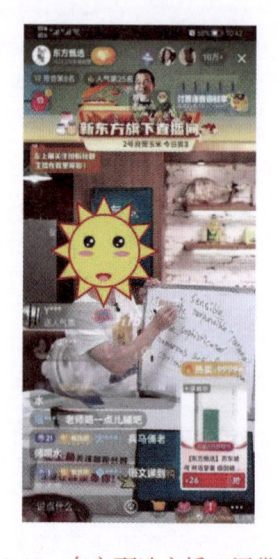

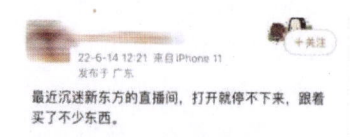

图3-17　东方甄选主播双语带货　　图3-18　其他主播对东方甄选直播间的评价

十年磨砺无人晓，一朝闻名天下知！

其实最开始的时候，董宇辉在直播屏幕前收到的反馈主要是批评。后来董宇辉发现，老师的毛病就是好为人师，喜欢给人讲道理、讲知识。那何不用最优美的语言去形容购物车里那些需要售卖的商品呢？

卖到水蜜桃，他会说："这个水蜜桃，美好得像穿过峡谷的风，像仲夏夜的梦。"

卖到大米，他会讲："我没有带你去看过长白山皑皑的白雪，我没有带你去感受过十月田间吹过的微风，我没有带你去看过沉甸甸地弯下腰犹如智者一般的谷穗，我没有带你去见证过这一切，但是，亲爱的，我可以让你去品尝这样的大米。"

当然，作为在新东方干了8年的英语培训老师，董宇辉最在行的还是一边带货，一边给买家上英文课："I can speak English all the time, but please remember to buy something."是不是像极了要卖货的英语老师最后的倔强！

项目三　修炼主播文化底蕴

功夫不负有心人，一切的坚持，终于在2022年6月10日这天爆发了！

从东方甄选粉丝数量变化趋势图可以看出，从6月9日开始，东方甄选粉丝数量呈现爆发性增长，7天粉丝数量增长306万人，带来直接销售额8 589.7万元。东方甄选粉丝数量变化趋势图如图3-19所示。

图3-19　东方甄选粉丝数量变化趋势图

突然爆火的直播间并不罕见，为何资本市场对新东方如此偏爱？有业内人士直言："新东方直播破圈，标志着一种全新的模式跑通了。"

直播平台用户在评论区纷纷留言，"梦回新东方上课日常""从来没想过能在直播间学英语""小时候上新东方的课，长大了买新东方的货"。

不少网友也表示在新东方的直播间找回了自信！原来普通人真的可以逆袭，原来努力真的有用！

东方甄选直播间爆红并非偶然，而是新东方找准了合适的消费场景和商品。另外，头部主播缺席的当下，品牌和平台都需要新的入口。新东方差异化的知识带货直播，承接了白领人群的关注度和流量，也更能获得平台的支持。

（作者：蒋东文，投资家网创始人）

【思政园地】

小细节、大文明

网络直播作为一种新兴的网络文化产业，与传统电视节目直播相比，具有发布更便捷、内容更多元、互动更深入等特点。从事网络直播应该注意哪些礼仪规范呢？我们一起来了解一下。

要懂得，法律法规须严守；别忘了，言语文明应遵循。

网络不是法外之地，网络直播主体应自觉增强法律意识，严格遵守国家法律法规，言语有度，不散播谣言，不夸大其词，与他人和谐交流，遵守文明规范。

要懂得，严于律己重素质；别忘了，他人隐私勿触碰。

直播主体应严于律己，不断提高个人综合素养，树立正确的世界观、人生观、价值观，不要挑战道德和法律底线；注意保护个人隐私，同时也不应泄露和触碰他人隐私。

要懂得，良性竞争促发展；别忘了，直播秩序共维护。

要遵守网络直播秩序，勿传播负能量内容，营造良性竞争环境；自觉抵制有害内容的直播，遇有违法情形立即举报，共同维护行业秩序。

要懂得，弘扬社会正能量；别忘了，传播信息与文明。

网络直播主体要从自身做起，传播积极向上的内容，维护好健康有序的网络直播环境，让网络直播在传播信息的同时也能传播文明。

个人修养的高低直接关系到一个人的待人处事，一个修养高的人不仅能使自己的品位得到提升，也能带动周围的人提高素质，相反，修养低的人则会给人留下不好的印象。不积跬步，无以至千里；不积小流，无以成江海。文明细节虽小，却是"天大的小事"，唯有从点滴小事做起，我们才能让文明在全社会蔚然成风，文明才能真正成为一种感染力、凝聚力、推动力，进而升华为一张城市的名片、一个国家的形象、一种民族的精神。

项目四

培养主播沟通技能

【项目提要】

近年来，新媒体直播已经逐渐成为"风靡"的行业，社会大众也已逐渐转变了对这些曾经被视为"哗众取宠"的社交平台的认知。对于直播，越来越多的人从好奇转变为感兴趣，甚至想"摇身一变"成为万众瞩目的"网红"，但知名主播开口倒数三个数就能卖断货的技能，并不是一天练就而成的。刚做主播就想要人见人爱，并没有那么容易。因此，主播的沟通技巧和直播话术成为越来越多从业者关注的重点。

【引导案例】

在"抖音""小红书"之前，淘宝直播领域的很多当红主播凭借"三寸不烂之舌"创下了一个又一个销售奇迹。例如，一个做服饰直播不到半年的主播，仅仅两小时的一场直播观看人次就超过40万，成交量超过2 000单；高峰时段，15分钟带货量超过5万元；在天猫"双11"购物节时一场直播的带货量超过30万元。

很多头部主播在其直播间因为现场试用商品和接地气的商品评估而受到广大粉丝的欢迎。由于高质量的评估内容和大量的"干货"，这些头部主播以超强的带货能力在短时间内提升了自身的知名度，从而赢得了与众多知名品牌的合作机会。知名品牌可以在与头部主播的合作中获得更高的声誉和知名度，而一些不知名的小品牌可以通过头部主播的推荐和促销而迅速获得知名度和销量。

大多数做美妆行业的头部主播的知名度是由长期对美妆商品进行现场评测积累而来的，他们的爆红并非偶然。通过多位头部主播直播间的数据分析可以看出，他们不仅粉丝众多，且粉丝黏性强，粉丝对他们有很高的忠诚度和信任度。头部主播尝试过的商品很多，经验丰富，这为他们在直播间里对于商品的介绍和质量保证提供了高可信度，而且通过他们对该商品优点和特点的一番描述，可以有效地让粉丝了解该商品的性能，不管是新粉丝还是老粉丝，都能很快地被其推荐"种草"。某些头部主播在直播时的语言极具感染力，可以迅速激发直播间粉丝的购买欲望，例如，用感叹句"我的天呀"，或是简短的肯定句"买它""好好看哦"等，更是大大促进了其直播间的成交量。

那么，我们可以思考一下，为什么头部主播可以从数以万计的主播中脱颖而出？为什么他们的直播间粉丝忠诚度和粉丝黏性很强？为什么头部主播的直播间有如此高的成交率？通过本项目的学习，我们会从语言的角度来解开这些"谜团"。

主播素养

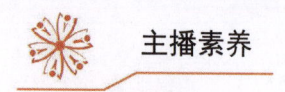

【案例分析】

直播间销售有很多优势，影响直播间销售效果的因素也有很多，其中主播的信息表达和沟通能力是非常重要的影响因素。并不是每个主播天生就具备较强的沟通和表达能力的，更多的主播是通过学习和练习获得的。

【思政目标】

1. 坚持学习中华传统优秀文化，坚持使用并推广普通话。
2. 树立持续学习、持续提升的信心，提升对个人沟通能力的自信心。
3. 坚持社会主义核心价值观，具有良好的是非判断能力。
4. 提升质量管理与质量控制意识，明确工作岗位责任。
5. 坚持平等沟通，培养团队协作的行为习惯。

【知识目标】

1. 掌握普通话的发音要领。
2. 掌握正确的呼吸和发音方法。
3. 掌握正确的吐字归音及共鸣控制方法与技巧。
4. 掌握主播常用语言情感表达方式与方法。
5. 掌握主播常用态势语与表情内涵。
6. 了解直播话术的作用与常见种类。
7. 了解直播话术节奏的构成与使用技巧。

【技能目标】

1. 能使用普通话，运用正确的呼吸与发音技巧流畅地进行直播。
2. 能运用正确的吐字归音和气息控制技巧进行直播语言表达。
3. 能运用恰当的语言情感表达辅助直播间工作任务的效果提升。
4. 能运用恰当的表情和态势语完成直播工作中的互动与沟通。
5. 能运用恰当的话术匹配直播间各工作环节的氛围营造。
6. 能准确把控直播的节奏进程，熟练运用直播节奏策略。
7. 能判断和避免直播话术应用的误区，充分发挥直播优势。

【思维导图】

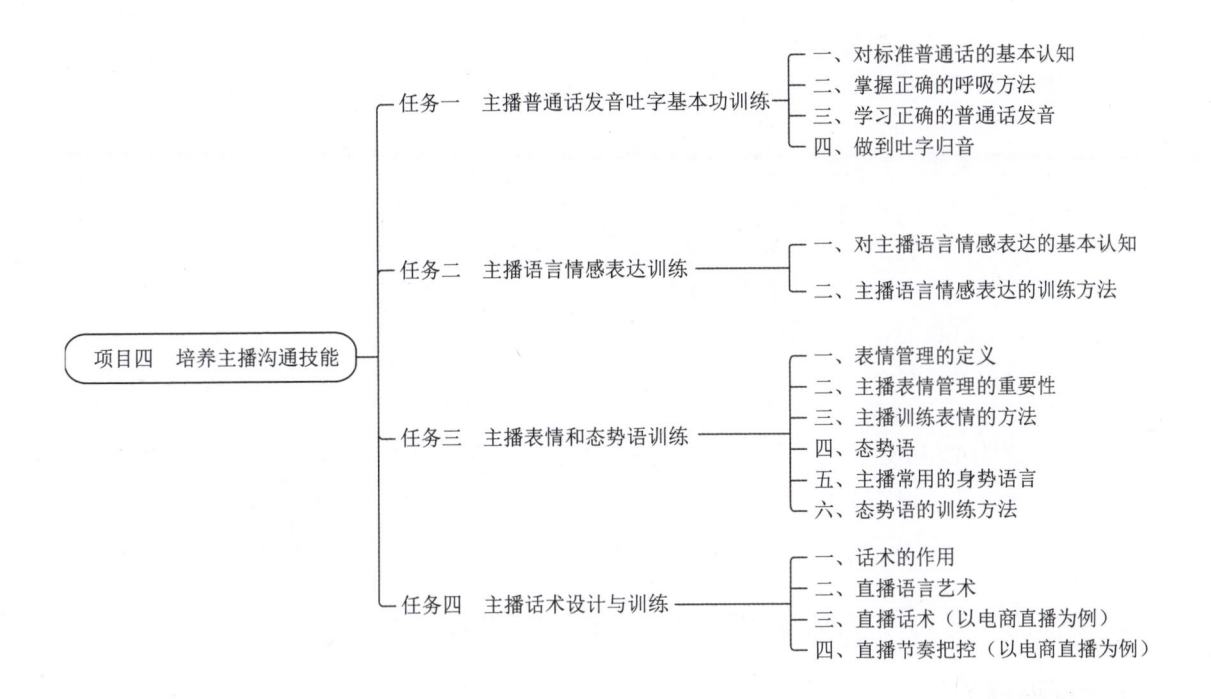

- 项目四　培养主播沟通技能
  - 任务一　主播普通话发音吐字基本功训练
    - 一、对标准普通话的基本认知
    - 二、掌握正确的呼吸方法
    - 三、学习正确的普通话发音
    - 四、做到吐字归音
  - 任务二　主播语言情感表达训练
    - 一、对主播语言情感表达的基本认知
    - 二、主播语言情感表达的训练方法
  - 任务三　主播表情和态势语训练
    - 一、表情管理的定义
    - 二、主播表情管理的重要性
    - 三、主播训练表情的方法
    - 四、态势语
    - 五、主播常用的身势语言
    - 六、态势语的训练方法
  - 任务四　主播话术设计与训练
    - 一、话术的作用
    - 二、直播语言艺术
    - 三、直播话术（以电商直播为例）
    - 四、直播节奏把控（以电商直播为例）

任务一　主播普通话发音吐字基本功训练

【课前互动】

请以小组中每两位同学为一个表演小组，完成以下"报菜名"的语言游戏表演，注意两点：一是对所有文字要认全认准；二是尽量用最短的时间完成。

1. 表演内容如下：

甲：我请你吃蒸羊羔，这菜有没有？

乙：嗯！蒸羊羔那是大补！还有什么呢？

甲：蒸熊掌、蒸鹿尾儿、烧花鸭、烧雏鸡、烧子鹅、卤猪、卤鸭、酱鸡、腊肉、松花小肚儿、晾肉、香肠儿、什锦苏盘儿、熏鸡白肚儿、清蒸八宝猪、江米酿鸭子、罐儿野鸡、罐儿鹌鹑、卤什锦、卤子鹅、山鸡、兔脯、菜蟒、银鱼、清蒸哈什蚂、烩鸭丝、烩鸭腰、烩鸭条、清拌腰丝儿、黄心管儿、焖白鳝、焖黄鳝、豆豉鲶鱼、锅烧鲤鱼、锅烧鲶鱼、清蒸甲鱼、抓炒鲤鱼、抓炒对虾、软炸里脊、软炸鸡、什锦套肠儿、麻酥油卷儿、卤煮寒鸭儿、熘鲜蘑、熘鱼脯、熘鱼肚、熘鱼片儿、醋熘肉片儿、烩三鲜、烩白蘑、烩全丁、烩鸽子蛋、炒虾仁儿、烩虾仁儿、烩腰花儿、烩海参、炒蹄筋儿、锅烧海参、锅烧白菜、炸木耳、炒肝尖儿、桂花翅子、清蒸翅子、炸飞禽、炸什件儿、清蒸江瑶柱、糖熘勾芡仁米，还有拌鸡丝、拌肚丝、什锦豆腐、什锦丁儿、糟鸭、糟蟹、糟熘鱼片、熘蟹肉、炒蟹肉、清拌蟹肉、蒸南瓜、酿倭瓜、炒丝瓜、酿冬瓜、腌鸭掌儿、焖鸭掌儿、焖笋、炝茭白、茄干晒炉肉、鸭羹、蟹肉羹、三鲜木樨汤！

乙：有没有红丸子、白丸子、熘丸子、炸丸子、南煎丸子、苜蓿丸子、三鲜丸子、四喜丸子、鲜虾丸子、鱼脯丸子、饹炸丸子、豆腐丸子、氽丸子、一品肉、樱桃肉、马牙肉、红焖肉、黄焖肉、坛子肉、烀肉、扣肉、松肉、罐儿肉、烧肉、烤肉、大肉、白肉、酱豆腐肉、红肘子、白肘子、水晶肘子、蜜蜡肘子、锅烧肘子、扒肘条、炖羊肉、烧羊肉、烤羊肉、煨羊肉、涮羊肉、五香羊肉、爆炒羊肉、氽三样儿、爆三样儿、烩银丝儿、烩散丹、烩白杂碎、三鲜鱼翅、栗子鸡、煎氽活鲤鱼、板鸭、筒子鸡？

甲：当然有了！

2. 完成互动游戏后，教师提问：

（1）刚才的游戏中，所有菜名都能一次认全的同学有多少？不认识或需要仔细辨认、查询或问询后才认识的字有哪些？

（2）感觉自己完成整段报菜名的最短时间大约是多少？对比平时说话，有什么特殊的感觉？

3. 教师根据学生回复情况予以点评，并引入新任务内容。

【任务尝试】

1. 请每位同学起立，调整站立姿态后，双手叉腰，平视前方，深呼吸一口气，并保持憋气状态直至不能坚持。以上动作重复三次，并记录三次的时间。

2. 请每位同学在深吸气之后，尝试在一次完整的呼吸中完成以下两条绕口令N次，并记录总次数。以上动作重复三次，记录三次的次数。

（1）八百标兵奔北坡，北坡炮兵并排跑。炮兵怕把标兵碰，标兵怕碰炮兵炮。

（2）四是四，十是十，十四是十四，四十是四十。谁能说准四十、十四、四十四，谁来试一试。

3. 思考以下问题：

（1）通过以上任务尝试判断自己的气息控制和吐字有没有问题，分析原因。

（2）通过以上任务尝试判断自己的语音是否标准，分析原因。

【任务反思】

体会：

困惑：

【知识链接】

一、对标准普通话的基本认知

（一）普通话的定义

普通话的定义是"以北京语音为标准音，以北方话为基础方言，以典范的现代白话文著作为语法规范的现代汉民族共同语"，这是在 1955 年的全国文字改革会议和现代汉语规范问题学术会议上确定的。这个定义实质上从语音、词汇、语法三个方面提出了普通话的标准，那么如何理解这些标准呢？

"以北京语音为标准音"，指的是以北京话的语音系统为标准，并不是把北京话的一切读法全部照搬，普通话并不等于北京话。北京话有许多土音，如老北京人把连词"和（hé）"说成"hàn"，把"蝴蝶（hú dié）"说成"hú diěr"，把"告诉（gào su）"说成"gào song"。另外，北京话里还有异读音现象，例如，"侵略"一词，有人念"qīn lüè"，也有人念"qīn lüè"；"附近"一词，有人念"fù jìn"，也有人念成"fǔ jìn"，这也给普通话的推广带来麻烦。从 1956 年开始，国家对北京土话的字音进行了多次审订，制定了普通话的标准读音。因此，普通话的语音标准，应该以 1985 年公布的《普通话异读词审音表》以及 1996 年版的《现代汉语词典》为规范。

就词汇标准来看，普通话"以北方话为基础方言"，指的是以广大北方话地区普遍通行的说法为准，同时也要从其他方言吸取所需要的词语。北方话词语中有许多北方各地的土语，例如，北京人把"傍晚"说成"晚半晌"，把"斥责"说成"呲儿"，把"吝啬"说成"抠门儿"；北方不少地区将"玉米"称为"棒子"，将"肥皂"称为"胰子"，将"馒头"称为"馍馍"。所以，不能把所有北方话的词汇都作为普通话的词汇，要有选择。有的非北方话地区的方言词有特殊的意义和表达力，但北方话里没有相应的同义词，可以将这样的词语吸收到普通话词汇中来。例如，"搞""垃圾""尴尬""噱头"等词已经在书面语中经常出现，早已加入了普通话词汇行列。普通话所选择的词语，一般都是流行较广而且早就用于书面语的词语。国家语言文字工作委员会组织人员编写的《现代汉语规范词典》对普通话词汇进一步做了规范。

普通话的语法标准是"以典范的现代白话文著作为语法规范"，这个标准包括四方面意思："典范"就是排除不典范的现代白话文著作作为语法规范；"白话文"就是排除文言文；"现代白话文"就是排除五四运动以前的早期白话文；"著作"就是指普通话的书面形式，它建立在口语基础上，但又不等于一般的口语，而是经过加工、提炼的语言。

（二）普通话的发展历史

普通话作为联合国工作语言之一，已成为中外文化交流的重要桥梁和外国人学习汉语的首选语言。截至 2023 年底，我国普通话普及率达到 85.58%，其中，东部地区普通话普及率达到 87.50%，中部地区为 84.38%，西部地区为 81.45%。

"普通话"这个词早在清末就出现了。1902 年，学者吴汝纶在谈话中就曾提到"普通话"这一名词。1904 年，近代女革命家秋瑾留学日本时，曾与留日学生组织了一个"演说联系会",拟定了一份简章,在这份简章中就出现了"普通话"的名称。1906年,研究切音字的学者朱文熊在《江苏新字母》一书中把汉语分为"国文"(文言文)、"普通话"和"俗语"(方言),他不仅提出了"普通话"的名称,而且明确地给"普通话"下了定义:"各省通行之话"。20世纪30年代,瞿秋白在《鬼门关以外的战争》中提出,"文学革命的任务,绝不止于创造出一些新式的诗歌小说和戏剧,它应当替中国建立现代的普通话的文腔""现代普通话的新中国文,应当是习惯上中国各地方共同使用的,现代'人话'的,多音节的,有结尾的……"并与茅盾就普通话的实际所指展开讨论。

现代普通话的主要来源是元朝时期以大都(北京)话为基础所编制的《中原音韵》,前身是明清官话,到了清朝雍正年间,正式确立北京话为标准官话。普通话以北京语音为标准音,而不是以滦平语音为标准音。经五四运动以来的白话文运动、大众语运动和国语运动,北京语音的地位得到确立并巩固下来。

1909年,清政府将北平语音命名为国语。1918年,北洋政府公布了第一套国家认可的国音注音字母。1920年,国语推广不到两年,就爆发了"京国之争",即关于京音(北京语音)和国音(京音为主,兼顾南北)的大辩论。最终结果是废弃老国音,以纯北京语音为国语标准音。1932年经国民政府教育部颁布《国音常用字汇》后,确定国语标准。

1949年,中华人民共和国中央人民政府确定现代标准汉语由国语改称普通话,制定标准后于1955年向全国推广。1956年2月6日,国务院发布《关于推广普通话的指示》,向全国推广普通话。《中华人民共和国宪法》第十九条规定:"国家推广全国通用的普通话。"普通话作为现代标准汉语成为中华人民共和国的国家通用语言。2000年,《中华人民共和国国家通用语言文字法》确立了普通话和规范汉字作为国家通用语言文字的法律地位。2021年12月23日,教育部、国家乡村振兴局、国家语言文字工作委员会印发《国家通用语言文字普及提升工程和推普助力乡村振兴计划实施方案》(教语用〔2021〕4号),加大国家通用语言文字推广力度,提升普及程度和质量,落实国家语言文字事业"十四五"发展规划相关要求。

(三)推广和使用普通话的重要性

1. 推广和使用普通话是必须遵守的国家规范

普通话是规范化的,是我国法定的全国通用语言。《中华人民共和国宪法》第十九条规定:"国家推广全国通用的普通话"。《中华人民共和国国家通用语言文字法》确立了普通话和规范汉字的"国家通用语言文字"的法定地位。

直播作为我国各行各业已广泛使用的媒体推广和商品销售模式,有义务遵守国家"全面推广使用普通话"的决策和规定,使用"国家通用语言文字"。因此,在培养、培训主播时,要注意规范主播的语言。

2. 推广和使用普通话是逐步实现民族共同语发展进程的最终目标

推广普通话并不是要人为地消灭方言,而是为了消除方言隔阂,以利社会交际,与人民群众使用传承方言并不矛盾。普通话的推行与方言的使用是和谐共存的关系。推广普通话既不以消灭方言为目标,也不以消灭方言为手段。我们不能把普通话和方言简单地对立起来,两者的功能和地位不同,任何一种方言都有它的稳固性和不可替代的实用性。在民族共同语的发展时期,方言之间明显的界限会逐渐淡化。

调查数据显示，2020年，我国普通话普及率达80.72%，比2000年的53.06%提高了27.66个百分点，圆满完成了语言文字事业"十三五"发展规划确定的目标。此外，我国境内527.89万人次完成了普通话水平测试。

2025年普通话普及率目标：根据教育部等三部门印发的《国家通用语言文字普及提升工程和推普助力乡村振兴计划实施方案》，到2025年全国范围内普通话普及率达到85%；基础较薄弱的民族地区普通话普及率在现有基础上提高6～10个百分点，接近或达到80%的基本普及目标。

对于直播带货的主播而言，讲普通话是对直播主播的要求之一，直播的用户来自天南海北，主播说方言虽然可以给人亲切感，但受众面较窄，不能覆盖全部用户群体，如四川、江西、湖南、湖北等地称"鞋子"为"孩子"，试想一下，如果主播在介绍鞋子的时候说"这是2022最新款的英伦风马丁'孩（鞋）'"，不懂方言的用户该有多么诧异。标准的普通话可以使主播兼顾各个地方的用户群体。因此，来自我国五湖四海的主播，在未来的直播道路上应该努力提升自身的普通话水平，要在使用地方方言拉近与本地用户距离的同时，也要让全国各地更多潜在的用户听得懂、听得准自己的直播，为直播流量的增加与运营效果的提升打下良好的基础。

二、掌握正确的呼吸方法

主播需要在长时间直播过程中对商品进行讲解、销售，因此，主播要做到语言基本功扎实、吐字清晰圆润、发音准确流畅、呼吸稳定持久。吐字清晰并不仅指单个字的清晰，而是整句话、整段话都要清晰。主播在介绍商品信息时，如果字音读得不准确将会产生歧义，气息不稳定将无法长时间地进行有声语言的表达。

（一）学会正确的呼吸方法

发音靠震动，震动靠气息，因此要使声音洪亮、中气十足，就要有饱满的气息。呼吸要深入、持久，要随时保持一定的呼吸压力。主播平时可以多做一些深吸缓呼的练习，最好在练习说话的时候站起来，这样容易找到良好的呼吸状态，坐着说话的时候要坐直，保持上身微微前倾。

1. 腹式呼吸法

腹式呼吸法是最基础的一种呼吸方法。它是学习其他呼吸法的基础，是通过加大横膈膜的活动、减少胸腔的运动来完成的。

腹式呼吸会让横膈膜上下移动。由于吸气时横膈膜会下降，把脏器挤到下方，所以肚子会膨胀，而非胸部膨胀；而吐气时横膈膜将会上升，因而可以进行深度呼吸练习，吐出较多停滞在肺底部的二氧化碳。

腹式呼吸法可分为顺呼吸和逆呼吸两种。顺呼吸即吸气时轻轻扩张腹肌，在感觉舒服的前提下，尽量吸得越深越好，呼气时再将肌肉收缩。逆呼吸与顺呼吸相反，即吸气时轻轻收缩腹肌，呼气时再将它放松。逆呼吸与顺呼吸的细微差别如下：逆呼吸只涉及下腹部肌肉，即紧靠肚脐下方的耻骨区，吸气时轻轻收缩这一部位的肌肉，呼气时则放松。

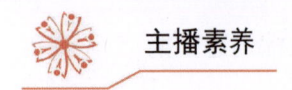

2. 胸式呼吸法

大多数人，特别是女性，大都采用胸式呼吸法，肋骨会上下运动，胸部会微微扩张，肺底部的肺泡没有经过彻底的扩张与收缩，因而得不到很好的锻炼。这样氧气就不能充分地被输送到身体的各个部位，时间长了，身体的各个器官就会有不同程度的缺氧状况，很多慢性疾病因此而生。

胸式呼吸法和腹式呼吸法对比如图 4-1 所示。

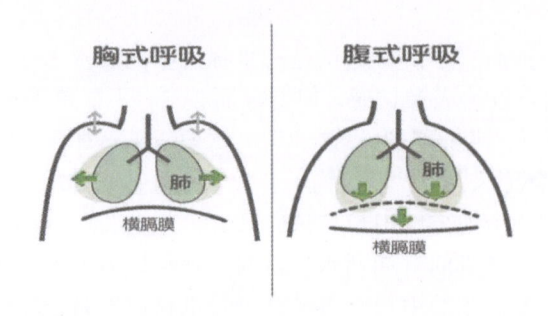

图 4-1　胸式呼吸法和腹式呼吸法对比

主播学会呼吸能有效地增加身体的氧气供给，使血液得到净化，肺部组织也能更加强壮。由于横膈膜和肋间肌也在呼吸中得到锻炼，主播的活力与耐力都会相应得到增强，精力也就更加充沛。主播每天的说话时间是非常长的，如果不能使用正确的呼吸方法，将会影响到主播的身体健康。

3. 腹式呼吸法的训练方法

吸气：采取仰卧或舒适的坐姿，可以把一只手放在腹部肚脐处，放松全身，先自然呼吸，然后吸气，最大限度地向外扩张腹部，使腹部鼓起，胸部保持不动。

呼气：腹部自然凹进，向内朝脊柱方向收，胸部保持不动，最大限度地向内收缩腹部，将所有废气从肺部呼出。这样做时，横膈膜自然而然地升起。如此循环往复，保持每一次呼吸的节奏一致，细心体会腹部的一起一落。

腹式呼吸法训练模式如图 4-2 所示。

图 4-2　腹式呼吸法训练模式

腹式呼吸法的关键：无论是吸还是呼，都要尽量达到"极限"量，即吸到不能再吸，呼到不能再呼；同理，腹部也要相应收缩与膨胀到极点，如果每口气直达下丹田则更好。

腹式呼吸法简单易学，站、立、坐、卧皆可，随时可行，但以躺在床上为好。仰卧于床上，松开腰带，放松肢体，思想集中，排除杂念，由鼻慢慢吸气，鼓起肚皮，每口气坚持 10~15 秒，再徐徐呼出，每分钟呼吸 4 次。做腹式呼吸练习的时间长短由个人掌握，也可与胸式呼吸法相结合，这便是呼吸系统的交替运动。

（二）学习控制发声呼吸

发出语音时，呼吸是发声的动力，声带是发出声音的振动体。呼吸是发声控制的关键，为发声而练习呼吸是基本功。发声呼吸控制的要领可以分为吸气、呼气和换气三种，在练习发声呼吸前要先做好心理和姿势的准备。

心理准备。呼吸是身体的训练，练习呼吸的时候人的心态要稳定，心情要平静；人的精神要饱满，要处于积极状态。

姿势准备。坐姿：坐椅子或凳子的前二分之一，以便两脚能够踏住地面，上身能够挺直。站姿：两脚与肩同宽，两腿站直，平分重心；脊椎伸直，不驼不塌不扭；两肩自然下垂。无论坐姿还是站姿，头部要端正，向上竖直，不偏不倚，略颔首。

1. 吸气

吸气是发声的前提，吸气之后才能呼气，呼气才有可能发出声音。吸气动作要领：两肩放松，自然下垂；同时吸气，吸到肺底；吸入气时，后腰部要撑开，为吸入的气息提供存储的空间和控制的区域。

有一种说法叫作吸气的时候"两肋开"，实际上两肋比后腰高一些，"两肋开"的概念是不正确的。正确发声呼吸的吸气需要后腰部位撑开，这是吸气的要领。后腰部位就是盆骨上方可以撑开的部位。如果还不能理解和找到正确的位置，可以笑一笑，笑的时候腰部一弹一弹胀开的部位就是吸气时要稳定撑开的部位。当然，要真笑，别假笑，假笑不能帮我们找到正确的部位。

气吸入时，小腹有肌肉"站立"的感觉，是指小腹的腹壁肌肉稍有紧绷，不是向内瘪进去，也不是向外凸出来。"站立"就是小腹肌肉不赘软，能够靠肌肉的一定硬度立住。吸气后不要立即放松，要稍停若干秒，体会一下后腰的部位和小腹的"站立"。

吸气时不能抬高肩膀，胸部不能起伏。如果出现这样的现象，就要重新进行练习。

2. 呼气

呼气相对保持吸气时的感觉。自然的呼气状态没有呼气控制，要顺其自然。直播时对呼气要有所控制。要让呼气平稳、持久、均匀，强弱随人的意愿。主要的呼气要领：吸气肌肉群在呼气时成为制约呼气的力量，也就是呼气时保持吸气的感觉，用吸气的感觉来控制呼气的力度。可以说，吸气的感觉是控制呼气的钥匙。

呼气是发声动作，控制的难度较大。不是用胸来控制呼吸，胸部要放松；也不是用脖子来控制呼吸，脖子也是放松的。腰部的控制十分重要，要防止腰部控制位置在练习时悄悄地变高，时刻注意保持正确的位置。男子呼气在 60 秒以上，女子呼气在 45 秒以上。

3. 换气

主播说话时，不可能一口气把要说的话全部说完，换气既是生理需要，也是直播内容和表情达意的需要。换气的常用方法如下：

（1）大换气。在有特别需要停顿的地方大口吸气，吸入的空气不要放在胸口，尽量气沉丹田。要在上一句的结尾处换气，而不是在下一句的开头。

（2）小换气。词组之间，利用语调的抑扬顿挫快速换气。这种方法多用于唱歌的副歌部分或说话的字词较长时，或者节奏感强的地方。

（3）"偷"气。有时主播需要讲述的内容语句较长，一口气说不完或者说不好，就需要在中间偷着换气。这一点比较难，需要反复练习。

（4）"抢"气。"抢"气与"偷"气类似，多用于长句或多句、排比句中间。抢着换气应注意的问题：设置好换气口；气断情不断；掌握好换气的速度和时间；吸气不要过多。

主播如果能将以上几点掌握自如，就能做到气息连贯、话音不断。为实现目标平时要多加练习，也可以在走路、慢跑等缓慢运动的时候唱歌，来加强换气的训练。

【练一练】

尝试高声朗读《高山下的花环》中雷军长的一段演说，安排好换气和停顿的地方。

（三）发声呼吸的力量训练方法

主播要想声音洪亮、饱满，直播的时候就不能光靠喉咙，而是需要身体整个呼吸器官的配合。这就需要口腔、胸部、腹部等多个部位的训练。

1. 胸腹联合呼吸训练

在小腹上放一本较有分量的书（大字典最佳），体会腹肌伴随深呼吸的收缩、放松。在自然呼吸状态下，小腹在吸气时是上抬的、呼气时是下塌的。主播可通过自己的呼吸来调整书起伏的速率和高度。这个方法对于主播去找到胸腹联合呼吸中腹部的呼吸感觉是很有用的。

2. 腹肌弹发练习

用腹肌爆发弹力，将气集中送到口腔前部，口腔舌位可以用哈、嘿、嚯、呵四个音来配合。开始需一声一声地发音，舌根、下巴均需放松，软腭需上挺，咽壁也需收紧挺直，发出的声音应该有力度。有一定基础后可以连续发音，在能连续稳定在一定力度状态发音后，可以再改变音强、音高、力度强弱等。在发"哈"音时，听起来似京剧小生的笑，在发"嘿"音时似冷笑。练习时，可以双手叉腰来感受腰腹力量的变化。

三、学习正确的普通话发音

（一）发音的生理基础

语言的形成是人体的发音器官执行大脑相关指令的过程，是发音器官活动的结果。主播要加强调节发音动作的能力,提高发音的效率,提高发音的质量,就需要了解发音器官的功能,分析发音器官活动的规律。

发音器官是指在言语活动中参与发音动作的人体器官。呼吸运动使呼出的气流从肺部通过支气管、气管到喉咙,由喉部引起声带振动产生基音,同时使呼出的空气产生同步振动。气流在经过咽腔、口腔或者鼻腔的过程中,基音进一步引起各共鸣腔的共鸣,使声音得到扩大和美化,在口腔中还受到了唇部、舌头、牙齿、硬腭和软腭的控制。在对共鸣腔进行调节,对呼出气流构成阻碍和克服阻碍的过程中,负载信息的符号——声音就形成了。在声音形成的过程中,人体的头颈、胸腹等部位的100多块肌肉控制着不同功能的器官协同产生发音动作。发音器官的有序排列,使之在兼顾原有生理功能的基础上完成发音,从而构成了能够产生声音的特殊结构。发音矫正口腔示意图如图4-3所示。

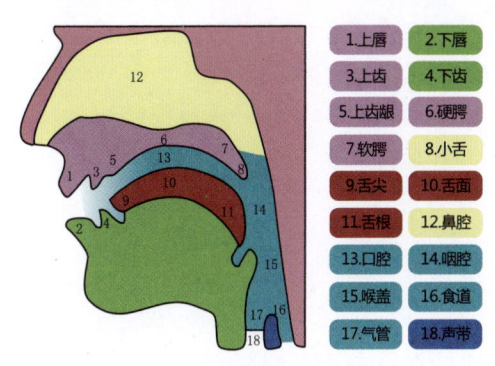

图 4-3 发音矫正口腔示意图

(二)了解语音的四要素

任何声音都具有四个方面的基本特征:音高、音强、音长、音色。

1. 音高

音高指声音的高低,它取决于发音体振动的快慢,物体振动的快慢由发音体的形状决定。其表现如下:振动慢,音高低;振动快,音高高。一般来说,儿童和女性的声带比较短,比较薄,所以音高比较高;而成年男性的声带比较长,比较厚,所以音高比较低。音高的作用是构成声调和句调,以区别意义。

2. 音强

音强指声音的强弱,取决于发音体的振幅大小。振幅越大,声音越强,反之则越弱。振幅是指发音时物体振动的幅度。振幅的单位是分贝。同一个发音体,如果用大小不同的力量去敲击,则会使发音的振幅不一样。因此,声音的强弱由发音时用力大小所决定:用力大,则振幅大,音强就强;用力小,则振幅小,音强就弱。振幅小发出的声音不会对人的听觉器官造成损害,而振幅大发出的声音则容易造成听觉器官的损害。音强有时可以用来区别意义。汉语中的轻重音就是以音强作为其主要特征来区别意义的。例如:"孙子"重音在前,轻声在后,则表示"儿子的儿子";而前后都读重音,则指古代的军事家孙武。

3. 音长

音长是指声音的长短,由发音时物体振动持续时间的长短所决定。发音体振动时间长,则音长就长,否则就短。汉语中一般不用音长作为主要的区别意义的手段,但音长作为发音中的一个自然属性,经常以伴随性的特征出现,如重读音节以音强作为主要特征,音强较强，音长也比较长，而轻声音节音强较弱，音长也比较短。例如："不辨东西"中"西"的发音音长较长，而"不是东西"中"西"的发音音长较短。

4. 音色

音色指声音的本质特征，是一个音与其他音互相区别的最根本的特征。音色取决于发音时的音波形式，音波不同，音色就不同；而音波取决于发音体、发音方法、共鸣器形状三个方面。

（三）练习普通话的发音技巧

在练习普通话的发音技巧时，注意掌握正确发音的姿势、口型，以及肢体方面的协调，要注意以下几点：

1. 体会胸腔共鸣。微微张开嘴巴，放松喉头，闭合声门（声带），像金鱼吐泡泡一样轻轻地发声，或者低低地哼唱，体会胸腔的震动。

2. 降低喉头的位置：喉部要放松、放松、再放松。

3. 学习打牙关。打牙关就是打开上下大牙齿（槽牙），给口腔共鸣留出空间，用手去摸摸耳根前大牙的位置，看看是否打开了。然后发出一些元音，如"a、o、e"，感觉自己声音的变化。

4. 练习提颧肌。微笑着说话，嘴角微微向上翘，同时鼻翼张开，试试看，声音是不是更清亮了。

5. 练习挺软腭。打一个哈欠，顺便长啸一声。

以上技巧其实就是正确发音的几大要点，主播在说话的时候保持以上几种状态就会改善自己的声音。但是要切记，一定要"放松自己"，不要矫枉过正，更不要只去注意发音的形式，而忘记了说话的内容，那样就本末倒置了。

四、做到吐字归音

（一）吐字归音的定义

学习语言，我们经常能听到要注意吐字归音，那么吐字归音到底指的是什么呢？

吐字归音是语言表达的重要基本功，尤其对于播音和主持、主播这些以使用语言为主的从业人员来说，更需要吐字准确、清晰、圆润、集中和流畅。

吐字归音主要讲究口腔控制。艺术语言的吐字与生活语言的吐字相比，更加错落有致，该强则强，当弱则弱，字与字、词与词之间不是被同等对待的，需要突出的音节可能发音时间较长，吐字也比较工整；那些不需要突出的音节则弱化，吐字也相对松散。正是这种丰富的吐字变化，配合声音的高低起伏，构成了富于变化的生动的语言世界，表达出人们多样的思想和丰富的感情色彩。

（二）吐字归音的要求

吐字归音应做到准确、清晰、圆润、集中和流畅。

1. 准确

准确指的是字音准确规范，也就是"字正"。主播要按照普通话语音规范吐字发音，在符合语音规范的前提下，把字音发得更完美、更悦耳。吐字的准确关乎一般人不容易察觉的细微的发音部位、发音方法，以及唇形、舌位的要求和字调、语调的标准和规范。它比一般人所理解的发音规范要求更为严格和精细。

2. 清晰

清晰指的是字音清晰。清晰的吐字是建立在发音准确的基础上的。吐字清晰并不是单纯依靠加大音量而获得的，它建立在一系列行之有效的发音技巧上。

3. 圆润

圆润指的是在吐字的过程中保持较丰富的共鸣和发音动程，做到字字有型，从而使语音悦耳动听，实现"腔圆"的要求。人们常常将圆润的声音和嗓音联系在一起。实际上由嗓音形成与由吐字形成的圆润音色是有区别的。我国传统说唱中形容圆润吐字为"吐字如珠"，这种说法形象地描述了字音的圆润与吐字动作间的密切关系。

汉语普通话的音节特点是音节分明，结构工整，以及具有明显的动作过程。另外，普通话的每个音节还具有自己的声调。在发音过程中，汉语对吐字动作有着与其他语言不同的特殊要求。满足这些要求，发音会给人一种圆润动听之感；反之，发音就显得干瘪、松散。

4. 集中

集中指的是声音集中。在发声过程中使自己的声音有目标，有距离感，加强对象感和交流感也是使声音集中的必要条件。声音只有集中才能具有"磁性"，具有"穿透力"，做到"声声入耳"。

5. 流畅

流畅指的是我们发出的每一个字音、每一个音节，都是融汇在语流当中的。听者不是一个字一个字地听，而是通过语流来获取信息、受到感染。这就要求我们吐字归音必须灵活自如，轻快流畅，做到符合汉语语音出字、立字、归音的规律。

（三）吐字归音的要领

一个人讲话是否动听，发音是否清晰，和他的吐字归音是否标准有着密切的关系。因为我们通常会把一个汉字的发音过程分为字头、字腹、字尾三个阶段，并对各阶段进行不同的发声控制，使发音达到清晰、饱满、弹发有力的境界。

1. 字头有力，叼住弹出

"字头"就是声母和韵头。声母是音节开头的辅音，韵头是声母到主要元音之间的过渡性成分。字头发音时要求声母加韵头一步到位。"叼住"是指字头的发音部位要准确，力量应集中在唇舌的纵中部，而不能满口用力。"弹出"是指字头的发音要轻捷，具有弹动感，不黏不滞，不拖泥带水。

字头发音时，口腔是处于相对闭合状态的，具有阻气、蓄气的作用。如果叼字无力，气息会在口腔大量流失，影响到字头和整个音节的力度；但如果叼字过死，也会使发音显得笨拙。同时，也不能把"弹出"简单地理解为"喷吐"，过分向外用力，使拙劲，而是用巧劲发音吐字。

2. 字腹饱满，拉开立起

字腹就是韵母中的韵腹。通常字腹在整个音节中的发音会明显突出。一方面，它作为音节中的主要元音，开合度最大，所以会比较响亮；另一方面，它的发音较完整，

97

持续时间较长，给予人的听感更显著。一个字的发音能否达到"珠圆玉润"，则与字腹息息相关。

"字腹饱满"是指韵母中的韵腹要发音清晰、持久、共鸣充分。"拉开"指字头弹出后应迅速打开口腔，使气流在口腔内形成较丰富的泛音共鸣，口腔开度要大，应有竖着展开的感觉。"立起"指韵母中韵腹的发音要占据足够的时间，使其响亮、圆润，在听觉上形成字音立起来的饱满感。因而字腹的发音又称为"立字"，这个过程实际上也是一个汉字在发音时突出字腹的过程。

3. 字尾归音，趋向鲜明

字尾是处在字头和字腹之后，位于音节末端的部分。它的发音过程是在一个音节的发音中，力度逐渐放松、气息逐渐减弱、口腔逐渐闭合、声音逐渐停止的过程。如果字尾的归音不到位，就会直接影响字音的完整性。字尾的归音与字头的出字和字腹的立字相比，难度更大。

"字尾归音"要求在一个字的字尾部分发音完整，不能虎头蛇尾，只顾字头、字腹，而不顾字尾。"趋向鲜明"首先是指唇舌动作要到位，如韵尾是"i"的音节，字尾发音时舌位应抬到一定高度；韵尾是"u"的，发音时唇型应收圆；韵尾是"n"的，发音时舌尖要收到上齿龈，并阻住口腔通道，鼻音一出立即收声；韵尾是"ng"的，舌根应收到软腭、硬腭交界处，并阻挡住口腔通道，鼻音一出立即收声。其次，"趋向鲜明"还要求声音"弱收"，"弱收"是指字尾发音时唇舌力量渐弱，声音简短，点到为止，不可过紧、过长。字尾发音最容易出现的问题就是不归音或归音不到位。这往往是由于吐字时只注意了声音的响亮，没有注意音节的完整，忽略了气息和声音处于收落阶段的字尾，造成说"半截字"的现象。也有的是矫枉过正造成的，把字尾收得过紧、过强，违反了发音的生理规律，听起来僵硬、呆板，这也会影响归音的效果。除此之外值得注意的还有，不是所有的字都是有字尾的，如"大"字的字头是"d"，字腹是"ɑ"，它就是没有字尾的一个音节。

以上便是吐字归音时的三大要领。在相关行业中，这三大要领被形象地归纳为"枣核形"发音。因为字头、字腹、字尾三部分构成了字音的整体，以字头为一端，字尾为另一端，字腹为核心，从发音时口腔开度的变化来看，正好是由闭到开再到闭的过程，两头小、中间大，这就形成了"枣核形"。值得注意的是，"枣核形"发音是在各部分发音不断滑动的过程中形成的，而并非由字头跳到字腹再跳到字尾。因此，整个字音要有滑动感、整体感。

（四）学会口腔控制

1. 唇舌灵活、力量集中

唇舌灵活是语音流畅自如的前提，在这方面达不到一定标准，就会出现吃字（音节部分或全部含混不清）、滚字（音节间"粘连"）、走音现象和语言的僵滞。声音要集中，咬字器官的力量就要集中，主要表现在唇和舌上。

唇的力量要集中到唇中央的三分之一。唇的力量分散是造成字音分散的主要原因。通过练习有关唇力的绕口令，像"八百标兵奔北坡……"就会获得明显感觉。

舌力的集中要注意两个方面：一方面，要将力量主要集中在舌的前后中纵线上；另一方面，舌在发音过程中要取"收势"，收拢上挺。这样才能保证舌在咬字过程中弹动有力而灵活。舌力集中的练习应以字词为主，把上述要求体现到字词练习中。例如，反复发出"ga、ka、ha、jia、qia、xia、da、ta、na、la"就可以由后至前全面锻炼舌力。在以声母练习为主的绕口令里有许多是锻炼舌力的好材料，可根据自己的情况，有选择地去练。

【练一练】

请每位同学尝试练习以下动作，每组练习不低于10次，并可以和同学分享练习体会。

2. 打开口腔、放松面部

注重声音和吐字的品质，就应讲求口腔开度。打开口腔并不是一般意义上的把嘴张大，嘴张大时口腔呈"前大于后"型，实际上是前开后不开。打开口腔是指口腔的前后部都打开，上腭上抬，下颌放松，呈"前等于后"型。这是通过"提颧肌、打牙关、挺软腭、松下巴"四个方面的配合来实现的。发音器官纵侧面示意图如图4-4所示。

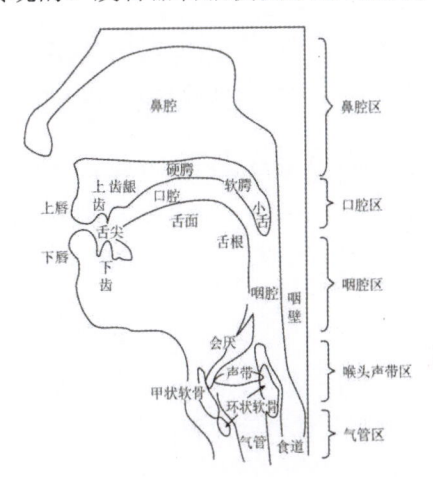

图4-4　发音器官纵侧面示意图

（1）提颧肌。

提颧肌是抬起上腭前部的动作。颧肌用力向上提起时，口腔前上部有展宽的感觉，鼻孔也随之有少许张大，同时使唇，尤其是上唇贴紧牙齿。唇齿相依使唇的运动有了依托，较之于松颧撇唇、唇齿分离更容易把握咬字的力度。提颧肌对提高声音的亮度和字音的清晰度都有明显作用。

（2）打牙关。

上下颌之间的关节俗称牙关，打牙关是抬起上颌的中部动作。打牙关就是要使上下槽牙在咬字时有一定的距离，尤其双侧上后槽牙应始终保持向上提起的感觉。虽然日常

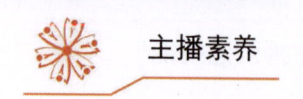

说话时很少有人咬紧牙关，但作为主播应特别注意打开牙关的问题。因为它不仅可以丰富口腔共鸣，还可以使咬字位置适中、力量稳健，其作用是非常明显的。

（3）挺软腭。

软腭在上颌后部，用舌尖抵住硬腭向后舔，会感觉到它的具体位置。不说话时，软腭松软下垂，日常口语中也很少有人有意识地将它挺起。挺软腭是抬起上腭的后部动作，它可以起到两方面的作用：第一，加大口腔后部空间，改善音色；第二，缩小鼻咽入口，避免声音大量灌入鼻腔而造成鼻音。

结合咬字，软腭挺起时口腔后部应呈倒置的桃形，并非抬得越高越好。此外，如以小舌头（腭垂）为中点的话，软腭挺起时两侧力量应向小舌头集中。如果力量相反，软腭兜下来，就会造成字"扁"、鼻音等问题。所以要特别注意力的方向。可以用夸张吸气和"半打哈欠"来体会，一般在这种时候软腭是挺起的状态，适度保持这种状态去发音，就可能会听到不同于平时的声音效果。

"挺"是一个基本状态，但应注意到，音节的结构成分是各不相同的，再加上表达需要，播讲时不能一"挺"到底，还应有一定程度上的变化，否则会带来"音包字"的问题。

（4）松下巴。

由于生理构造的原因，松下巴在打开口腔方面比抬上颌更具有实质性效果。有的人平时说话表现出下巴用力、主动"帮忙"的问题，播讲时更为明显，认为只有这样才能做到咬字有力，字音清晰。其实这是一种错误认知，它会使舌根紧张，咽管变窄，口腔变扁，把字咬"横"、咬"死"。

咬的力量主要在口腔上半部，下巴则应处于放松的状态。发音时，只有下巴自然内收才能放松。人们在牙痛时说话，下巴一般是比较松弛的，不妨模仿一下。

3. 明确发声的路线和位置

在口腔打开的前提下，还应讲究声音发出的路线和字音的着力位置。应把声音沿软腭、硬腭的中纵线推进到硬腭前部。硬腭前部是发音的主要内感区，以此为字音的着力位置，可以明显改善音色，提高声音效果，尤其在弱控制时，掌握这一要领可以使声音小而不塌。

（五）学会共鸣控制

发音体之间的共振现象叫共鸣。优美的声音，全靠"适宜的共鸣"。人的声道共鸣器官主要有胸腔、口腔、鼻腔。

胸腔共鸣能使声音浑厚、洪亮；口腔共鸣能使声音结实、明亮；鼻腔共鸣能使声音明丽、高亢。

我们采取"口腔为主、三腔共鸣"的方法。这样发出的声音，既圆润丰满、洪亮浑厚，又朴实自然、清晰真切。

（六）吐字归音的练习方法

1. 到位练习

到位练习即口型和发音器官操作到位的练习。韵母在形成口形时作用最大，每一个音节都离不开韵母。在讲话时，有的人有意无意地会出现图省事的情形，嘴巴没张开到应有的程度，或者嘴、齿、舌、鼻、喉、声带等器官动作不够协调。于是就发生"吃字""隐字""丢音"或含混不清、音量过小、吐字不准等现象。总之，发音不到位便会造成歧义，使人产生误解，不能准确地表情达意。

2. 速读法

速读法是一个锻炼语音准确、吐字清晰的有效方法，因为速读不仅能练习咬字清晰度、发音准确度，还能练习思维的敏捷度和反应的速度。速读法练习的优点是不受时间、地点的约束，无论何时、何地，只要手头有一篇文章就可以练习，而且不受人员的限制，不需要别人的配合，一个人就可以独立完成。可以用录音机把速读内容录下来，然后听一听，从中找出不足，加以改进。

3. 读句训练

读句训练与吐字归音训练是紧密相连、相辅相成的。读句训练，就是选择一些有一定难度的语句、段落，进行快读训练。要求做到把音读准，不增减字词，不重不断，停顿自然，有节奏，连贯流畅。目的是训练语句干净利索，出口成章，不拖泥带水，把习惯性的口头语逐渐减少，直至完全消除。

4. 正音练习

正音练习就是根据普通话的读音标准校正自己的地方音和习惯音。正音练习包括很多内容，主要有平舌音和翘舌音练习，鼻音和边音练习，送气音和不送气音练习，前鼻音和后鼻音练习等。

5. 绕口令练习

选择一些绕口令，分清平舌音和翘舌音，由慢到快反复练习。

总而言之，不论是播音主持，还是带货主播，这些类似岗位的语言表达也是一门艺术，它不是生活中的人际传播，而是具有创造性的表现。其创造性体现为在向大众传播新闻信息的方式中，自觉承担起对受众的语言示范任务，做语言规范的表率。主播应当认识到，嗓音条件的特征、发音吐字的准确、抑扬顿挫的语调、语言节奏的把握，都是语言表达力的重要反映，也是形成自己语言风格的基础，更是吸引各类"铁粉""钻粉"时常进入直播间的有效方法之一。

【素养工坊】

2021年2月9日，为进一步加强网络直播行业的规范管理，促进行业健康有序发展，国家互联网信息办公室、全国"扫黄打非"工作小组办公室、工业和信息化部、公安部、文化和旅游部、国家市场监督管理总局、国家广播电视总局七部委联合发布了《关于加强网络直播规范管理工作的指导意见》。

该文件明确规定："网络直播平台应当坚持把社会效益放在首位、社会效益和经济效益相统一，强化导向意识，大力弘扬社会主义核心价值观，大力扶持优质主播，扩大优质内容生产供给；培养网络主播正确的世界观、价值观、人生观，有效提升直播平台'以文化人'的精神气质和文化力量。"

因此，各主播必须注意遵守国家法律，注意在直播中的语言和文化运用，注意直播内容及表达，保持正确的世界观、价值观、人生观。

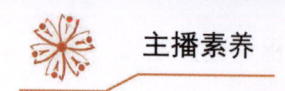

任务二　主播语言情感表达训练

【课前互动】

1. 请各位同学回忆自己有没有因为语言情感表达不到位而造成误解或影响自己预期目标的情况。
2. 教师通过云平台发起抢答或是随意抽取同学分享。
3. 教师进行点评，并引入本次任务主题。

【任务尝试】

请各位同学尝试带着情感朗读以下三首诗词。

满江红
〔宋〕岳　飞

怒发冲冠，凭栏处、潇潇雨歇。
抬望眼，仰天长啸，壮怀激烈。
三十功名尘与土，八千里路云和月。
莫等闲、白了少年头，空悲切。

靖康耻，犹未雪。臣子恨，何时灭。
驾长车，踏破贺兰山缺。
壮志饥餐胡虏肉，笑谈渴饮匈奴血。
待从头、收拾旧山河，朝天阙。

狱中题壁
〔清〕谭嗣同

望门投止思张俭，
忍死须臾待杜根。
我自横刀向天笑，
去留肝胆两昆仑。

我爱这土地

艾 青

假如我是一只鸟，
我也应该用嘶哑的喉咙歌唱：
这被暴风雨所打击着的土地，
这永远汹涌着我们的悲愤的河流，
这无止息地吹刮着的激怒的风，
和那来自林间的无比温柔的黎明……
——然后我死了，
连羽毛也腐烂在土地里面。
为什么我的眼里常含泪水？
因为我对这土地爱得深沉……

【任务反思】

体会：

困惑：

【知识链接】

一、对主播语言情感表达的基本认知

（一）情感表达

情感表达是准确而有效地向他人展示自己的价值关系，以便求得与他人有效地合作，即通过识别他人的情感来及时、准确、有效地了解他人的价值关系，从而更好地与他人进行合作或交流、交易。

情感表达通过面部表情、语言声调表情和身体姿态表情等向他人表达自己的情感特征与情绪变化，因此，常见的情感表达方式主要有三种：面部表情、语言声调表情和身体姿态表情。

情感表达还可分为完全准确方式、夸张掩饰方式、完全相反方式。由于人与人之间的利益关系是复杂多变的，不同的情感表达方式将会产生不同的价值效果。完全准确方式有助于对方做出正确的行为决策，从而有效地维护对方的利益；夸张掩饰方式有助于对方做出适当的行为决策，从而既有效地维护对方的利益，也兼顾自身的利益；完全相反方式有助于对方做出错误的行为决策，从而有效地维护自身的利益。因此，当彼此存在完全一致的利益关系时，就必须向对方真实地、完全准确地表达自己的情感；当彼此存在部分一致的利益关系时，就可以向对方夸张地或掩饰地表达自己的情感；当彼此存在完全对立的利益关系时，就应该完全相反地表达自己的情感。

总之，人的情感表达的客观本质就是为了向他人展现自身的价值关系，这种展现有时是完全准确方式，有时是夸张掩饰方式，有时却是完全相反方式。

面部表情示意图如图4-5所示。

图4-5　面部表情示意图

（二）语言情感表达

语言本身可以直接表达人的复杂情感，如果再配合以恰当的声调（如声音的强度、速度、旋律等），就可以更加丰富、生动、完整、准确地表达人的情感状态，展现人的文化水平、价值取向和性格特征。

根据语言声调的不同特点可以判断人的情绪状态和性格特征：悲哀时语速慢，音调低，音域起伏较小，显得沉重而呆板；激动时语速快，音调高且尖，音域起伏较大，带有颤音；说话语速较快、口误又多的人往往被认为地位较低且紧张；说话声音响亮、慢条斯理的人往往被认为地位较高且悠然自得；说话结结巴巴、语无伦次的人往往缺乏自信，或者言不由衷；男声中如带气息声，往往被认为较年轻，且富有朝气，富有艺术感；女声若带有气息声，往往被认为美妙动人，富有女人味；平板的声音往往被认为冷漠、呆滞和畏缩；喉音使男性显得成熟和老练，判断力强，但往往使女性失去魅力；急剧的变调对比往往表达暴躁气质；音调的抑扬婉转显露活泼的天性，往往表明气质温和柔顺。

判断人的情绪和意图时，不仅要听他说什么，还要听他怎么说，即从他说话声音的高低、强弱、起伏、节奏、音域、转折、速度、腔调和口误中领会其"言外之意"。语言交谈能够沟通思想，促进相互了解，语言的声调使语言本身具有更多的感情色彩，从而揭示出人的思想、感情和意向的精微之处，而这非词汇所能完全表达。任何事物都可以用最体面的语言来讲述，而不致流于粗俗，问题只在于思想是否丰富、语言是否和谐、比喻是否恰当、时机是否适当。

主播在直播中的语言情感表达会即时地反映主播自身的修养素质、心理心态、性格特征等，因此，训练主播的语言、声调、表情的情感表达是非常重要的。

（三）主播语言情感表达训练的重要性

随着直播行业的不断发展，主播岗位也面临着全新的挑战，若要想在残酷的竞争中不被淘汰，能够胜任相应的工作，主播需要具备专业的素养及深厚的文化底蕴，并且需要与时俱进，不断提升自身素养，打造自身的独特风格，实现个人魅力的提升，以此促进直播间的流量提升。在这种背景下，主播的语言情感能力的重要性凸显，不仅与直播间的运营效能有着很大的关系，还与主播的个人职业生涯有着强大的关联。

1. 主播语言情感表达是直播间商品销售的媒介与载体

每一个直播间的开设最终是为了提升主播的影响力或线上的商品销售。为了更好地提升直播影响力，实现可持续发展，需要以用户的需求为基础，不断加强主播语言与情感表达的呈现，强调吐字清晰、连贯表达，注重真情实感的融入，通过真情实感引发用户的情感共鸣，以此提升直播间与直播内容的受众欢迎程度。

2. 主播语言情感表达关系着直播的质量与流量转化率

作为人与人之间的沟通桥梁，语言在直播中占据着重要的地位，是信息传达、表达商品内容、运营推广的重要途径。同时，语言、肢体语言、情感的融入，能够实现良好视听氛围的营造，从而通过真实的情感与欢快的氛围吸引用户，引发情感共鸣，为直播活动的成功发展奠定良好的基础。主播在直播活动中必须具备良好的语言情感呈现能力，以及激发用户情感的能力，如此才能够逐渐将用户转发、参与的积极性激发起来，尽力实现直播质量与流量转化率的提升。

3. 主播语言情感表达展现主播的IP定位与形象

在直播活动中，主播需要掌控直播进程和全局，这就对主播的专业素养与文化素养、语言素养、管理素养都有着一定的要求。语言情感表达能够良好地呈现主播的语言功底，展示主播的文化底蕴，体现直播间的主题定位，也能更好地彰显主播的IP定位与形象，从而为直播活动的成功运营提供基本的保障。

（四）主播语言情感表达的基本原则

主播语言情感表达需要遵循以下五个原则。

1. 真实性

对于直播的内容，必须保证真实性，这就要求主播在直播中融入真情实感，表达自身的真实感受，通过口语表达与情感表达引发用户产生情感共鸣，从而增强对直播间、主播、销售商品的信任。在整个直播过程中，主播要确保自身真实情感的流露，避免矫揉造作情况的出现。

2. 适度性

根据活动策划，在直播活动中涉及的情感内容可能会在不同的阶段有不同的呈现方式，比较多元化。因此，主播要能够适时调整自身情感状态，能够准确把控语言与情感的度，从而通过最佳的语言表述直播活动的主要内容，并通过适当情感的融入实现相应氛围的营造。

3. 互动性

在直播活动中，主播要以直播间用户为核心，加强与用户的互动，通过语言实现彼此之间的情感交流，从而确保用户与主播之间情感点的一致。

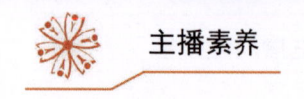

4. 艺术性

主播在直播过程中，需要通过语言情感的表达实现直播艺术魅力的提升，这对主播的语言功底与文化底蕴有着较高的要求。

5. 专业性

在直播过程中，主播对语音语气、语调语速的把握都要精准，且符合基本的普通话表达要求，不能没有原则地、随心所欲地更改，以免造成用户的误解，或是影响用户对商品基本属性的了解。

二、主播语言情感表达的训练方法

主播在整个直播活动中，不论是坐着还是站着，其在直播间里的声音应该是热情、富有激情，并且富有感染力的，主播的语言有时幽默，有时快乐，有时说得很直接，有时说得比较委婉，有时语速很快，有时语速较慢或重复强调，一切都因直播活动的氛围策划、商品或活动讲解需求而不断变化。因此，在训练主播的语言情感表达基本功时，可以较多地运用综合语调。

（一）综合语调训练

综合语调就是由两种以上的语调（包括基本语调和特殊语调）混合在一起的语调。在这里需要说明的是，综合语调的表现力更强，更能展现主播的内心世界，更能体现主播想要表达的思想感情。但是，这种技巧对于初学语言表达的人来说，不是马上就能掌握的，需要较长时间的训练。常见的综合语调主要内容如图4-6所示。

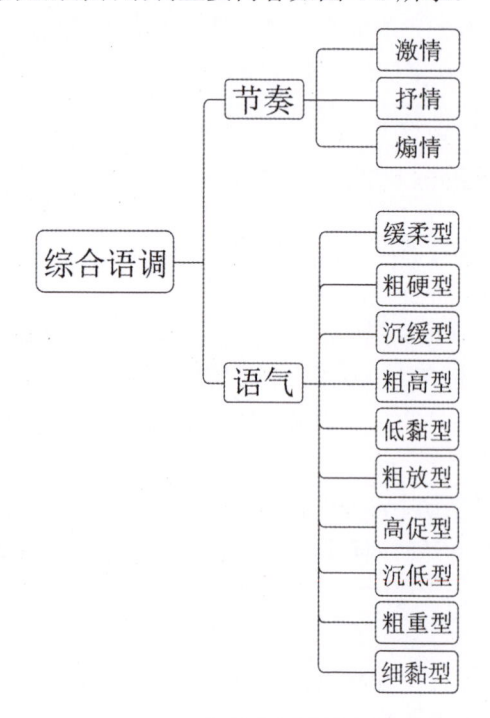

```
                    ┌─ 激情
         ┌─ 节奏 ───┼─ 抒情
         │          └─ 煽情
         │
         │          ┌─ 缓柔型
         │          ├─ 粗硬型
         │          ├─ 沉缓型
综合语调 ─┤          ├─ 粗高型
         │          ├─ 低黏型
         └─ 语气 ───┼─ 粗放型
                    ├─ 高促型
                    ├─ 沉低型
                    ├─ 粗重型
                    └─ 细黏型
```

图4-6 常见的综合语调主要内容

1. 节奏

节奏也叫语风，是指在思想感情的支配下呈现出反复循环的抑扬顿挫、轻重缓急的语音形式。节奏是由两种以上的基本语调和音色混在一起组成的。例如，轻快型（声音快而轻）、舒缓型（声音慢而轻）、凝重型（声音慢而重）、强疾型（声音快而重）、低沉型（声音低而重）、高亢型（声音高而重）等。不过，不是任何两种基本语调结合在一起，就一定是直播的节奏。在直播中，常用的节奏（语风）大约有如下三种：

（1）激情。

激情就是直播时语言特点为语速较快，音强有力，语势偏高。它综合了快速、重音、上行语势等语调，一般用来体现激动、兴奋、紧张等难以抑制的心情，可用于特别策划的直播优惠活动时，或对成组、成套的商品快速讲解时。

（2）抒情。

抒情就是直播时语言特点为语速稍慢，声轻甚至是气声，语势偏低等。它综合了慢速、轻音、下行语势等语调，一般用于回忆过去的直播活动或是陈述用户的反馈阶段，或者抒发情感的直播活动阶段。

（3）煽情。

煽情就是直播时语言特点为语速稍快，语音强度轻重结合，语势抑扬顿挫、稍微夸张。它综合了快速、轻重音、抑扬语势等语调，一般用于吸引和说服用户关注或转发、抢购促销商品或限量商品时。

2. 语气

语气是指在思想感情支配下，声音所表现出来的感情色彩。语气跟节奏（语风）一样，也是由语调和音色组成的。不同的是，语风偏向情感风格，而语气却偏向情感色彩。语风是由抑扬、快慢和重音三者经过不同组合而产生的。语气是由气的性质和声的性质经过不同组合而产生的，气的性质有"粗细、多少、高低、快慢"，声的性质有"柔硬、轻重、聚散、高低、快慢"，它们经过不同组合后，形成常用的语气，有如下十种：

（1）缓柔型。

缓柔型的特点是气徐声柔。这种语气会造成温和感，口腔宽松，气息深长。一般用于主播强调对粉丝的爱，或是表示深情的感谢时。

例如：直播间的粉丝们，感谢你们的关注，比心……

（2）粗硬型。

粗硬型的特点是气足声硬。这种语气会造成挤压感，口腔紧窄，气息猛塞。主播在心情不太好，或是对在直播间发生的某事表达自己的憎恶反感时使用。

例如：刚才说话的××，你是来"黑"我们的吧！各位粉丝，我再强调一遍：如果你觉得我们家的商品你不喜欢、不想买，可以随时离开直播间，但是如果你是来这里捣乱的，那就必须请你离开了！

（3）沉缓型。

沉缓型的特点是气沉声缓。这种语气会造成迟滞感，口腔如负重，气息如尽竭。使用此语气时主播的情感是悲伤的、感伤的，一般用于主播表示歉意时。

例如：非常地对不起，我最亲爱的粉丝们，由于我们的原因，没能让你们按时收到喜欢的商品，让你们久等了，对不起。这也是我们非常不希望发生的，让我们一起来克服好吗？大家也请多保重身体！

（4）粗高型。

粗高型的特点是气满声高。这种语气会造成跳跃感，口腔似千里轻舟，气息似不绝清流。使用此语气时主播是很开心的，每个字都体现着喜悦。

例如：早上好，欢迎来到××的直播间，昨天我们××单品创下了直播人气排名第一的好成绩，今天我们为大家准备了××、××等超级优惠的单品哟，优惠力度绝对让你们惊呼，绝对不会让你们失望，也希望大家继续支持我们，我们今天再拿第一，好不好？

（5）低黏型。

低黏型的特点是气低声凝。这种语气会造成紧缩感，口腔像冰封，气息像倒流。对应情感为惧。这种语气在直播活动中很少应用，但在日常的生活中有时可能会用到。

例如：是真的吗？我真的错了？

（6）粗放型。

粗放型的特点是气多声放。这种语气会造成伸张感，口腔积极敞开，气息力求畅达。主播通常是在进行商品优惠活动或推广活动的宣传，或是对已讲解、已上架商品的再次推进时使用，通常用于直播间粉丝抢购欲望高昂时。

例如：各位粉丝，大家赶快去置顶链接抢购哟！我们的××已补货，大家赶紧拼手速，只有××码了……只有××件了……没有了，补不了货了！

（7）高促型。

高促型的特点是气高声促。这种语气会造成紧迫感，口腔似弓箭，气息如穿梭。主播通常是在面对紧急情况或是需要用紧急的表情和语气来强调自己的讲解时使用。

例如：这一组上架了，20～25号。我再重复一遍，20号是××，21号是××，22号是××，23号是××，24号是××，25号是××。后台准备，3、2、1上架！

（8）沉低型。

沉低型的特点是气少声低。这种语气会造成冷寂感，口腔松懒，气息微弱。有些直播间的主播给自己的定位也许是冷淡型、松散型，他们使用这种沉低型语气来形成与其他直播间的不同风格。他们显得比较佛系，说话语速比较慢，听起来没有什么积极性，甚至有些散漫，但是货品有价格低或是有区别于其他直播间的其他优势，因此，他们的直播仍然获得一些粉丝的喜欢。

（9）粗重型。

粗重型的特点是气粗声重。这种语气会造成震动感，口腔如鼓，气息如橡。在直播间，除主播的声音本来就是粗厚的以外，通常很少能用到这种语气，因为这种语气对应的情感一般是"怒"。作为有涵养的主播，应该具备较高的情商和控制情感的能力，千万不要在直播现场发怒，否则，就会"掉粉"和自毁形象。

（10）细黏型。

细黏型的特点是气细声黏。这种语气会造成踟蹰感，口腔欲松还紧，气息欲连还断。这种语气一般是对应于怀疑的情感，主播有时会在营造促销活动氛围前奏时使用。

例如：我看大家都在刷1，都想要我们的××商品，但是我们小主播也不敢乱卖啊，那这样，我帮大家问问老板……老板刚才悄悄告诉我说可以××，大家猜，我们的××定价会是……

（二）其他情感表达训练方法

主播的语言情感表达训练还包括心态训练、基本功训练、亲和力训练、表现力训练等多方面。

1. 心态训练

每一位主播都必须自信，自信的心态训练是做好每一场直播的基础。主播每天早上起来要对着镜子，自信地说："我行，我能行，我是最棒的！"在镜子面前微笑，还可以想象自己在众人面前直播的样子。每天拿出至少5分钟做这项训练。

同时，培养对直播行业与岗位的兴趣也是主播良好心态训练的一种方法。兴趣是最好的老师。当主播关注的焦点在口才训练上时，必然就会关注平时生活工作中的口才技巧，并将其逐步应用到自己的直播活动中。

另外，主播要坚持多阅读积极向上的书籍，培养积极乐观的人生态度。

2. 基本功训练

主播的语言表达张弛有度，是来自坚持不断的训练，要做到这一点，需要做到以下"十个坚持"。

（1）坚持每天大声朗读一篇优美的文章。既能锻炼自己口齿，又能积累一些知识和信息，更重要的是对身体大有裨益，清喉扩胸。会朗读的人，呼吸能力和声音基础都会得到提升。

（2）坚持每天看《新闻联播》或是听好的有声书籍，随时学习音准和音调，学习语速、语调。

（3）坚持每天写日记。写日记是最好的自我沟通方法，每天写一千字，既整理自己的思路，反省当日之进步与不足，梳理自己的情绪，释放一些不快，又可以学习遣词造句。天长日久，手能写之，口必能言之。

（4）坚持每天练习绕口令，这样可以把自己的普通话练得字正腔圆。

（5）坚持每天和多人交流，提高自己即兴讲话的能力。

（6）坚持抓住一切可以上台或是表现的机会。主播如果想突破口才瓶颈，一定要多找机会讲话。每次培训或上课、开会，必定坐第一排，必定要举手发表一下自己的观点；在家里也多主动和家里人沟通，把家庭打造成学习口才的舞台；对于路演、比赛等活动，也要多多参与。不要顾虑太多，当放下自己，放下一切时，会发现学习口才很简单。

（7）坚持常做一些即兴演讲练习，可在网络或书籍中找一些主题进行自主练习，培养敏锐思考和迅速组织语言的能力。

（8）坚持每天关注身边的商品，养成随时了解商品品牌、属性、功能等方面信息的习惯。这个练习可以很好地积累行业、商品的知识，会让主播在直播中表现得更加得心应手。

（9）坚持每天学习专业的直播运营相关知识和技能，培养对直播活动整体的了解，能快速融入直播活动中，并与团队一起通过语言表达、场景布置等多种手段营造直播氛围。

（10）坚持每天对着镜子、手机多练习直播脚本，并用录音、录像等方式反复回听、回看，通过自我批评实现进步。直到练习得滚瓜烂熟、可随意发挥为止。

3. 亲和力训练

主播要多微笑，培养自己的亲和力。通过做脸部动作放松脸上的肌肉，如通过睁大眼睛再闭紧、张大嘴巴再闭紧等方式，丰富自己的表情。

同时，主播要养成随时与平台用户多交流的习惯，要主动、自然，并且长期坚持。

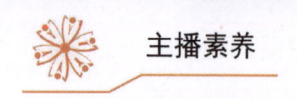

4. 表现力训练

在主播的语言情感表达素养训练中，可以通过情景模拟、角色扮演、讲故事等表演形式进行训练，组织角色语言去练习有感情地表达自己想说的话，如扮演市长答记者问，扮演领导开动员会，扮演新郎或新娘即兴发言，扮演销售员与顾客之间的博弈等，还可以选择小品或小说中的角色进行扮演。当然，这种扮演主要是在语言上的扮演。这种训练的目的在于培养主播的语言适应性、个性及不同情景下的语言调节能力，以及适当的辅助表情和动作。

当然，讲故事也是一种非常好的情感口才训练模式，正在成长中、训练中的主播应每天坚持对镜子、对家人、对同事、对陌生人等不同对象讲故事，而且应能做到面对不同人群不同场合能讲不同的故事，在现场就能想出符合情景或场景的故事。这就要求主播在生活和工作中要注意多观察、多积累，只有积累大量的素材，才可能把故事讲得动听，讲得精彩。熟能生巧，讲得多了口才就有了，粉丝就有了，销量也就有了！

【素养工坊】

请各位同学观看《党史故事100讲》，并选择就其中一个党史故事进行模仿，同大家分享观后感和模仿讲故事的体会。《党史故事100讲》在央视网的宣传图如图4-7所示。

图4-7 《党史故事100讲》在央视网的宣传图　　　　《党史故事100讲》

任务三　主播表情和态势语训练

【课前互动】

1. 教师随机抽选部分学生，让学生展示以下动作表情：

笑	含笑、苦笑、讥笑、嘲笑、微笑、欢笑、俏笑、捧腹大笑、呵呵大笑、破涕为笑、眉开眼笑、嫣然一笑、皮笑肉不笑
哭	流泪、啜泣、哭泣、痛哭、大哭、呜咽、哽咽、愁眉苦脸

2. 请参与表演的同学谈谈体会,请观看表演的同学点评。

3. 教师简单点评,引入本次课关键内容。

【任务尝试】

1. 分组讨论以下任务如何完成(讨论时间3分钟)。

任务内容:假定各组为新创直播团队,由1位主播2位助播进行现场直播,带货的商品类别是玩具用品(中国航天飞机模型系列),尝试进行开场气氛营造和商品预告。要求重点关注各位主播(含助播)在开场时的表情和动作设计。

航天飞机玩具模型如图4-8所示。

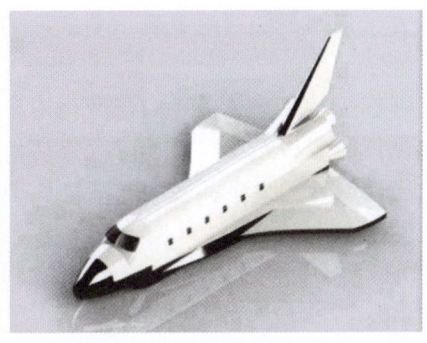

图4-8 航天飞机玩具模型

2. 由教师通过线上课程互动平台(学习通或蓝墨云等)随机选择2个小组进行表演和说明(每组展示3分钟)。

3. 各小组进行任务尝试反思,并将主要体会填写在下表中(填写时间3分钟)。

【任务反思】

体会:

困惑:

【知识链接】

一、表情管理的定义

面部是最有效的表情器官,面部表情的发展在根本上来源于价值关系的发展,人类面部表情的丰富性来源于人类价值关系的多样性和复杂性。人的面部表情主要表现为眼、眉、嘴、鼻、面部肌肉的变化。主播在直播中要用好自己的面部表情。

眼。眼睛是心灵的窗户，能够最直接、最深刻、最丰富地表现人的精神状态和内心活动，它能够冲破习俗的约束，自由地沟通彼此的心灵，能够创造无形的、适宜的情绪气氛，代替词汇贫乏的表达，促成无声的对话。眼神通常是情感的第一表达，透过眼神可以看出一个人是欢乐还是忧伤，是烦恼还是悠闲，是厌恶还是喜欢。从眼神中有时可以判断一个人是诚恳还是虚伪：正眼视人，显得坦诚；躲避视线，显得心虚；斜着眼，显得轻佻。眼睛的瞳孔变化可以反映人的心理变化：当人看到有趣的或者喜爱的商品时，瞳孔就会放大；而看到不喜欢的或者厌恶的商品时，瞳孔就会缩小。眼神可以委婉、含蓄、丰富地表达爱抚或推却、允诺或拒绝、央求或强制、询问或回答、谴责或赞许、讥讽或同情、期盼或焦虑、厌恶或亲昵等复杂的思想和愿望。眼泪能够恰当地表达人的许多情感，如悲痛、欢乐、委屈、思念、温柔、依赖等。

眉。眉间的肌肉变化能够表达人的情感变化。柳眉倒竖表示愤怒，横眉冷对表示敌意，挤眉弄眼表示戏谑，低眉顺眼表示顺从，扬眉吐气表示畅快，眉头舒展表示宽慰，喜上眉梢表示愉悦。

嘴。嘴部表情主要体现在口形变化上。伤心时嘴角下撇，欢快时嘴角提升，委屈时噘起嘴巴，惊讶时张口结舌，愤恨时咬牙切齿，痛苦忍耐时咬住下唇。

鼻。厌恶时耸起鼻子；轻蔑时嗤之以鼻；愤怒时鼻孔张大，鼻翼翕动；紧张时鼻腔收缩，屏息敛气。

面部肌肉。面部肌肉松弛表明心情愉快、轻松、舒畅，面部肌肉紧张表明痛苦、严峻、严肃。

一般来说，面部器官是一个有机整体，协调一致地表达出同一种情感。当人感到尴尬、有难言之隐或想有所掩饰时，将出现复杂而不和谐的表情。

因此，表情管理是指在任何环境状况中表情都要完美，不会轻易暴露不合时宜的面部表情。

二、主播表情管理的重要性

（一）做好表情管理是主播必备的基础素质

表情管理是新生代艺人出道的一门必修课程，也是作为新时代潮流岗位之一的主播必须具有的基本素质。作为网红（达人）主播，面部表情管理是一门值得研究的学问。

例如，当粉丝问到让主播不开心的话题或是不想回复的话题时，主播不可以沉着脸拒绝或是做出不应该有的动作，需要微笑着礼貌地表达自己的想法，或是做出正确的、委婉的回复；主播在直播间进行商品展示和讲解时，表情也需要是美美的、热情的，甚至一定程度上可以是眉飞色舞的表情，表情不能麻木狰狞。主播在直播出错的时候不可以笑场，要保持镇定，仿佛没事发生一样。可以想象的是，当主播不小心露出与人设不符的表情时，表情管理失败就会人设崩塌。

（二）主播做好表情管理是提升直播现场效果的重要方法

主播作为直播现场的"主持人"，他的形象、姿态、表情、动作、语言无一不吸引着用户关注其直播间和商品。合适的表情、动作、声音可以直接激发用户点击屏幕上链接的欲望，可以很好地提高流量转化率，促进现场商品的销售；可以更好地得到新老用户对直播间或主播的喜爱，激发他们分享直播间或主播的能动性，提升直播间流量。

【精彩小案例】
杭州新闻主播表情管理失控？

（三）主播做好表情管理是提升个人形象设计的必备要素

形象是对某人或某事物的视觉记忆、印象和评价的总和。个人形象设计要素包括体型要素、发型要素、化妆要素、服装款式要素、饰品配件要素、个性要素、心理要素、文化修养要素等。而其中的心理要素从表象上呈现为表情。众所周知，每一个直播间都会打造属于自己的 IP 标签，那么，作为直播间核心人物之一的主播对个人人设的策划及个人形象的设计与维护也是相当重要的，因此，主播做好了个人的表情管理就是做好了个人形象的基本维护。

三、主播训练表情的方法

（一）找到最适合的笑容

形象好的主播，本就颜值高、气质佳，若是找到合适的笑的方法，可以让自己看起来更落落大方、更有气质，也更让人印象深刻。在直播间，主播若是不能找到最适合自己的笑容，不仅不能展现自己最美的一面，还容易让自己显得表情僵硬，如果被人过度解读，会被认为是耍大牌、闹脾气。

那么，在众多不同的笑容里，主播应该如何选择适合自己的笑容呢。我们先来认识不同的笑容在操作上的不同。

1. 露齿笑。全部露齿笑会让整个脸部肌肉铺开，显得又胖又宽。常说的标准职业微笑一般要求露出 6~8 颗牙齿。标准露齿笑示例如图 4-9 所示。

图 4-9　标准露齿笑示例

以现实生活中不同工作岗位的需求来讲，露齿笑不是唯一标准。一个富有亲和力的笑容，只需要做到眼睛笑、眼神笑、嘴角上翘，给人亲切自然的感觉，真诚微笑，不做作即可。至于露出多少颗牙齿则因人而异，略有不同。对于主播来讲，还需要练习面对镜头的自然表情呈现，做到不做作、不刻意、不夸张。在露齿笑时，试着在嘴角发力的同时，捎带着下巴向下延伸，在镜头里会更好看。

2. 抿嘴笑。虽然露齿笑很有感染力，但有的主播不太适合，那么可以选择抿嘴笑，更能体现静态美，显得端庄大方。抿嘴笑示例如图 4-10 所示。但不建议门牙大的主播抿嘴笑。只要牙齿整齐，主播可以大胆地露齿笑，会更自信、更好看。在直播中暂时有语言停顿时，主播要特别注意笑容的选择与保持。

图 4-10　抿嘴笑示例

【练一练】

几种常见微笑表情如图 4-11 所示。请各位同学在图中选择感觉舒适的笑容，并说出图中的笑容有何差异。

图 4-11　几种常见微笑表情

（二）培养令人难以抗拒的亲和力

面对直播镜头时，新人主播要培养自己的职业意识，避免出现冷漠，或是无奈、尴尬等不适合的表情。在日常训练时，可以特别注意三个部位：一是眼神，二是嘴角，三是眉毛。

1. 眼神

如果主播平时的眼神比较冷漠的话，最好的方法就是有意识地让眼轮匝肌稍用力，往上抬一抬眼皮，制造卧蚕，看上去会温柔很多。

2. 嘴角

有的主播在无意识时嘴角会向下，看起来闷闷不乐或不可亲近。针对这种情况可以多练习微笑唇，改变嘴角的线条，呈现放松且更自信的姿态。在直播时，也可以通过彩妆调整，用阴影修饰出微笑唇。

3. 眉毛

人们常说表情中最重要的就是眉眼，主播在面对镜头时经常会"眉飞色舞"，这两个部分是联动的，也是不可分割的。因此，主播在训练自己的表情时，一定要注意纠正一些习惯性的不良动作，如不自觉地挑眉、皱眉等。

【练一练】

几种常见表情如图 4-12 所示。请各位同学模仿图中的表情，并分别说一说各种表情基于什么情景或有什么内涵？多次练习模仿完成后，用手机自拍，上传到线上课程平台主题讨论组中，由同学互评，选出"模仿之星"（教师可酌情加分）。

图 4-12 几种常见表情

（三）只做走心的表情管理

在直播间，主播需要长时间说话，除了需要注意上面两种相对静态的表情，更需要注意与粉丝交流时的动态表情。一个人的表情来源于内心，一定是他内心世界的折射。伪装是注定不能长久的。因此，建议主播在正确调整心态后，通过心态、动作去影响自己的面部表情，从而使直播中的表情更自然、亲和。当然，还可以注意以下小技巧的把握。

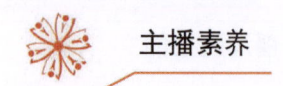

第一，要保持真诚的心态，眼神里要有更多轻松和从容，看着对方的眼睛，自然地表达自己的想法。

第二，让自己处在舒展的状态，穿得舒服、坐得舒服、站得舒服才不会有拘束感，这样说话时表情才会更自然。

第三，减少不必要的微表情，不小心出现的负面表情很容易让粉丝产生误解。

第四，适当撒娇或是表示谦逊，也可以给说话加分。

【知识加油站】
什么是微表情？

四、态势语

态势语又被称为体态语言或人体语言，是以人的表情、目光、姿态和动作等来表示一定语义、进行信息传递的一种伴随性无声语言。态势语能有效地配合有声语言传递信息，能起到补充和强化有声语言的作用，运用得好不仅可以加强有声语言的表达效果，有时甚至还能起到口头语言不能起到的作用。

美国心理学家艾伯特·梅拉比安（Albert Mehrabian）曾给出一个公式：信息的总效果＝7%的有声语言＋38%的语音＋55%的态势语言。这也充分表明态势语对于人际交流的重要性。态势语是人际交往中一种传情达意的方式，在人们的日常交际过程中往往起着不可估量的作用。态势语从另一个层面反映着人的思想境界，反映着人的精神面貌。

在日常人际交往中，态势语是有一定规律可循的。态势语不仅有助于理解别人的意图，而且能够使自己的表达方式更加丰富。态势语的表达效果更加直接，进而使人与人之间更加和谐。常见的态势语主要有情态语言、身势语言、空间语言。

（一）情态语言

情态语言是指人脸上各部位动作构成的表情语言，如目光语言、微笑语言等。在人际交往中，目光语言、微笑语言都能传递大量信息。

（二）身势语言

身势语言亦称动作语言，是指人们的肢体做出表现某种具体含义的动作符号，包括手、肩、臂、腰、腹、背、腿、足等。一般来讲，最常用且较为典型的身势语言为手势语和姿态语。

（三）空间语言

空间语言是指利用空间距离表达信息的一种方法，包括区域距离、空间位置和领域划分等。空间语言通常在社会交往中扮演着重要的角色，因为人们通过空间语言传递信息、表达情感和交流思想。空间语言的使用也受到文化、社会和环境等因素的影响。在非言语交际中，空间语言是一个重要的组成部分，它可以传达出人与人之间的亲疏关系、地位关系和交流方式等。空间语言的使用对于营造良好的人际交往环境和促进社会和谐发展具有重要意义。

五、主播常用的身势语言

在前面的知识点中，我们已介绍了主播常用态势语中的第一种——情态语言，并通俗地用表情管理的方式进行了描述，接下来，我们来具体谈谈第二种态势语——身势语言。

身势语言的概念最早是由美国心理学家伯德惠斯特尔（Birdwhistell）提出的。身势语言先于语言产生，是人类进行交往的最初形式。自20世纪70年代末和80年代初以来，体语学研究的范围日渐广泛，而且不断向其他学科渗透，对其他领域的研究发挥着重要的作用。在主播行业中，身势语言常用的是手势语和姿态语。

（一）手势语

手势语是以手的动作结合面部表情表达思想、进行交流的手段。使用时，多伴有上肢和身体的动作，在表达体系上有两类：一是不完全遵循有声语言的语法规律，表达过程无严格的顺序；二是完全遵循有声语言的语法规律，表达过程与口语、书面语一致。主播因带货的商品类别不同，有时只坐在镜头前进行直播，对手势语的使用较为频繁，对商品指示或介绍语言起到重要的情感辅助作用。

因为每一个手势动作表达的含义均不同，且在不同的国家代表的意义不同，而我们的直播可能是面向全世界不同国家的，所以主播在直播时需要特别注意手势语的正确使用。

1. 伸大拇指。

（1）向上伸大拇指。

在中国，这一手势表示夸奖和赞许，意味着"好""妙""了不起""高明""绝了""最佳""顶呱呱""登峰造极"等。在尼日利亚，当宾客来临时，主人要向上伸出大拇指，表示对来自远方的友人的问候。在日本，这一手势表示"男人""您的父亲"。在韩国，向上伸大拇指表示"首级""父亲""部长""队长"。在墨西哥、荷兰、斯里兰卡等国家，这一手势表示祈祷幸运。在美国、印度、法国，人们在拦路搭车时横向伸出大拇指表示要搭车。在印度尼西亚，伸出大拇指只是指东西。

（2）向下伸大拇指。

世界上有相当多的国家和地区都使用这一手势，但含义不尽相同。在中国，把大拇指向下，意味着"向下""下面""差劲"。在英国、美国、菲律宾，大拇指朝下含有"不能接受""不同意""结束"之义，或表示"对方输了"。在墨西哥、法国，大拇指朝下表示"没用""死了""运气差"。在泰国、缅甸、马来西亚、印度尼西亚，大拇指向下表示"失败"。在澳大利亚，使用这一手势表示讥笑和嘲讽。在突尼斯，向下伸出大拇指表示"倒水"和"停止"。

2. 伸食指

（1）向上伸食指。

世界上使用这一手势的国家很多，但表示的意思不一样。中国人向上伸食指，表示数目,可以指"一",也可指"一十""一百""一千"等整数。在日本、韩国、菲律宾、斯里兰卡、印度尼西亚、沙特阿拉伯、墨西哥等国家,食指向上表示"只有一个(次)"的意思。在美国,让对方稍等时,会使用这一手势。在法国,学生在课堂上向上伸出食指,教师才会让他回答问题。在新加坡,谈话时伸出食指,表示所谈的事很重要。在缅甸,请求别人帮忙或拜托某人某事时,都要使用这一手势。在澳大利亚的饭店中,向上伸出食指,表示"请来一杯啤酒"。在马来西亚,这一手势表示顺序上的"第一"。在中东,用食指指东西是不礼貌的。

(2)伸食指和中指。

在中国,"V"形手势表示数目"2""第二"或"剪刀",有时也表示"胜利"。在欧洲和绝大多数国家,人们在日常交流时常常伸出右手的食指和中指,比画作"V"形表示"胜利","V"是英语单词 Victory(胜利)的第一个字母。传说,"V"形手势是第二次世界大战期间由一位名叫维克多·德拉维利的比利时人发明的。他在1940年底的一次广播讲话中,号召同胞奋起抵抗德国侵略军,并动员人们到处写"V"字,以表示胜利的信心,从此"V"形手势传播开来。特别是当时英国首相丘吉尔在一次游行检阅中使用了这一"V"形手势,这个手势便迅速流传开来。不过,做这一手势时务必记住要手心朝外、手背朝内,在英国尤其要注意这点。在欧洲大多数国家,做手背朝外、手心朝内的"V"形手势是表示让人"走开",在英国则指伤风败俗的事情。在非洲国家,"V"形手势一般表示两件事或两个物品。

(3)伸食指和小指。

在欧洲大多数国家,人们向前平伸胳膊,再伸出食指和小指呈牛角状,用来表示要保护自己不受妖魔鬼怪的侵害。在非洲一些国家,将这种手势指向某人,则意味着要让他倒霉。在拉丁美洲许多国家,把伸出食指和小指的手竖起来,则表示"交好运"。

(4)伸弯曲的食指。

在中国,这一手势表示数字"9"。在日本,这一手势表示"小偷"。在泰国、菲律宾,这一手势表示"钥匙""上锁"。在韩国,这一手势表示有错误、度量小。在新加坡、马来西亚,这一手势表示"死亡"。在缅甸,这一手势表示数字"5"。在英国、美国,这一手势表示招呼某人到他那里去。

(5)用食指对人摇动。

在中国,一般表示不同意、不一定是这个意见、可能有变动等含义。在英国、美国等国,这一手势表示不满、反对或者警告的意思。

3. 伸中指

(1)中指和食指交叉相叠。

在中国,中指和食指交叉相叠表示数目"10"或"加号",在中国香港地区,这一手势表示"关系密切"。在英国、美国、法国、墨西哥、新加坡、菲律宾、马来西亚,这一手势表示"祝愿""祈祷幸运"。在澳大利亚,这一手势表示"期待"。在斯里兰卡,这一手势表示"曲折""邪恶"。在印度,这一手势表示"结束""完成"。在荷兰,这一手势表示"发誓""赌咒",或指"对方撒谎"。在尼日利亚,这一手势表示东西或数字"相加"。

(2)向上伸中指。

大多数地方认为这一手势表示对对方的侮辱。在菲律宾,这一手势表示愤怒、憎恨、轻蔑和咒骂。在美国、法国、新加坡,这一手势表示愤怒和极度不快。

4. 伸小指

（1）向上伸小指。

在中国，这一手势表示小、微不足道、拙劣、最差的等级或名次，还可以表示轻蔑。在日本，这一手势表示女人、女孩子、恋人。在韩国，这一手势表示妻子、女朋友，或是打赌。在菲律宾，这一手势表示小个子、年轻人或指对方是小人物。在泰国或沙特阿拉伯，这一手势表示朋友、交朋友。在缅甸和印度，这一手势表示想去厕所。在美国，这一手势表示懦弱的男人或打赌。

（2）伸直中指、无名指和小指。

在中国，这一手势表示数字"0"或"3"。在日本、朝鲜、缅甸，这一手势表示"金钱"。在泰国，这一手势表示"没问题"。在印度尼西亚，这一手势表示"什么也干不了，什么也没有"以及"不成功"。在英国、美国等国家，这一手势一般用来表示征求对方意见或对对方征求意见的回话，表示"同意""了不起""顺利"，一般相当于英语中的"OK"。在荷兰，这一手势表示正在顺利进行。

5. 招呼人过来

在美国呼唤服务员时，手掌向上伸开，弯曲手指数次即可。在亚洲一些国家，这种手势对服务员则不可用，因为人们常常以此来叫一只狗或别的动物。在日本，招呼服务时把手臂向上一伸，向下摆动手指，对方就领会了。在非洲餐厅吃饭时，叫服务员通常是轻轻敲打餐桌。在中东一些国家，叫人时轻轻拍拍手，对方即会意而来。

6. 同意

一般而言，双方谈事情成功时，除了说"同意""赞成"，还要满面笑容地点头示意。非洲人往往情不自禁地展开手臂，向上举起，并用另一只手握拳击掌心，以表示自己十分满意。阿拉伯人则会把双手握成拳，食指向外，缓缓挥动，表示赞成和同意。

7. 告别

在许多国家，人们告别时往往挥手表示再见。在一些东方国家，如印度、缅甸、巴基斯坦、马来西亚，人们告别时，常常举手向上伸开并向自己一侧摇动，这往往容易同招呼人的手势相混淆。在意大利，人们习惯伸出右手，掌心向上，不停地一张一合，表示告别。

8. 忧愁

在一些亚洲国家，人们遇到伤脑筋或不顺心的事，习惯举起右手抓自己的头皮。在日本，抓头皮这种手势表示愤怒和不满。在西方大多数国家，则常用挠头表示不懂或不理解。

9. 比心

在直播中，主播为表达对粉丝的感谢，经常会使用比心手势，即将大拇指与食指进行交叉，形成心形。另外一种常见的比心手势通常用双手完成，即将双手大拇指尖相对，另外四个手指合并后也相抵相对，在空中形成心形。当然，还可以反向呈心形放在胸前或身前。

10. 全掌向下压

大多数情况下这种手势表示气愤，也可以表示"请大家安静一下！"

11. 手指顺势划动

在直播中，主播会经常用到这个手势，即用手指四指合并或单一使用食指沿着商品外观某个细节处或是以某形状进行划动提示，表示特别展示此处细节。使用这种手势时，注意不能将手指打开过大，或是使用中指、无名指、小指进行指示或划动，那样对粉丝非常不礼貌。

12. 双手掌平放于身体前方或身侧

当手臂自然下垂,手指完全并拢,并双手打开平放于主播身体前方时,通常表示无奈或是没有了;双手掌平放于身侧的手势,多用于在展示服装类商品时,主播走步时的手势运用。

当然,在交流中可以使用的手势语远远不止这些,主播在直播时一定要注意手势语的使用,切记不可依自己平时的习惯随意使用手势语。

(二)姿态语

对主播来讲,直播时最重要的就是维护良好的镜头感,注意角度、大小、方位、距离和身体动作幅度、动作频率等。主播面对镜头时,要时刻注意自己的身体在镜头中的占位,在寻找镜头感的同时,要注意以下几点。

1. 注意直播角度与镜头前身形的对应

主播在使用手机设备直播时一般采用竖屏的方式,那么直播角度就显得非常重要。使用手机支架直播更加方便,不仅可以解放双手,还便于掌控直播角度。调整支架,让手机向下倾斜30°～45°。手机可以平行于身体,也可以俯拍身体,记得一定不要仰拍身体。使用手机支架的直播间示例图如图4-13所示。

图4-13 使用手机支架的直播间示例图

2. 主播的身体最好正对着摄像头

主播如因场地环境受限也可稍微侧身,但不要幅度过大。主播侧身幅度过大不利于和粉丝的互动,也显得不尊重粉丝,身体最好占视频画面的一半为宜。主播在直播间的身势示例图如图4-14所示。

图4-14 主播在直播间的身势示例图

3. 主播的脸以占画面的四分之一或五分之一为佳

主播与镜头靠太近了显得主播脸大，而且脸部皮肤的缺陷会很轻易地显现出来；离得太远也不合适，主播会看不到公屏上粉丝与其互动的文字。使用电容麦的主播需要注意，电容麦与脸部的距离控制在 20 cm 左右为最佳，尽量不要挡着脸。

4. 主播身体最好出现在画面的中心

一些主播为了制造神秘感，仅仅露出半张脸，长时间这样的话可能会造成粉丝的流失。当然，如果主播的侧脸较好看，可以把摄像头稍微调偏一点，但不要太偏。

5. 主播在镜头前走动或起来坐下的动作频率不能过高

有一些主播在熟悉业务后，会比较随意地在直播间走动，或是手臂在镜头前随意晃动，这会严重影响平台用户观看展示的商品，也会引起平台用户的反感。

六、态势语的训练方法

从一位新人主播成长为受平台用户喜爱、能产生优秀带货销售业绩、业界知名的网红主播或头部主播，能在镜头前游刃有余地使用合理、恰当的态势语来辅助口播，是需要通过强化学习、持续训练来实现的，因此，建议新人主播可以从以下三个方面来训练和提升。

1. 强化学习、反复训练

有些主播在镜头前会出现紧张的情况，导致肢体动作和表情受到影响。主播可以通过多种形式加以练习，如多照镜子训练自己的表情。

2. 模拟练习、及时反思

主播可以在正式直播前进行模拟练习，并在每场直播下播后总结自己本场直播的优点，分析自己在直播过程中的不足之处，进行自我肯定和自我修正。同时，可以多听取助播等现场团队成员的反馈意见，及时调整。

3. 培养自信、改变观念

主播在心态上要先肯定自己，给自己足够的信心，要相信自己可以在粉丝面前展现出直播能力和素养，坚定信念。主动观看、学习优秀主播的直播，接受优秀主播的指导，持续快速成长。

【素养工坊】

请同学们扫描二维码或在网络搜索，查看新闻《无臂"励志哥"直播书法写人生》，并分享体会。无臂"励志哥"牛树栋直播书法如图 4-15 所示。

图 4-15　无臂"励志哥"牛树栋直播书法　　　　　直播书法写人生

任务四　主播话术设计与训练

【课前互动】

1. 建议 3～5 位同学组成一个小组，以岗位分工的形式进行直播实操模拟，记录直播过程，进行复盘讨论。
2. 教师随意抽选同学分享话题：在直播时需要具备的话术有哪些？同时，导入本课内容。

【任务尝试】

1. 登录智慧职教平台，搜索"新媒体商业运营"，进行直播话术的初步学习。智慧职教平台页面截图如图 4-16 所示。

图 4-16　智慧职教平台页面截图

2. 打开"抖音"直播板块，选择 2～3 个观看人数较多的直播间进行 5 分钟左右的观看学习。观看直播的任务流程如图 4-17 所示。

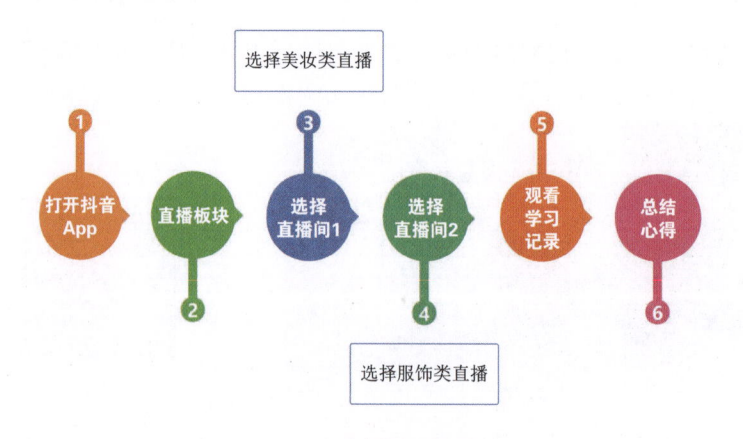

图 4-17　观看直播的任务流程

【任务反思】

体会：

困惑：

【知识链接】

一、话术的作用

直播话术在直播过程中能起到关键性作用，其中话术最重要的三个作用如下：拉近主播与平台用户之间的关系，让平台用户对主播产生持续信任，使平台用户转化为忠实粉丝。

（一）拉近主播与平台用户之间的关系

在这个快节奏的时代，平台用户几秒钟就会切换一条视频，因此直播话术显得尤为重要，它可以直接决定平台用户对主播的第一印象。当平台用户对主播的直播风格产生好感时，主播可以通过话术拉近与平台用户的距离，引导平台用户关注直播间，加入粉丝团，购买商品。

（二）让平台用户对主播产生持续信任

主播运用适当的话术配合清晰的商品介绍，可以加强平台用户黏性，让平台用户对商品产生信任感，从而促成交易，最终实现持续回购的目的。

（三）将平台用户转化为忠实粉丝

当粉丝量积累到一定数量，通过主播有技巧的话术引导可以发展一批有"野性"消费能力的粉丝，这个时候忠实粉丝的重要性就会体现出来。同时，还可以通过话术带动忠实粉丝对直播间进行宣传，从而实现更多潜在用户的转化。

二、直播语言艺术

在直播带货过程中，主播的语言也是吸引平台用户的重要因素之一，语言可以体现一个主播的逻辑思维能力，更能凸显一个主播的气韵。因为说话是一门艺术，一个人外在条件再优秀，如果说话没有逻辑或者夸夸其谈，那其整体形象也会大打折扣，对于主播来说更是如此。

因此，要想成为一位优秀的主播，掌握直播语言艺术就是一门必修课。

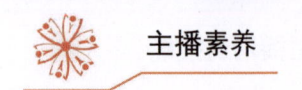

（一）直播中说话的基本原则

要想成为能被平台用户记住的主播，高情商起到关键作用。而高情商的主要表现就是"会说话"，让平台用户在观看直播的过程中有较强的代入感、较强的互动感，并且觉得主播说的话让人感觉舒服，让人愿意听下去。

1. 语言表达强度合适

在直播过程中，主播不能表现得太强势，但是也不能太怯场。

太强势表现为，主播不关心平台用户说什么，有什么互动，只顾自言自语；太怯场表现为，主播被平台用户牵着鼻子走，没有自己的思路，不能引导用户，只是机械地回答问题。比较好的做法是要学会聆听用户的发言，同时要保持自己的思维逻辑，认真倾听，认真反馈，只有这样才能知道自己与用户的互动是否有效，也可以了解用户所关心、愿意讨论的话题。

2. 用词要得体

主播在直播过程中要保证用词得体，不要使用低俗、敏感词汇，要把握好开玩笑的尺度。很多主播为了提升直播间的气氛会讲一些玩笑话来引起平台用户的兴趣，但是开玩笑如果不能把握好分寸，就会适得其反。在直播过程中不能为了娱乐而拿他人的痛处开玩笑，这样容易引起平台用户的反感；更不能逞一时英雄讨论敏感性话题，直播间很可能会因此被封。

3. 对用户的认可和礼物要表示感谢

在直播过程中，观看直播的平台用户会通过点赞、在评论区留言、送礼物等方式来表达自己对主播的支持和喜爱。主播在收到支持的第一时间应该表示感谢，对于无论哪种方式的支持，主播都应该一视同仁，只有这样平台用户才能有被关注的感觉，觉得自己真正参与到直播中，觉得自己是被尊重的。

语言的艺术如图 4-18 所示。

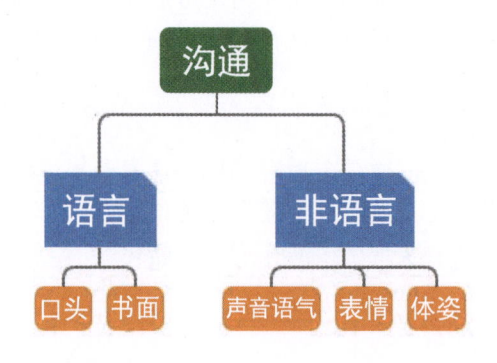

图 4-18 语言的艺术

（二）寻找有趣的话题

在直播过程中，要有寻找话题的能力，只有不断地沟通、互动，直播间才不会出现冷场的尴尬。主播可以从以下两个方面寻找平台用户感兴趣的话题。

1. 与平台用户产生共鸣

人都喜欢与跟自己有共同爱好的人沟通交往，因此能与平台用户产生共鸣对主播来说显得尤为重要。主播在直播互动过程中要善于发掘平台用户共同的兴趣点，发现与平台用户的相似点，如共同的工作经验、旅游经验等，这样有利于拉近与平台用户之间的距离，加深彼此的感情。

2. 以提问的方式互动

主播在直播时可以根据当下的热点话题或者平台用户感兴趣的问题进行提问互动。例如，主播可以询问平台用户最近在生活中遇到了什么问题，有什么变化，然后从回答中找出一些平台用户普遍比较感兴趣的话题，再进行深入的沟通。

三、直播话术（以电商直播为例）

（一）直播话术的基本要求

对于主播来说，直播话术需要具备两个要求，即专业性和趣味性。

1. 专业性

直播话术的专业性主要体现在两个方面：

一是主播对商品的了解足够全面。主播在直播前应对商品进行全面的了解和体验，只有这样，在直播时才能全面深入地介绍商品，彰显自己的专业性，让平台用户产生信任。

二是语言描述的方式。主播在讲解商品时要让平台用户有代入感，要让平台用户通过主播的描述能准确感知商品的特性，要让平台用户感受到主播的真诚，只有这样平台用户才能产生购买的欲望。

2. 趣味性

若想让平台用户对直播产生兴趣，主播就要不断优化自己的话术，让广大用户听得明白、舒服并觉得有趣。主播在直播过程中可以加入一些流行的"梗"，让平台用户更有互动感，在平时也可以通过观看综艺节目锻炼自己的幽默思维，多加练习从而形成个人风格。

（二）直播常用话术

主播的直播经验需要在日常生活中不断地积累和锻炼，可以通过反复练习来提升自己。直播话术类别如图4-19所示。淘宝直播间主播常用话术示例如表4-1所示。

图4-19 直播话术类别

表 4-1　淘宝直播间主播常用话术示例

话术应用场景	技巧与作用	示例
开场话术	在直播时主播可以总结一个固定的开播话术，加深用户对直播间的印象。 在直播的开始先简单介绍本场直播最值得关注的商品以引起用户的兴趣。 预告抽奖或者福袋活动时间引起用户的关注	话术 1：主播在直播开始时喜欢说："Hello，大家好，辛苦大家等待，我们来喽，谢谢大家的支持，大家多多关注我们直播间，我们的直播开始喽！" 话术 2：在直播开始时主播会预告值得期待的商品："所有女生，我们今天晚上一定一定要抢到××商品，一定要抢到，上次有的女生没有抢到，今天所有女生一定要抢到！" 话术 3：在有活动时可以在开播时提前讲："我们今天在××点钟有××抽奖哦！快快分享我们直播间等待抽奖吧！"
留人话术	福利诱惑 在直播过程中要不断重复直播间的各种福利、抽奖活动，提醒接下来商品的优惠政策，留住意向用户。 及时与用户互动 及时与用户互动可以极大地提高用户的积极性，加上话术的引导可提高用户转化率	话术 1："直播间的宝宝们，九点整的时候我们就开始抽××了啊。还没有点关注的宝宝在上方点击关注，加入我们的粉丝团，可以给我亮个小灯牌！" 话术 2：用户问："今天直播间有什么优惠吗？有秒杀吗？"主播答："提问的那位小姐姐（最好直接说 ID 名），××点××商品，有优惠券×元，×点有秒杀！"（然后重复几次确保用户都听清楚，引导用户下单）
关注话术、互动话术	关注话术：在直播的过程中会有新的用户进入直播间，这时主播就要不断提醒用户转发、关注直播间，同时介绍一下直播间福利。 互动话术：想要留人促转化，就要让用户与主播产生互动，进行聊天	话术 1："欢迎新来的女生，请大家点击上方关注，多多转发我们直播间，参与我们的福袋活动哦！" 话术 2："喜欢主播的可以给主播点个特别关注哦，下次开播有提醒，不会错过哦！" 话术 3："喜欢主播的给主播点亮小心心！"
商品介绍话术	商品介绍是直播中最重要的环节，要求主播能够准确详细地介绍商品的性能。主播在讲解商品时要让用户有代入感，要让用户通过主播的描述能准确感知到商品的特性，可以使用一些场景描述。 价格锚点对于用户来讲也是重点关注的地方，所以主播要先说明商品的原价，再重点强调直播间折扣、优惠券等，让用户觉得十分划算，促成交易。 利用大众心理，强调限量、少量、难抢等字眼	话术 1：例如，主播在推荐香水的时候，就会运用很多场景化的形容： "恋爱中的少女，开心地去找男朋友，那种甜甜的感觉！" "穿着白纱裙，在海边漫步的女生，非常干净的那种感觉！" "下过小雨的森林里的味道。" 话术 2：主播在推荐口红的时候，会涂在自己的嘴唇上让大家直观地看到口红的颜色，还会形容： "×××在你的嘴唇上！" "嘴巴很贵的颜色！" "看看我的嘴巴哟，是 18 岁少女才会有的吧？" "太心动的感觉吧，人间水蜜桃就是你！" "啊，好闪！五克拉的嘴巴！" 话术 3：主播在推荐一些价格高的商品时会说： "贵妇小姐姐注意了，接下来的商品我们限量 1 000 个！很难抢哦！" 而推荐一些平价好物时则会说： "女孩们注意喽，接下来的好物大家一定要抢到哦，真的是太划算了吧！抢到就是赚到，抢不到就没有喽！"
催单话术	催单话术总结下来就是要营造紧迫感，让用户感觉再不下单马上就没有了，这时要不断提醒价格优势，以及商品的优点；不断提醒库存减少，可倒计时	话术 1：主播在上架数量较多的商品时会分批上架，先上架一部分，并且会很紧迫地说："上架喽，还有 5 000 个，4 000 个，3 000 个，1 000 个，没了！来！把最后的库存加起来，再抢不到就没有喽！准备好了吗？3、2、1 上最后的库存，快去抢！" 话术 2：当有些商品"呼声"比较高时主播会说："秒没了！去问一下厂家还能不能加货！不能加的话问一下预售可不可以！"以此来促进销量，其实这也是一种催单话术
结束话术	在一场直播快要结束的时候可以进行下一场直播的预告，重点提醒用户特别关注商品的返场时间，让用户对下一场直播充满期待。 在直播的最后要对用户表示感谢，让用户感受到主播的关心、尊重	话术 1：主播在 2 月 14 日情人节直播预告中特别提到情人节直播会有一月一次的限定礼包，并且强调只有会员才可以购买，重点说："要让喜欢商品的女生买到，要让主播直播间的女生买得到，明天开播就可以自主买了哦，所以想要的女生记得加入我们的会员，加入购物车，明晚我们只有 15 000 个！" 话术 2：主播下播时可以跟用户说："大家晚安哦，辛苦大家在我们直播间的守候，大家睡个好觉不要熬夜哦！"

四、直播节奏把控（以电商直播为例）

主播直播话术的整体结构存在一定的共性和潜在的规律，在买卖商品的直播过程中形成了有明显阶段性的直播节奏。直播节奏把控如图 4-20 所示，大体来说可以分为四个逐渐递进的阶段：

第一阶段：问候与暖场阶段。开场问候，给直播间暖场。
第二阶段：预览商品阶段。宣传介绍，预览展示商品。
第三阶段：商品销售阶段。引导平台用户购买商品。
第四阶段：压力策略阶段。给观看直播的平台用户施加压力，再次引导购买。

其中，第二、第三、第四阶段在一场卖货直播中会多次循环往复，进而售卖不同的商品。下面让我们对这四个阶段进行更深入的学习。

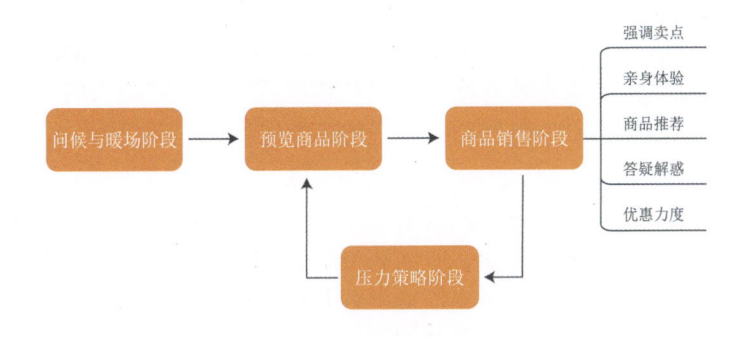

图 4-20　直播节奏把控

（一）问候与暖场阶段

一场直播的开场白看似简单，但其实是遵循了一定的规律而有序进行的。无论是为了留住粉丝继续观看还是为直播的后续内容作铺垫，每场直播的开场问候和与粉丝互动暖场都是必不可少的，并且是至关重要的一个环节。

正在进行暖场的直播间如图 4-21 所示。

图 4-21　正在进行暖场的直播间

主播需要用极具亲和力的口吻向已经进入直播间的粉丝打招呼,每等到一定量的粉丝进入直播间,主播要不断重复打招呼的话术,如"Hello,朋友们,我们又见面啦""Hello,我们又来喽""欢迎刚进入直播间的宝宝"等。这种热情轻松的开场方式能够给予粉丝一种与好朋友见面的亲切感和认同感,从而产生个体对群体的归属感,这对于粉丝群体的建构有着重要作用。电商直播在很大程度上依赖于"粉丝经济",观看直播的粉丝群体出于共同的目的或是出于对主播的喜爱和信任,构成了一个"虚拟互动社区"。

在问候与暖场的过程中,平台用户和粉丝也会通过弹幕评论的方式同主播打招呼或提出问题,主播通过查看弹幕内容予以正面回应,如平台用户问:"今天都有什么商品呢?"主播回答:"今天会向大家推出 10 款好物,后面会一一介绍的哦!今天主播还为宝宝们争取到了超大力度的优惠哦!"这样一来双方就有了有效沟通,并且在一定程度上满足了粉丝受到关注的心理需求。除此之外,主播也可以通过分享个人生活中的趣事来暖场,使粉丝在观看直播的过程中获得更多的乐趣,同时让直播间更具活力。

直播间不仅是商品销售的阵地,也是经验和情感交流的平台,主播在其中便起到"润滑剂"的作用。主播既是经验丰富的导购,也是粉丝值得信赖的知心朋友。粉丝在得到情感的满足之后,会积极推动"虚拟互动社区"的良性发展。

(二)预览商品阶段

主播对商品的描述、展示、讲解是粉丝获得该商品信息、进行商品评价和购买决策的主要依据。主播主要通过影响粉丝感知价值影响其购买意愿和购买决策。因而,主播会在直播中全方位地展示商品的外观,并通过试穿、试吃、试用,对商品进行介绍和分享,对商品的外观、体验、功能、质量等进行描述,以最为直接的方式向粉丝传递尽可能多的信息,尽可能地激发粉丝的购买欲,为直播带来更多的销量。例如,主播介绍:"宝宝们,看看我抱着的这个金钻大菠萝啊,金钻大菠萝,金钻大菠萝,它的味道是比较酸甜可口的,是三分酸七分甜,三分酸七分甜,吃完后嘴里果香浓郁……今天我们直播间卖的金钻大菠萝是纯天然生长,不打农药的哦!不打农药的哦!来,拿把水果刀来,我切出来给大家看(切出一块菠萝)……宝宝们,看哦!一刀下去,里面的汁儿都流出来了,水分十足。(咬一口)嗯!味道真的很不错哦!酸酸甜甜的,你值得拥有!""看上去确实很多水啊!"主播直播展示新鲜菠萝如图 4-22 所示。主播介绍商品的时候要反复多次强调商品的名称、特点来加深平台用户对商品的认识。通过粉丝的反馈能够直观看到,主播的商品展示、介绍、品尝、感受表达起到了明显的作用,成功地激发了粉丝的购买欲。

图 4-22 主播直播展示新鲜菠萝

直播过程中的商品预览环节，能够给予粉丝最为直接的视觉感受与听觉感受，直播高清镜头下商品的"素颜式"出镜、细节展示，加上主播的讲解试用与反馈，将商品全方位、立体化、真实化地呈现给粉丝，这在很大程度上提高了商品销售的可信度，对于消解粉丝在购买活动中存在的顾虑有一定的作用。

直播过程中的商品预览环节是每场卖货直播的必备环节，也可以说是最为重要的环节，需要主播在直播前做好充分的准备工作，充分了解商品的特性、品质、功效等方面的信息，并能够对新粉丝的痛点与其可能关注的问题等，在直播中一一回应。

（三）商品销售阶段

卖货直播的最终目标是将商品销售出去，商品销售环节是每场卖货直播中必不可少且至关重要的环节之一，主播往往需要在有限的时间内通过简短凝练、极其接地气的语言对商品进行阐述，其内在逻辑环环相扣。主要有以下五个步骤。

1. 强调卖点

强调某一商品的卖点，这些卖点能否激发粉丝的消费欲望，是商品能否成功销售出去的关键。每个直播账号的每场直播所销售的商品数量通常在10~15种，因而主播需要对每一种商品做到精准营销，通过提炼每种商品几个主推的亮点，在短时间内提出分论点论证，最终实现劝说购买目标。此外需要注意，粉丝中目标感强且有较强购买欲望的占少数，需要主播抓住粉丝群体的消费痛点来引导消费。

2. 亲身体验

直播对商品视觉上立体的呈现使得商品可以更高效地为粉丝所接受和理解，同时粉丝对于商品的信任感也相对增加。主播在销售过程中需要亲自试用、试穿、品尝商品，并尽可能地根据有购买意向的粉丝的要求对商品的各个方面进行展示和评价，这些动态的内容传递使得主播对商品做出的质量保证更具真实性，增加了可信度。充分发挥视觉工具的便利性与粉丝"坦诚相待"，也是主播构建信任的过程。

3. 商品推荐

卖货主播在直播中要扮演KOL的角色，将自己觉得值得购买的商品推荐给粉丝。主播在直播中要从粉丝作为消费者的角度出发，基于亲身体验表达对商品的了解和使用感受，用接地气的语言阐述商品的购买价值，立足于粉丝的需求对合适的商品进行推荐，使粉丝能够在观看卖货直播的时候更加有获得感，对主播产生信任，进而对购买该商品产生兴趣。

4. 答疑解惑

直播中粉丝与主播的沟通方式主要是点赞和评论，粉丝可以随时通过评论提出自己的疑问，主播和助手需要时刻关注评论内容，并有选择性地对普遍性的问题予以回应，如快递服务、下单步骤、优惠领取等。粉丝收到主播对其所提出问题的反馈与解答，一来能够消除其在购买过程中出现的疑虑，二来能够使其更加有参与感和获得感，能够在一定程度上给其带来更为愉悦的感受。

5. 优惠力度

直播能够吸引诸多粉丝购买商品的一大主要因素便是价格上的优惠，而这也是促进商品销售的主要手段。多种形式的优惠吸引付费和提高公域流量如图4-23所示。直播中，主播可以反复强调商品的优惠价格只有在本场直播中才能享受到，并且可以给出买得越多价格越优惠的优惠政策，强调物美价廉，让平台用户有一种"买到就是赚到"的消费心理，在无形中给平台用户施加了购买压力，刺激其实施消费行为，并由此过渡到第四个阶段。

图 4-23　多种形式的优惠吸引付费和提高公域流量

（四）压力策略阶段

饥饿营销作为市场营销的常见手段，是指商家在商品销售中有意控制产量，吸引消费者参与抢购的活动，能为企业带来更大的利润，通常以"少量""限量""抢光了"等话术刺激消费者的购买欲望，促进消费者抢购。这种营销方式经常会出现在卖货直播中，换言之，饥饿营销是卖货直播最为主要的营销方式。

主播在介绍完商品后，会告知购买链接即将出现在粉丝的手机屏幕中，而同时电商主播会强调该场直播的优惠商品的限制数量，通过控制销售时间营造出紧张的氛围。例如，"马上就要开启秒杀喽！好，3、2、1，上链接！宝宝们，链接已经上了，抓紧时间抢购，这个优惠价只有 5 000 份，只有 5 000 份，卖完了就没有这么优惠的价格了！赶紧下单！赶紧下单！"另外，在销售过程中，电商主播会通过转告优惠商品的剩余数量进一步营造紧张的抢购氛围。例如，"现在仅剩 200 份了，抓紧时间！宝宝们，拼手速的时候到了！赶紧下单……现在仅剩 20 份了，赶紧下单啊！抓紧时间……好了，卖完了！没抢到的宝宝们就错过本次的优惠价格喽！不过没关系，下面我们还会推出更多优惠商品……"

压力策略使用之后，就到了商品售卖的尾声，主播也会开始准备新一轮商品的预热。

【素养工坊】

请同学们扫描二维码，查看《"抖音"直播违规规定有哪些？》（附"抖音"直播违禁词汇总表），并反思是否曾经在日常工作和生活中有类似的行为或语言，同时，进行记忆练习，以备不时之需。

"抖音"直播违规规定有哪些？

项目五

提升主播营销素养

【项目提要】

在直播策划、直播运营的各个环节，都离不开营销理念的渗透和营销手段的应用。熟练掌握营销知识和利用新媒体营销手段对直播效果的提升有极其明显的促进作用。相关营销知识的掌握对主播营销素养的培养至关重要。

【引导案例】

小 A 是一名自媒体从业人员，她说："零售行业基本上变成了直播行业，现在直播的带货范围太广了，不仅有百货、化妆品、服装、食品等传统电商商品，甚至连房子、汽车、家具都可以卖。"但是同行小 D 并不这样认为，2020 年以来，他和身边的朋友都开始涉足直播行业，他说："相较之前的线下零售，线上直播并没有带来销售业绩的提升，并且还花费了更多的时间和精力。确实，有的企业账号直播了很长一段时间却一件商品也没销售出去，这是怎么回事？"

【案例分析】

在直播营销中，转化率是衡量直播团队对于流量利用效率的关键数值。直播间的转化率，除了与直播团队的选品、活动策划、节奏把控、人员配合等息息相关，主播也是非常重要的影响因素。实践数据显示，相同的商品、相同的优惠力度，在直播间总体流量相差不大的情况下，不同主播的转化率能够相差 5~10 倍，这也意味着主播的能力，尤其是对商品讲解技巧的理解和掌握存在较大的差异。

要想获得更好的转化率，主播就需要了解消费者的需求，结合对消费者心理的深刻认知，完善商品讲解步骤，优化讲解话术，活用促进成交的策略，从而打动消费者，促使消费者下单购买，将观看量最大限度地转换为购买量。通过本项目的学习，我们会知晓直播过程中所需的营销知识及如何挖掘消费者的痛点，让直播直达消费者的内心。

【思政目标】

1. 正确理解市场营销理念对中国经济改革与发展的重要意义。
2. 树立法律意识，遵守《中华人民共和国广告法》《关于加强网络直播规范管理工作的指导意见》等相关法律法规的规定。

3. 树立正确的服务观，为消费者提供可靠的消费信息和商品。
4. 提升市场经济意识、质量意识。
5. 遵守职业道德规范，成为一个有道德素养的专业型人才。

【知识目标】

1. 掌握营销核心概念的科学内涵。
2. 理解消费者的购买动机及心理变化过程。
3. 掌握商品质量的基本要求。
4. 掌握新媒体营销平台的分类。
5. 熟悉品牌策划流程。
6. 了解软文及脚本在直播中的应用。

【技能目标】

1. 能解释市场营销过程、区分营销核心概念的差别。
2. 能从四个方面说出影响消费者购买行为的因素。
3. 能判断日常商品的质量状况。
4. 能说出新媒体主流平台的名字和主营业务。
5. 能使用整合营销等手段进行商品品牌全案策划。
6. 能完成直播预热软文与直播脚本的撰写。

【思维导图】

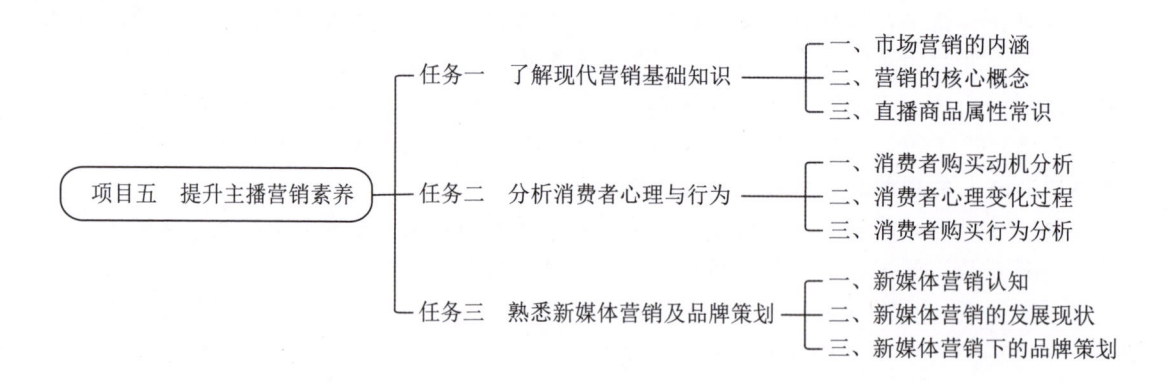

```
                          ┌─ 任务一  了解现代营销基础知识 ─┬─ 一、市场营销的内涵
                          │                               ├─ 二、营销的核心概念
                          │                               └─ 三、直播商品属性常识
                          │
项目五  提升主播营销素养 ─┼─ 任务二  分析消费者心理与行为 ─┬─ 一、消费者购买动机分析
                          │                               ├─ 二、消费者心理变化过程
                          │                               └─ 三、消费者购买行为分析
                          │
                          └─ 任务三  熟悉新媒体营销及品牌策划 ─┬─ 一、新媒体营销认知
                                                             ├─ 二、新媒体营销的发展现状
                                                             └─ 三、新媒体营销下的品牌策划
```

任务一　了解现代营销基础知识

【课前互动】

建议 5 人组成一个讨论组，对中国鲜花电商市场的现状进行调查和讨论，各抒己见。

举例说明：谈谈自己对中国鲜花电商市场的认识。查询相关资料，思考并回答以下问题：中国鲜花电商市场的规模有多大？消费者购买鲜花的需求是什么？高、中、低端鲜花销售的品牌有哪些？电商平台销售鲜花的客单价是多少？

总结与反思：谈谈本次讨论的结果和体会。

【任务尝试】

1. 学生自拟关键词，登录百度网站对中国鲜花市场进行检索，了解中国鲜花电商市场规模、中国鲜花电商行业产业链及中国鲜花中高端品牌。中国鲜花电商行业产业链如图 5-1 所示。

2022—2023 年中国鲜花电商市场发展研究报告

注：to B，即 to Business，面向企业；to C，即 to Consumer，面向消费者。

图 5-1　中国鲜花电商行业产业链

2. 登录野兽派、ROSEONLY 等品牌官网（公众号或小程序），了解鲜花电商品牌的定位。野兽派实体店展示及鲜花造型和 ROSEONLY 品牌官网页面截图如图 5-2 和图 5-3 所示。

图 5-2　野兽派实体店展示及鲜花造型

133

图 5-3　ROSEONLY 品牌官网页面截图

3. 登录花加、花点时间等品牌官网（公众号或小程序），了解鲜花电商品牌的定位。花加品牌官网页面截图如图 5-4 所示。

图 5-4　花加品牌官网页面截图

4. 在淘宝、京东等传统电商平台及食品电商平台盒马鲜生、叮咚买菜搜索"鲜花"，进行价格及销量的调查。京东、盒马鲜生搜索"鲜花"页面截图如图 5-5 所示。

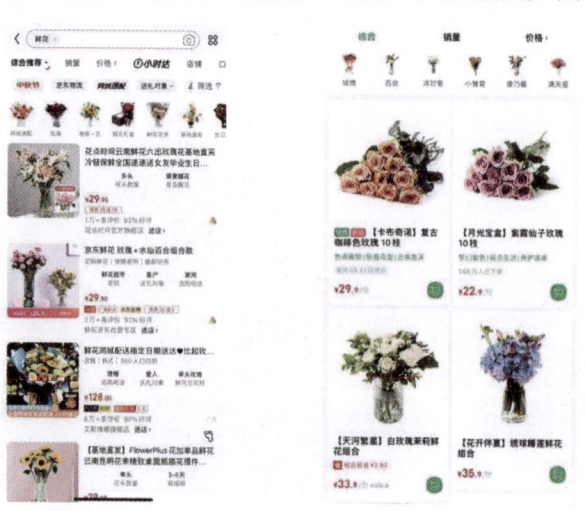

图 5-5　京东、盒马鲜生搜索"鲜花"页面截图

【任务反思】

体会：

困惑：

【知识链接】

一、市场营销的内涵

（一）市场的含义

人们对市场从不同的角度有着不同的解释。在日常生活中，人们习惯将市场看作买卖的场所，如菜市场、商场、批发市场等。这是从时间和空间来理解市场概念的。我国古老的风俗——"赶集"，就生动形象地说明了这种市场的含义。经济学家从揭示经济实质的角度提出市场概念，他们认为市场是一个商品经济范畴，是商品内在矛盾的表现，是供求关系，是商品交换关系的总和，是通过交换反映出来的人与人之间的关系。

营销学中所研究的市场，指的是具体商品需求总量。由于商品需求是通过购买者体现出来的，因此市场是具体商品的现实与潜在的购买者所构成的群体，人们常说的某商品没有市场，实际上指的就是消费者对这种商品没有需求。营销学认为市场是愿意并能够通过交换来满足某种需要或欲望的全部顾客。

市场的三要素如图 5-6 所示。市场的三要素可以用以下公式来概括表示：

市场＝人口＋购买力＋购买欲望

图 5-6　市场的三要素

人口是构成市场的基本要素。消费者人口的多少决定着市场规模和容量的大小，而人口的构成及变化则影响着市场需求的构成和变化。人口越多，现实的和潜在的消费需求就越大。

购买力是指人们购买商品或服务的能力。购买力水平的高低是决定市场容量大小的重要指标，是构成现实市场的物质基础。一定时期内，购买力的高低是由消费者的可支配收入水平决定的。

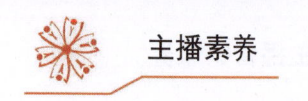

购买欲望是指导致消费者产生购买行为的动机、愿望和要求。它是消费者将潜在购买力变为现实购买行为的重要条件。例如，一个国家或地区虽然人口众多，但收入水平很低，购买力有限，则市场狭窄；一个国家或地区居民收入水平很高，但人口很少，市场同样十分有限。

对市场来说，人口、购买力和购买欲望三要素互相制约，缺一不可。只有将三者结合起来，才能构成现实的市场，才能决定市场的规模和容量。

（二）市场营销的定义

美国著名的营销学家菲利普·科特勒（Philip Kotler）教授认为，市场营销是企业为了从顾客身上获得利益回报，从而创造顾客价值和建立牢固顾客关系的过程。市场营销的目的是为顾客创造价值，并以获取顾客价值作为回报，简而言之，是在某种利润水平下让顾客满意。企业通过向顾客承诺高价值来吸引顾客，以及让顾客满意来留住现有顾客。

通俗来说，市场营销是企业以顾客需求为出发点，综合运用各种战略和策略，把商品和服务整体地销售给顾客，尽可能满足顾客需求，并最终实现企业自身目标的经营活动。企业要从整体的角度和战略的高度来谋划营销方案，在深入的市场分析和准确的市场定位的基础上制订营销方案。各营销策略之间要相互匹配，通过营销策略的组合，谋求整体效果的最优。

市场营销概念的要点如下：

1. 市场营销的出发点是顾客需求；
2. 市场营销的最终目标是让顾客满意和实现自身目标；
3. "交换"是市场营销的核心；
4. 交换过程能否顺利进行，取决于营销者创造的商品和价值满足顾客需求的程度和交换过程管理的水平。

市场营销过程的简单模型如图5-7所示。

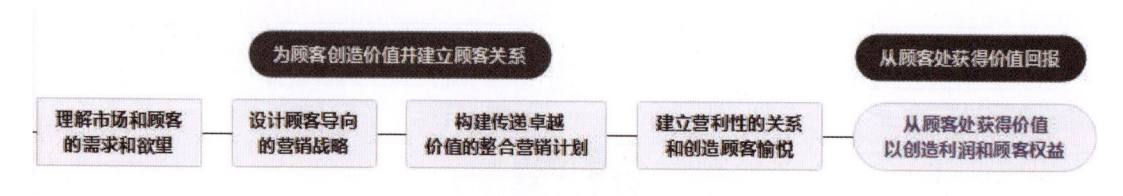

图5-7 市场营销过程的简单模型

二、营销的核心概念

（一）需要、欲望和需求

需要是指人们没有得到某些基本满足的感受状态，是人类与生俱来的。人类有对吃、穿、住、安全、归属、受人尊重等的需要，具体可分为对食物、服装、温暖和安全的基本生理需要，对归属和情感的社会需要，以及对知识和自我表达的个人需要。这些需要蕴藏于人类自身生理和社会关系之中，市场营销者可用不同方式去满足它，但不能凭空创造。

欲望是指人们为满足需要而产生的想得到某种具体满足的愿望，受文化和个性的影响。例如，不同的人面对饥饿感，脑海中会勾起对不同食物的欲望，有些人需要面包，有些人需要米饭，有些人需要馒头。为了满足"解渴"的生理需要，有些人选择喝开水，有些人选择喝碳酸饮料，有些人选择喝茶等。市场营销者无法创造需要，但可以影响欲望，可以通过开发及销售特定商品和服务来满足欲望。

需求是指人们有能力购买并且愿意购买某种具体商品的欲望。在既定的欲望和资源条件下，人们会选择能够获得最大价值和满足感的商品。例如，许多年轻女性想要奢侈珠宝首饰，但只有一部分人愿意并有能力购买这些首饰。因此，企业不仅要评估有多少人想要购买本企业的商品，还要了解有多少人真正愿意并有能力购买。市场营销通过各种营销手段来影响需求，并根据对需求的预测结果决定是否进入某一商品（服务）市场。

（二）商品、服务

商品是能够满足人们需要和欲望的，用来交换的劳动产品。通常说的商品是指有形的实体商品，如汽车、手机等。实体商品的重要性并不在于拥有实物本身，更重要的在于它能满足我们的某种欲望。买冰箱不是为了欣赏，而是为了它能提供冷冻保鲜食物的效用和服务。纯商品（Pure Product）是指给用户提供的是一个实体，不包含任何服务，如一瓶矿泉水、一个汉堡、一个看天气的 App。现代营销观念中，纯商品非常少，大多数实体商品都附带或多或少的服务。因此，商品实际上只是获得服务的载体或工具。

以中国鲜花电商市场为例，消费者购买鲜花的目的不仅仅是鲜花这个实体本身，超七成消费者购买鲜花是为了表达感情。送花是人们表达感情的重要形式之一，2022 年母亲节当天，顺丰同城的鲜花订单总量比去年同期增长 1.5 倍。2022 年中国消费者购买鲜花相关数据如图 5-8 所示。

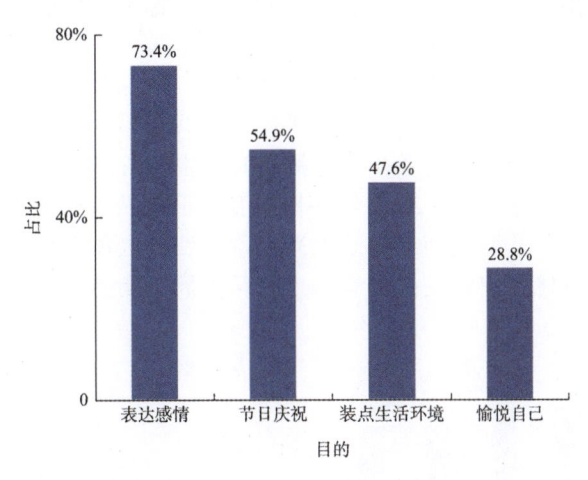

图 5-8　2022 年中国消费者购买鲜花相关数据

服务是指一方能够向另一方提供的利益，是一种无形的商品。纯服务较少，如电信公司提供的通信服务、律师事务所提供的咨询服务、医院提供的诊疗服务等。实际上，服务是建立在顾客满意的承诺基础上的购买。人们不是为了商品的实体而购买商品，人们购买化妆品是因为它能够满足人们对美的追求，购买轿车是因为它能够提供出行服务。或者说，商品实体是服务的外壳。企业需要持续地为用户提供可以依赖的，确定性的服务。

（三）效用、费用和满意

　　效用是指商品或服务满足人们欲望的能力，它来自人的主观评价，同一消费者在不同状态下对同一商品的主观感受不同，效用也就不同。人们购买商品或接受服务并不仅仅取决于商品或服务的效用，也取决于人们获得效用的代价，即费用。在诸多商品和服务的购买选择中，消费者总是根据多项标准选择提供最大效用的商品作为购买目标。简单来讲，费用就是为取得一定效用所支付的成本，在某种程度上，它也是主观的。消费者成本不仅包括消费者所支出的货币成本，还包括消费者在购买商品时所支付的时间成本、心理成本和体力成本。市场交换能否顺利实现，往往取决于人们对效用和费用的比较。

　　消费者从特定的商品和服务中获得一系列利益。对商品和服务的感知效果同期望值相比，若感知效果大于、等于或小于顾客期望值，则顾客会感到非常满意、满意和不满意。满意的顾客会重复购买，并将自己的美好体验告诉别人；不满意的顾客会转而向商品竞争者购买，并对商品做出负面评价。市场营销人员必须谨慎设定恰当的预期水平。

（四）4Ps 理论

　　企业可以控制的开拓市场的因素有很多，最常用的一种方式是以 4Ps 为核心的营销组合，即：

　　商品（Product），指企业提供给目标市场的商品和劳务的组合，包括商品的质量、外观、式样、品牌、包装、服务、保证等。

　　定价（Price），指企业根据市场定位制定商品的价格，包括价目表所列的价格、折扣、让价、付款时间、信贷条件等。

　　渠道（Place），指企业为了使其商品进入和到达目标市场所进行的各种活动，包括渠道选择、仓储运输、库存控制等。

　　促销（Promotion），指企业宣传介绍其商品的优点和说服目标顾客来购买其商品所进行的各种活动，包括广告、人员推销、营业推广、公共关系等。

　　例如，在鲜花电商市场，消费者在购买鲜花时，主要关注价格、品质、种类数量，分别占比为 59.4%、56.3%、52.5%。2022 年中国鲜花电商消费者购买鲜花关注点如图 5-9 所示。随着人均收入的提升及鲜花创意包装的兴起，消费者更加看重鲜花的品质和价格，鲜花消费向高端化、品质化方向转变；随着未来鲜花电商市场的进一步扩大，消费者会更加注重售后服务与保障。

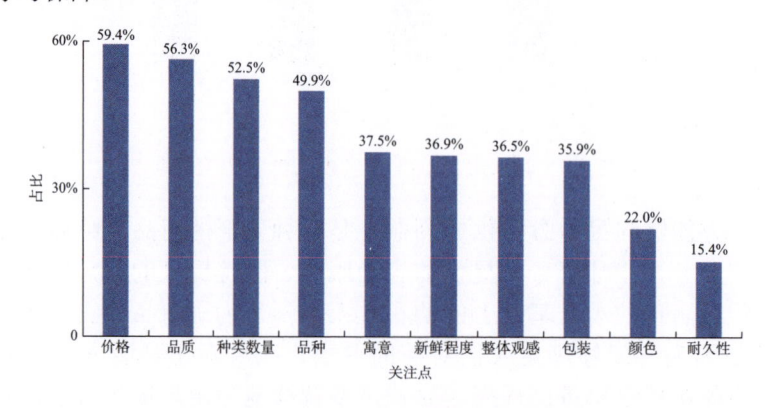

关注点	占比
价格	59.4%
品质	56.3%
种类数量	52.5%
品种	49.9%
寓意	37.5%
新鲜程度	36.9%
整体观感	36.5%
包装	35.9%
颜色	22.0%
耐久性	15.4%

图 5-9　2022 年中国鲜花电商消费者购买鲜花关注点

对于企业而言，从消费者需求出发，关注并满足消费者的需求，为顾客提供满意的商品或服务，给顾客带来一系列利益，是在商业竞争中立于不败之地的基石。

三、直播商品属性常识

通常在直播的选品过程中，商家会对商品进行类似传播款、引流款、主推款、利润款等分类。直播活动商品分类示例如图 5-10 所示。但在一场完整的直播活动中，主播需要了解商品的各种属性，特别是消费者尤为关注的质量、价格等。

传播款	尖货——独家/首发/跨界/定制，限量收藏级等，具备传播性强的亮点
引流款	极高性价比，吸引点击和流量
主推款	成交主力商品，有竞争力
利润款	利润的主要贡献商品，有调性
常态款	提升商品丰富度和关联购买
长尾款	满足个性化需求，配饰有特色

图 5-10　直播活动商品分类示例

（一）商品质量的概念

商品质量也称商品品质，是指商品满足规定或潜在需要的特性和特征的总和。这里的规定是指国家法律法规和有关标准中所明确做出的限制，也包括买卖双方经济合同中商定的对商品的要求。潜在需要是指消费者对商品的期望，如对商品安全性、耐用性、时代性、民族性等方面的期望。特性是指事物所固有的性质，如食品的营养成分和食用价值，日用工业品的各种物理化学性质等。特征是指事物的象征和标志，如食品的色、香、味等。

（二）商品质量的基本要求

商品质量的基本要求是根据其用途、使用方法、消费者的期望和社会需要来确定的。商品的种类很多，各有不同的用途，其质量的基本要求也各不相同，一般可根据商品的用途，按吃、穿、用将商品分为食品、纺织品和日用品三大类，再分别提出质量方面的基本要求。

1. 食品质量的基本要求

食品是人类生活的必需品，是人体发育、成长的物质基础。对食品质量的基本要求是具有营养价值和安全性，色、香、味、形俱全。食品的营养价值主要表现为供给人体热量、形成细胞组织、调节人体生理代谢。食品的营养价值主要包括食品的营养成分、可消化率和发热量。营养成分指食品中所含的蛋白质、脂肪、碳水化合物、维生素、矿物质及水分等；可消化率指在食用食品后，人体可能消化吸收的百分率；发热量是指食品的营养成分经人体消化吸收后在人体内产生的热量。安全性是指食品中不应含有或超过允许含量的有害的物质或微生物。色、香、味、形是指食品的色泽、香气、滋味和外观形状。

在直播中，主播可以围绕商品的原材料选取、清洗、切割、烹饪、制作、包装、储存、运输等一系列流程来介绍食品的安全性，可以用数据、食品安全国家标准进行背书，或采用现场检测、实验的方式来赢得用户的信任。例如，食品选材绿色健康，无有毒有害添加剂，制作工序精良，通过了一系列食品安全认证等。

在营养价值方面，可以强调商品在某一方面的营养成分，食用后对人体的好处等。例如，坚果类食品有着丰富的营养，含蛋白质、维生素、微量元素和膳食纤维等，具有维持营养均衡、增强体质等功效。主播介绍宁洱坚果如图 5-11 所示。

图 5-11　主播介绍宁洱坚果

美食讲究美感，主播要用语言表达出其美感，围绕食物的色、香、味、形进行描述，突出美食的优势，最好配上图片、视频或实物，这样对用户才更有诱惑力。例如，"寿司层次分明，外面裹着一层粉嫩的樱花粉，与洁白的米粒形成了鲜明的对比，中间还有鸡蛋丝、黄瓜条、蟹棒。把寿司摆成花瓣的样子，点上琥珀色的鱼子酱，光看它的样子就让人特别有食欲。"又如，在推荐烤羊腿时，主播可以边进行实物展示，边这样介绍："经过炭烤之后，羊腿外表金黄油亮，外皮焦黄发脆，内里绵软鲜嫩，真的是外焦里嫩。吃到嘴里既不会太硬也不会太软，恰到好处，口感特别棒，而且羊肉味清香扑鼻，不仅吃着好吃，看着也很有食欲。所以，和家人、朋友一起吃烤羊腿，绝对是一种享受。"主播要通过语言描述调动用户的视觉、味觉、嗅觉等感官，让用户隔着屏幕就能感受到食物的美味。主播试做食物时，要当场拆包，当场加工，如做烤冷面，将冷面放在铁板上烤制，在里面加入鸡蛋、香肠、葱花等食材，卷好以后再切碎，最后加上酱料拌匀。主播要多用近景展示食物的全貌，详细描述食物的外观，试做、试吃后再描述食物的味道、口感等，既向用户传递了食物的烹饪方法，又展示了食物的美味。

2. 纺织品质量的基本要求

纺织品是有关人们日常穿着的生活必需品，并对生活起着美化和装饰作用。对纺织品质量的要求也是根据其用途来确定的。纺织品的主要用途是制作服饰，满足人们穿戴的要求，因此对纺织品质量的基本要求是实用性、耐用性、卫生安全性及审美性。例如，实用性要求纺织品在使用过程中舒适、美观、大方，要求其缩水率、刚挺性、悬垂性符合规定标准；耐用性指纺织品在穿着和洗涤过程中抵抗外界各种破坏因素作用的能力，包括断裂强度、耐磨强度、耐热性、色牢度等；卫生安全性主要包括纺织品的卫生无害性、抗静电性等；审美性要求纺织品和服装能满足消费者的审美需求，达到物质与精神的统一、技术与艺术的结合。

主播在介绍服装类商品时，可以通过亲自上身试穿，介绍服装的风格、尺码、款式、颜色、面料、设计亮点、穿着场景或搭配方案、报价和库存等。主播介绍服装如图 5-12 所示。

图 5-12　主播介绍服装

主播试穿服装并向用户展示服装的试穿效果时，前后左右都要展示清楚，还要注意走位，用远景向用户展示服装的整体效果，用近景向用户展示服装的设计细节和亮点等。

服装的风格有很多种，如女装有学院风、森女风、小香风、名媛风、淑女风等，主播在介绍时要向用户说清楚所推荐的服装属于哪种风格。

服装的面料有纯棉、聚酯纤维、皮质、羊羔绒等类型，主播要先说明服装的面料类型，然后介绍该面料的优点。例如，纯棉面料透气、吸汗性强；聚酯纤维面料造型挺括、不易变形；皮质面料防风，显得高档；羊羔绒面料保暖效果好，悬垂性好。主播在介绍面料时，要多用近景镜头向用户展示面料的纹理和柔软度等。

展示服装的穿着场景或搭配方式是服装类商品介绍中非常重要的一个环节，"一衣多穿"是体现服装性价比高的关键。主播在介绍服装搭配时，不能只单纯地说它可以与其他某种款式的衣服搭配，最好将整套服装搭配展现在镜头面前，甚至可以展示与整套服装搭配的鞋子、眼镜、帽子等其他配饰。如果条件允许，主播可以针对直播间内的某款主推服装做两套甚至更多不同风格的搭配，以满足用户休闲、上班、约会等不同场景的需求。

对于价格较高的服装类商品来说，主播可以突出介绍高价格给用户带来的非凡体验，以及商品的独特之处，如纯手工制作、面料质量好、由知名设计师设计等；而对于价格较低的服装类商品来说，主播可以突出介绍低价所带来的高性价比。主播在报价时要先报服装的原价，再报直播间的优惠价，通过制造价格对比来刺激用户产生购买欲望。

3. 日用品质量的基本要求

日用品的范围很广，有玻璃制品、搪瓷器皿、铝制品、塑料制品、皮革制品、洗涤剂、化妆品、家具、电器等。对日用品质量的基本要求应从适用性、耐用性、卫生性、安全性、美观性与结构合理性等方面进行考察。

在直播行业，美妆商品事实上具有先天优势，主播可以围绕品牌故事、商品成分、商品功效、商品展示、使用感受、同类商品比较、核心优势等方面进行多方位介绍。其中，商品功效是直播中必须具体讲解的关键内容；在商品展示环节，包含但不限于商品外观设计、商品品质、使用说明、使用功效、使用技巧等。主播深度试用商品并展示效果的方式深受消费者的喜欢。主播护肤教学直播如图5-13所示。

图 5-13　主播护肤教学直播

【思政园地】

市场营销的最终目的和价值是为消费者提供便利，满足消费者的各种需要。这就要求主播必须树立正确的服务观，真正站在消费者的角度考虑问题，为消费者提供更可靠的消费信息和商品。

市场营销过程的每个环节包含的工作内容非常多，无论是开发商品、监控质量、大力宣传工作，还是明确价格、开拓营销渠道，都要求从业者诚信经营，严防假冒伪劣等欺骗现象。无论是售前、售中还是售后，主播必须保证诚实、诚信经营。主播必须具备正确的职业素养，严格遵守职业道德规范。

任务二　分析消费者心理与行为

【课前互动】

建议 5 人组成一个讨论组，对当前主流类目的直播活动中消费者的用户画像、消费者购买动机进行调查和讨论，各抒己见。

举例说明：谈谈消费者的购买动机，分析消费者的购买行为，汇总组员意见，总结消费者购买动机分类及影响消费者购买行为的因素有哪些。

总结与反思：分享本次讨论的结果和体会。

【任务尝试】

登录"抖音"账号，观看服饰、美妆、食品、健身类目的直播各一则，从以下四个方面谈谈。

1. 直播的品类和客单价，主要面向哪类用户群体？尝试说明消费者用户画像。消费者用户画像如图 5-14 所示。

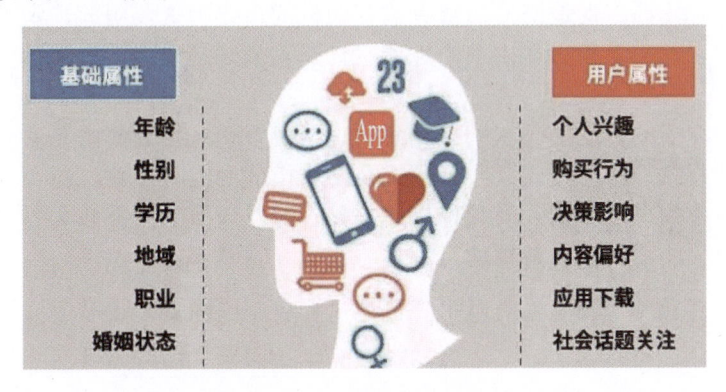

图 5-14　消费者用户画像

2. 主播对商品的介绍打动你了吗？分析主播的直播话术，说出其特点和共性，观察主播是通过什么样的方式和语言来吸引消费者购买商品的。

3. 查看消费者与主播的互动信息，分析消费者看重了这个商品的什么特质，是理智型购物吗？

4. 由己及人，分析消费者心理活动过程。

【任务反思】

体会：

困惑：

【知识链接】

一、消费者购买动机分析

（一）消费者市场

消费者市场又称最终消费者市场、消费品市场或生活资料市场，是指个人或家庭为了生活消费而购买商品和服务的市场。

（二）消费者购买动机

1. 消费者购买动机的含义

消费者购买动机是指消费者为了满足一定的需求，产生购买某种商品和服务的愿望或意念，是消费者产生购买行为的内在驱动力，反映了消费者在精神和感情上的需求。消费者的购买动机是多种多样、千变万化的，这主要是因为购买动机是由需求和刺激两种因素形成的。消费者的购买动机建立在消费者生理需求和心理需求基础上，并受到这两种需求的制约和支配。只有当消费者有了某种需求并期望得到满足时才会产生购买动机，因此，消费者的内在需求是产生购买动机的根本原因。但是，外界的刺激，如商品的质量、促销的力度、服务的好坏等，也是诱发消费者购买动机的重要因素。由此，消费者购买动机是由消费者自身的生理需求和心理需求同外界事物的刺激共同作用而产生的一种心理活动。

2. 消费者购买动机的类型

研究消费者购买动机的核心在于研究和明确消费者购买行为的内在驱动。消费者的购买动机受到本能模式、社会模式、心理模式及个体模式的综合影响，每个人受四种模式的影响均不同，对应到每个具体的商品也有所差异，即"一样米养千样人"。研究消费者购买动机，更建议关注消费者的共性动机。

消费者购买动机分类如图 5-15 所示。

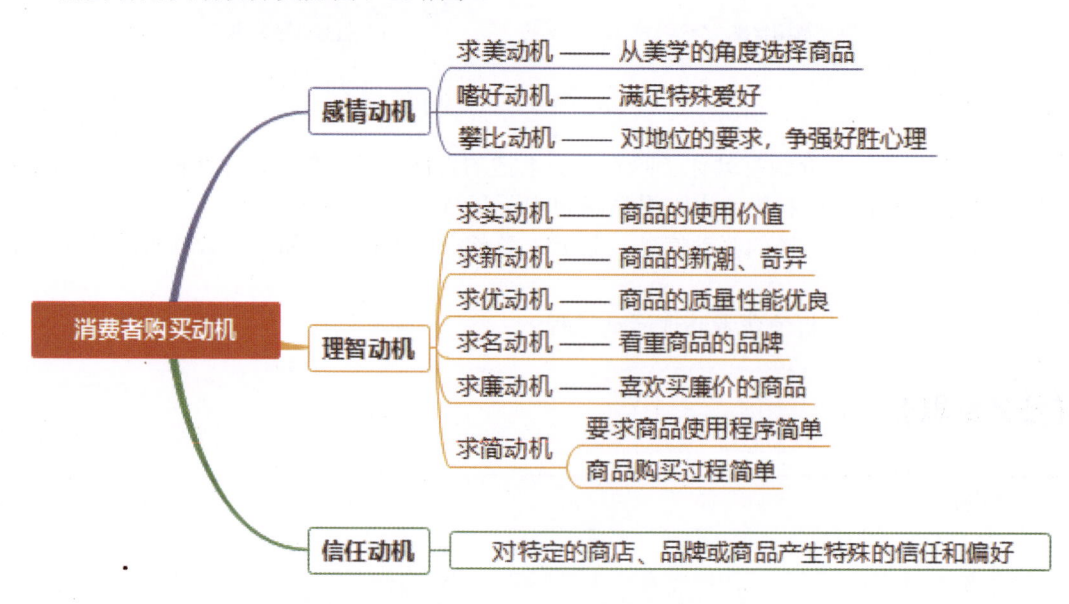

消费者购买动机
- 感情动机
  - 求美动机 —— 从美学的角度选择商品
  - 嗜好动机 —— 满足特殊爱好
  - 攀比动机 —— 对地位的要求，争强好胜心理
- 理智动机
  - 求实动机 —— 商品的使用价值
  - 求新动机 —— 商品的新潮、奇异
  - 求优动机 —— 商品的质量性能优良
  - 求名动机 —— 看重商品的品牌
  - 求廉动机 —— 喜欢买廉价的商品
  - 求简动机 —— 要求商品使用程序简单；商品购买过程简单
- 信任动机 —— 对特定的商店、品牌或商品产生特殊的信任和偏好

图 5-15　消费者购买动机分类

3. 直播用户画像

用户画像是根据用户的社会属性、生活习惯和消费行为等信息抽象出的一个标签化的用户模型，包括基本属性、心理属性、行为属性、消费属性四个层面的信息。精准的直播用户画像，可以帮助主播迅速了解目标用户的心理和需求，明确影响购买的决策因素。追星型用户画像如图5-16所示。

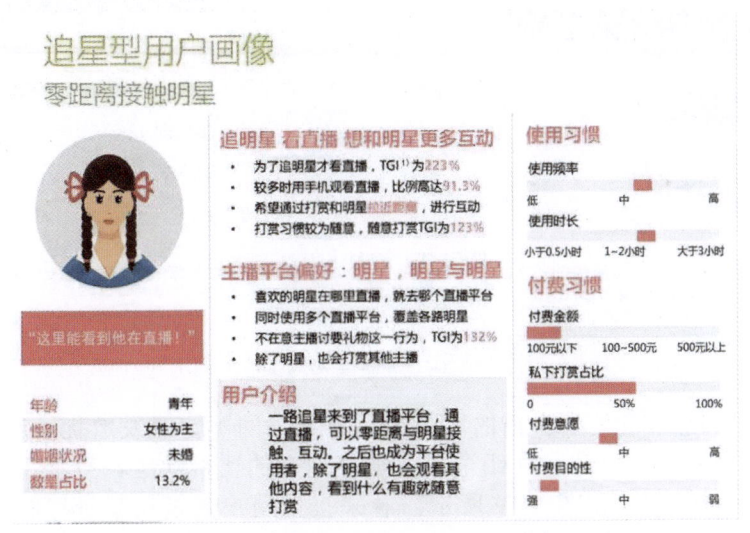

注：TGI，Target Group Index，目标群体指数。

图 5-16 追星型用户画像

艾媒咨询（iiMedia Research）数据显示，选择通过网络直播渠道购物的用户中，男性占比为58%，女性占比为42%，其中"80后""90后"是购物主力军，占比总和超过80%。中国电商直播购物用户画像如图5-17所示。值得注意的是，电商直播购物用户主要分布在一、二线城市，二线城市以42%的占比领先。电商直播有利于带动二、三线及以下城市的经济发展。

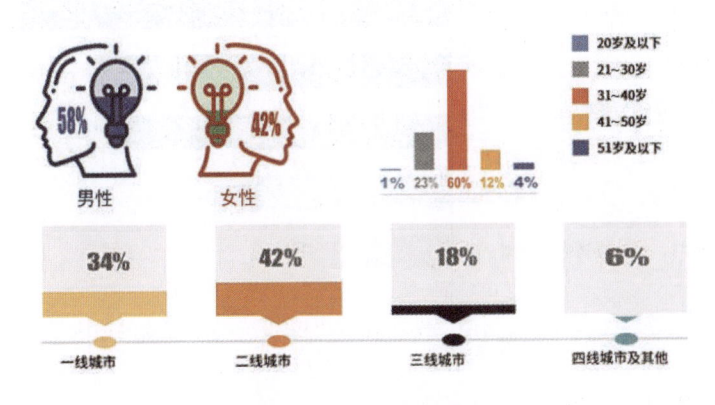

图 5-17 中国电商直播购物用户画像

淘宝大数据显示，大多数网购用户都有直播购物经历。电商直播成为网络消费增长的新动能。直播用户观看直播类型较多，涵盖购物/带货、美食、游戏、美妆、穿搭直播等，其中购物/带货类型直播观看比例高达82%。直播用户观看购物/带货类型直播次数频繁，晚饭后和周末休闲时间段看得更多。直播用户观看购物/带货类型直播的频次和时间段如图5-18所示。

主播素养

(a) 观看购物/带货类型直播的频次
（平均每周观看4.3次）

- 每周少于1次 5%
- 每周1~2次 27%
- 每周3~5次 45%
- 每周6~10次 16%
- 每周10次以上 8%

(b) 观看购物/带货类型直播的时间段

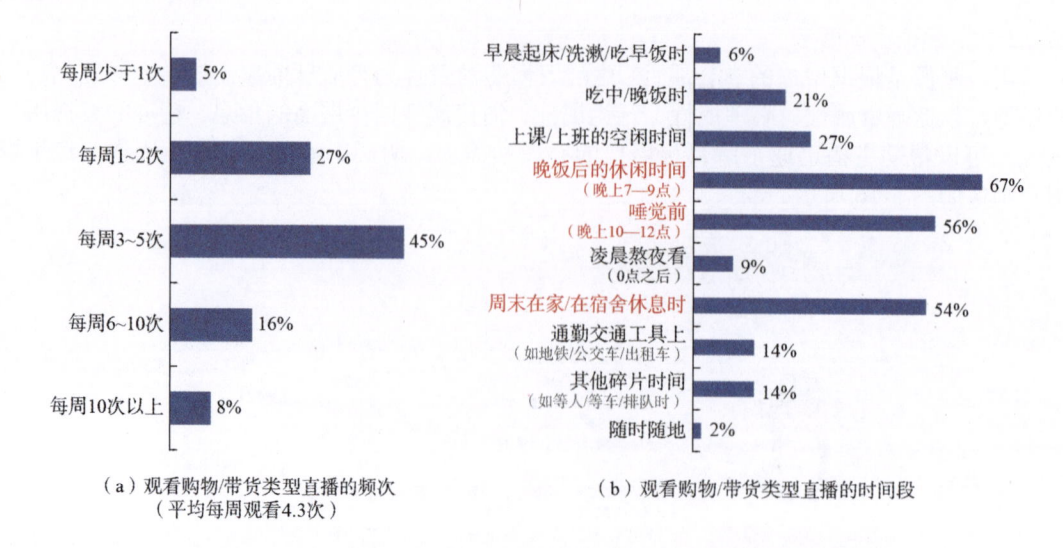

- 早晨起床/洗漱/吃早饭时 6%
- 吃中/晚饭时 21%
- 上课/上班的空闲时间 27%
- 晚饭后的休闲时间（晚上7—9点） 67%
- 睡觉前（晚上10—12点） 56%
- 凌晨熬夜看（0点之后） 9%
- 周末在家/在宿舍休息时 54%
- 通勤交通工具上（如地铁/公交车/出租车） 14%
- 其他碎片时间（如等人/等车/排队时） 14%
- 随时随地 2%

图 5-18　直播用户观看购物/带货类型直播的频次和时间段

在喜欢看购物/带货类型直播的原因中，"直播间不定时发放优惠券，性价比高，更实惠"的比例最高，"商品介绍全面，更直观"的比例次之。直播用户喜欢观看购物/带货类型直播的原因如图 5-19 所示。看来直播用户通过直播进行的购买行为还是以理智为主的，但在直播过程中，因为对 KOL、达人主播特别是明星主播的喜爱，冲动型购买行为不在少数。

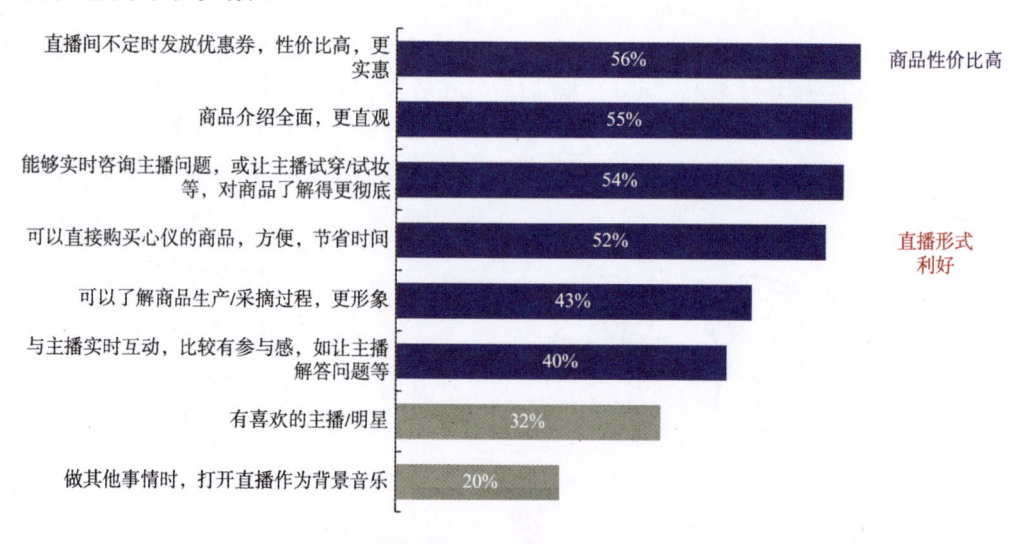

商品性价比高
- 直播间不定时发放优惠券，性价比高，更实惠 56%
- 商品介绍全面，更直观 55%
- 能够实时咨询主播问题，或让主播试穿/试妆等，对商品了解得更彻底 54%

直播形式利好
- 可以直接购买心仪的商品，方便，节省时间 52%
- 可以了解商品生产/采摘过程，更形象 43%
- 与主播实时互动，比较有参与感，如让主播解答问题等 40%
- 有喜欢的主播/明星 32%
- 做其他事情时，打开直播作为背景音乐 20%

图 5-19　直播用户喜欢观看购物/带货类型直播的原因

二、消费者心理变化过程

消费者在购买过程中会受到性别、年龄、收入等因素的影响，从而显示出不同的消费倾向。但通常情况下，大部分消费者在直播间购买商品的心理变化过程可分为七个阶段。主播对于消费者的心理活动过程需要做到准确把握，并且能够通过相应的技巧施加影响。

直播过程中消费者的心理变化过程如图 5-20 所示。

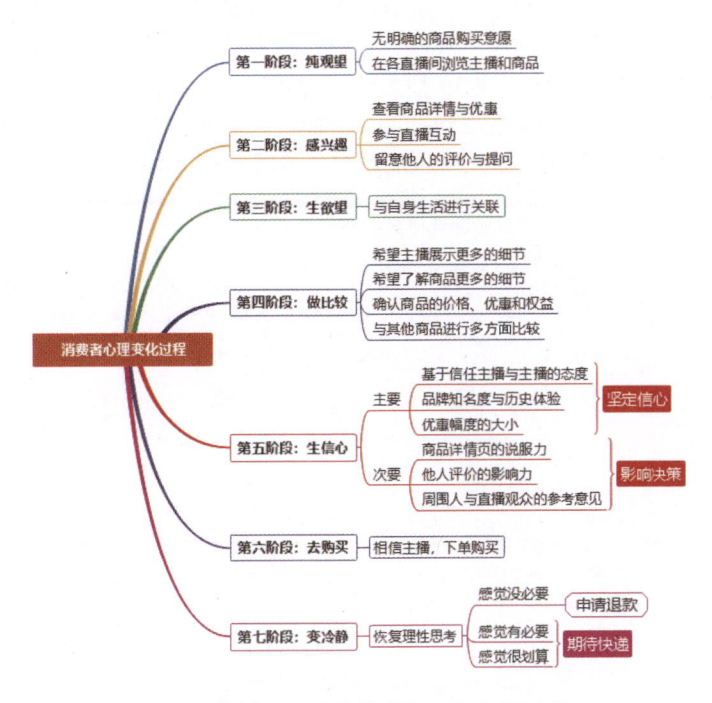

图 5-20　直播过程中消费者的心理变化过程

随着消费者需求日益呈现个性化、多样化和新颖化的发展趋势，主播对粉丝的心理研究变得日益重要和迫切。只有依据消费者画像和消费者心理特征，主播才可以从客户端锁定需求，从而抓住消费者的心理，增加成交额。

三、消费者购买行为分析

（一）消费者购买行为模式

消费者的购买行为会受到企业的营销活动的刺激和外部环境因素的影响，不同特征的消费者会基于特定的内在因素和决策方式做出不同的反应，从而产生不同的购买行为。这一"刺激—反应"模式一般被称为消费者购买行为模式。消费者购买行为模式如图 5-21 所示。

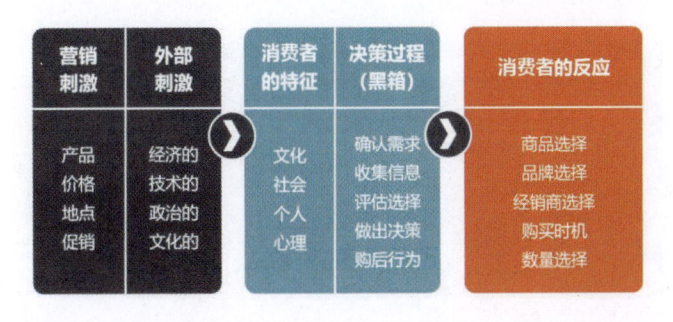

图 5-21　消费者购买行为模式

在这一购买行为模式中,"营销刺激"和各种"外部刺激"是可以看得到的,消费者最后的决策和选择也是看得到的,但是消费者如何根据外部刺激进行判断和决策的过程却是看不到的,这就是心理学中的"黑箱"效应。消费者行为分析就是要对这一"黑箱"进行分析,设法了解消费者的购买决策过程,以及影响这一决策过程的各种因素的影响规律。所以,对消费者购买行为的研究主要包括两个方面:一方面是对影响消费者行为的各种因素的分析;另一方面是对消费者购买决策过程的研究。消费者潜在需求的激发如图 5-22 所示。

图 5-22　消费者潜在需求的激发

(二)影响消费者购买行为的因素

消费者生活在纷繁复杂的社会中,购买行为受到诸多因素的影响。毫无疑问,收入水平是影响消费者购买行为的基本因素,不同收入水平的人购买行为会有较大的差异。即使同一收入水平的人,他们的消费行为也存在着较大的差异。因此,营销学者认为,经济因素对于消费者的购买行为固然有着重要的影响,但一些非经济因素对消费者的购买行为同样有着重要的影响,而且其影响方式更为复杂。

影响消费者购买行为的非经济因素如图 5-23 所示,主要有内部和外部两个方面。从外部因素来看,主要有文化因素,如消费者所处的文化环境、消费者所在的社会阶层;社会因素,如消费者所接触的各种社会团体(包括家庭),以及消费者在这些社会团体中的角色和地位等。内部因素则是指消费者的个人因素和心理因素。个人因素包括消费者的年龄与性别、职业与受教育程度、经济状况、生活方式、个性及自我态度等;心理因素包括购买动机、感知、学习方式及信念与态度等。这些因素从不同的角度影响着消费者的购买行为。

图 5-23　影响消费者购买行为的非经济因素

直播用户的消费偏好，在性别、年龄、地域上均呈现出明显差异。淘宝直播 2021 年度数据显示，女装仍然是直播消费者最爱购买的商品，男性用户更偏好 3C（Computer、Communication、Consumer Electronic）数码、大家电、家装、汽车、运动户外等商品。"70后"用户更偏好家纺家居、大家电等商品，"90后"更偏好美妆商品，"00后"尤其偏好 3C 数码、运动户外等商品。不同年龄段用户直播品类偏好如图 5-24 所示。一、二线城市用户更偏爱美妆、本地生活等商品，五、六线城市用户更偏爱女装、汽车等商品。

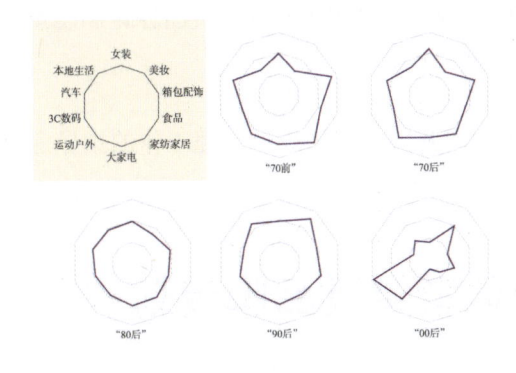

图 5-24　不同年龄段用户直播品类偏好

2021 年度淘宝直播报告

重视直播用户的消费偏好有助于主播进行选品，结合主播的粉丝特征进行精准推送，符合粉丝对账号的预期，有助于提升直播用户转化率。例如，面对价格中等偏上，又让人觉得便捷好用、物超所值的"爆款"商品，年轻粉丝群体愿意去尝试。典型的案例有网红空气炸锅，无油、健康、环保；儿童早教益智机器人，适合宝妈粉丝。在家居洗护方向，女性粉丝较多的主播可以重点关注洗脸巾、身体乳、洗护套装这些品质生活好物。

（三）消费者的购买决策过程和直播说服过程

消费者的购买决策过程是一个动态发展的过程，一般可分为五个阶段。消费者的直播说服过程是建立在购买决策过程的基础之上的，二者之间联系紧密。消费者的购买决策过程和直播说服过程如图 5-25 所示。

图 5-25　消费者的购买决策过程和直播说服过程

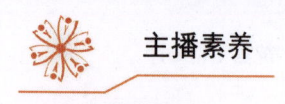

【思政园地】

督促落实主体责任

强化用户行为规范。网络直播用户参与直播互动时，应当严格遵守法律法规，文明互动、理性表达、合理消费；不得在直播间发布、传播违法违规信息；不得组织、煽动对网络主播或用户的攻击和谩骂；不得利用机器软件或组织"水军"发表负面评论和恶意"灌水"；不得营造斗富炫富、博取眼球等不良互动氛围。

——摘自《关于加强网络直播规范管理工作的指导意见》

任务三　熟悉新媒体营销及品牌策划

【课前互动】

建议 5 人组成一个讨论组，在 5 分钟之内列举中国市场新媒体主流平台的名字，数量多者为胜。

举例说明：谈谈自己对新媒体主流平台的认识。

总结与反思：分享本次讨论的结果和体会。

【任务尝试】

1. 登录百度网站，学生自拟关键词，对中国新媒体平台进行检索，了解中国新媒体主流平台及业务范围。中国新媒体主流平台如图 5-26 所示。

图 5-26　中国新媒体主流平台

2. 登录某新媒体平台，观察其目标用户人群。

3. 对观察到的平台进行归类，如以展示的内容或提供的功能进行归类，说明该平台属于哪种类型。可以参考表 5-1 各类平台对比，对平台的特征、主播类别、用户画像等进行分析。

表 5-1　各类平台对比

项目	传统电商平台	娱乐内容平台	私域社交平台
特征	商品种类丰富，供应链相对完善，以直播作为拉新转化的工具	流量优势明显，以直播为切入点，探索流量变现新路径	兼具电商与内容属性，通过用户、环境特征进行推荐
主播类别	以商家自播为主	达人较多，商家增量迅速	达人较多，商家增量迅速
用户画像	以消费为导向	以内容为导向	以私域用户为主
商品画像	以店铺商品为主	以白牌或品牌商品为主	素人、达人、品牌渐渐入场
成交途径	平台自成交	抖音小店、快手小店	视频号
转化率	中等偏高	较低	较高
典型平台	淘宝	抖音	微信

【任务反思】

体会：

困惑：

【知识链接】

一、新媒体营销认知

（一）新媒体的定义

美国《连线》杂志对新媒体定义为"所有人对所有人的传播"。这个定义突破了传播媒体对传播者和受众两个角色的严格划分，在新媒体环境下，没有所谓的"听众""观众""读者""作者"，每个人既可以是接收者，也可以是传播者，信息的传播不再是单向的。

随着 5G 时代的来临，人们阅读新闻资讯的习惯悄然转变。《中国新媒体发展报告（2020）》调查显示，新媒体已成为中国网民获取新闻信息的重要渠道，人们倾向于通过微信、微博、抖音等新媒体渠道获取信息，半数以上的中国手机网民装有新闻客户端，54.6%的用户关注新闻资讯是否有音频、短视频、视频、直播等直观化的多媒体内容展现形式。

（二）新媒体营销

1. 新媒体营销的概念

新媒体营销是指基于互联网平台进行的新形式的营销方式，以微博、微信、抖音、H5[①]等新媒体为传播渠道，对企业相关商品的功能、价值等信息进行品牌宣传、公共关系、商

---

① H5 即 HTML5。HTML 全称为 Hyper Text Markup Language，即超文本标记语言。

品促销等一系列营销活动。新媒体营销是企业营销战略的一部分，是新时代企业全新的营销方式。

传统营销无论是通过报纸、电视、电影、广播、杂志投放广告，还是饥饿营销、病毒营销，本质上都是从企业或者广告主的角度出发，与消费者的互动性不强。

新媒体营销则从技术上的数字化、传播上的互动性出发进行营销，这种营销模式更注重内容的多样性和传播过程的互动性。企业可以通过在新媒体平台上的消费者反馈，及时调整传播策略和营销策略，甚至针对不同的个体进行个性化的营销方式。

2. 新媒体营销平台的类型

新媒体营销平台如图 5-27 所示，大致分为三大阵营，包括九类平台。

第一阵营：微信平台和新浪微博平台。众所周知，这两类平台以社交为主，是各大企业都需要深耕的新媒体平台。

第二阵营：直播平台、视频平台、音频平台。娱乐化与多媒体化是营销推广的热门趋势，这三类新媒体平台是企业的占位阵地和强化阵地。

第三阵营：除双微（微信、新浪微博）之外的自媒体平台、问答平台、百科平台和论坛平台。这四类平台上的流量也不容小觑。

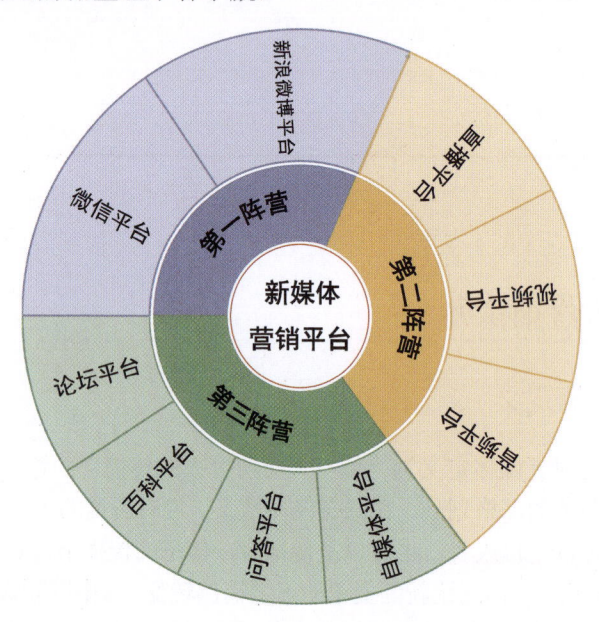

图 5-27 新媒体营销平台

从平台展示的内容上看，资讯类平台主要有今日头条、百家号、新浪微博、微信等；导购类平台主要有微淘、小红书、什么值得买等；综合视频平台有腾讯视频、爱奇艺、优酷、哔哩哔哩等；短视频平台有"抖音"和"快手"等；视频直播平台有斗鱼、YY 等。新媒体音频类平台中音乐平台主要有网易云音乐、QQ 音乐等；电台有喜马拉雅、蜻蜓 FM 等。当然，一些平台业务跨度较大，如新浪微博、微信，不同年龄层的用户在不同平台上关注的要点也不同。

年轻用户群体重点内容消费的跨平台对比如图 5-28 所示。

	"00后"	"95后"	"85后"/"90后"
抖音	纯欲风颜值博主、情侣的搞笑日常	两性婚恋观、热门舞蹈跟拍	实用穿搭教程、家常美食教程
快手	土味情话语录、情侣秀恩爱	萌娃表情包、"戏精"博主日常	自制美食教程、大胃王吃播
微博	娱乐KOL、网文相关、学校、社团等校园内容	热门影视综艺作品相关、时尚记录	数码3C产品、美妆测评和仿妆
小红书	情感类秀恩爱剧情、萌宠日常	美妆/P图教程、时尚穿搭、备考笔记	婴幼儿的育儿知识、旅游攻略
bilibili	生活记实vlog、番剧、游戏测评、杂谈	鬼畜视频、时尚穿搭教学、热门客户端游戏技巧教学	专业详细的影视剧讲解、电台形式的热门歌曲串烧

图 5-28　年轻用户群体重点内容消费的跨平台对比

3. 新媒体营销的特征

（1）新媒体形式多样，个性化突出。

这主要表现为新媒体渠道多样化、营销方式多元化、传播内容针对性和营销方式个性化。

（2）新媒体面对的消费者的范围广泛，互动性强。

新媒体受众范围十分广泛，所有加入互联网的用户，都可以成为企业进行新媒体营销的受众。强大的互动性是新媒体营销最明显的特征之一，新媒体扭转了传统营销的"单向"传播劣势，形成一种企业和消费者的"双向"互动。例如，2015年央视春节联欢晚会播放期间，微信摇一摇的互动总量高达110亿次。2015年央视春节联欢晚会微信摇一摇如图5-29所示。2019年的春节，"抖音"成为央视春节联欢晚会的独家社交媒体传播平台，并共同发起了"幸福又一年，春晚DOU起来"的活动。2019年央视春节联欢晚会抖音活动如图5-30所示。

（3）新媒体内容传播快速高效，呈裂变式增长。

新媒体的传播速度快，传播强度大，内容形式丰富多样，这一切都使得消费者能够更加高效地获取信息。相比之下，传统营销活动的传播节点简单，传播链条很短。

（4）新媒体营销效果评测数据化，可靠性高。

传统媒体在评估营销效果时通常缺乏有效的方法，更多的是采用粗放且主观的评估方法。相较之下，新媒体营销的效果可以数据化地精准呈现。

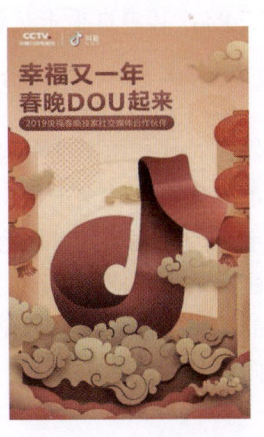

图 5-29　2015年央视春节联欢晚会微信摇一摇　　图 5-30　2019年央视春节联欢晚会抖音活动

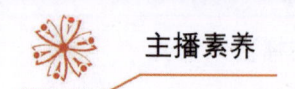

二、新媒体营销的发展现状

（一）综合运用新媒体营销手段成为现代企业营销的重要方式

随着消费者触媒习惯多元化与注意力碎片化趋势的加强，由电商企业、营销服务商、MCN机构、KOL和新媒体平台等为主要产业链构成而共同支撑运作的，以KOL为主体，在社交平台、内容平台、短视频平台等新媒体平台上所开展的内容化营销活动愈发受到各行业的青睐。2019年至今，美妆、影视等行业纷纷加强新媒体营销模式的采用和布局，从提升品牌知名度、拉动商品销售到宣传品牌差异化特征等一系列的需求，均通过品效合一的新媒体营销形式得以实现。在未来，以直播营销、短视频营销、社交媒体营销等为核心的新媒体营销模式将继续成为企业实现各类营销目标的首选营销方式。

直播到凌晨、连夜拍视频更换页面　京城老字号拔得天猫"双11"头筹

（二）网络直播将与短视频一起成为新媒体营销主流形式

截至2023年6月，我国网络直播用户规模达7.51亿，成为仅次于短视频的网络视听第二大应用。网络直播已经深入娱乐、教育、商业等多个领域，未来发展前景广阔。

在短视频方面，短视频在网络视听行业市场规模中占比40.3%，达2928.3亿；用户规模达10.12亿，占整体网民规模的94.8%。短视频已经成为吸引网民"触网"的首要渠道。近四分之一的网民因短视频与互联网结缘，远超游戏、直播等应用；短视频人均单日使用时长近3个小时，且持续5年呈增长态势。

据统计，2023年上半年，"抖音"平台各类型内容发布量稳步增长。环比2022年下半年数据来看，图文数量增长最为明显，高达302%，并且关联达人数也环比提升287%。"抖音"电商的全域兴趣电商销售规模持续扩张，"抖音"电商"6·18"期间总销售额同比增长72.74%，其中直播带货销售额占81.39%，同比增速达68.83%。

（三）电子商务企业推进新媒体营销的布局和深化

在新媒体时代，电子商务开始由传统互联网营销向新媒体营销的方向发展。以新浪微博、微信等为代表的社交平台，以哔哩哔哩、抖音、快手等为代表的视频内容平台，以小红书和淘宝等为代表的具有内容社区频道的电商平台等，因具备内容承载渠道、高消费者活跃度、社交裂变传播等特征，成为电商发展的方向。同时，在算法、5G网络、云计算设备等技术的运用下，新媒体营销不断变换创新，顶流主播惊人的带货能力也从侧面佐证了产业链走向成熟和规范。

三、新媒体营销下的品牌策划

（一）品牌与核心价值的认知

品牌是什么？唐·舒尔茨认为，"品牌是为买卖双方所识别并能够为双方带来价值的东西"。品牌是一种关系，是与消费者之间一种较为牢固的特殊关系，能够双向传递价值。

品牌核心价值是指一个品牌承诺并兑现给消费者的最主要、最具差异性与持续性的理性价值、感性价值或象征性价值，它让消费者明确、清晰地识别并记住品牌，是驱动消费者认同、喜欢乃至爱上一个品牌的主要力量，不管媒体环境如何变化，品牌核心价值总是品牌策划的重中之重。

品牌核心价值一般从三大价值主题入手：理性价值、感性价值和象征性价值。品牌核心价值的三大价值主题如图 5-31 所示。强势品牌往往兼具这三大价值主题。

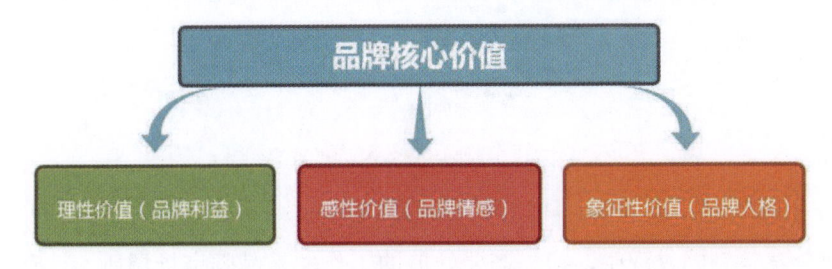

图 5-31　品牌核心价值的三大价值主题

1. 理性价值（品牌利益）

理性价值着眼于功能性利益或者相关的商品属性，强调功效、性能、质量等，包括了品牌为消费者提供的购买该品牌商品而非其他商品或品牌的利益或理由。理性价值在快速消费品行业相当常见。

2. 感性价值（品牌情感）

感性价值投射出人们尚待安抚的情感需要（脑），承担社会责任的期望（心），以及能在内心深处交会的强烈愿望（直觉），很多强势品牌在理性价值之外往往包含感性价值。

3. 象征性价值（品牌人格）

象征性价值是品牌成为顾客表达个人主张或情感宣泄的方式，有个性的品牌就像人一样，有血有肉，令人难忘，因此，象征性价值成为品牌人格的重要构成。新媒体环境下，品牌人格在品牌识别中的作用越来越重要，以至于不少人认为品牌人格就是品牌核心价值。

消费者行为不断变化，媒体环境日益繁杂，如果品牌的核心价值鲜明并稳定，则品牌往往会长盛不衰。

（二）品牌全案策划的步骤

互联网时代下，商业效率变得尤为重要，"快鱼吃慢鱼"随处可见，品牌竞争愈发激烈。品牌是企业生存和发展的核心因素之一，能够深入人心的品牌可以为企业带来市场地位和利润。面对市场竞争的加剧，越来越多的企业意识到品牌的重要性，纷纷走上品牌化的道路。企业在品牌化的道路上离不开品牌全案策划。品牌全案策划的步骤如图 5-32 所示。

品牌全案策划的步骤

品牌市场调研	① 了解市场与竞品现状　② 洞察目标受众的特征和需求
品牌战略定位	在某个领域内（细分市场）建立领导地位
品牌形象打造	① 品质形象　② 广告形象　③ 促销形象　④ 通路形象
品牌整合策划	品牌公关、广告、促销、活动
品牌商品策划	充分占领多种商品品类需求
品牌营销推广	① 推广策略　② 媒介策略　③ 代言人策略　④ 广告策略及方案　⑤ 事件营销策略　⑥ 公共活动方案　⑦ 展会策划与展台搭建　⑧ 终端生动化改造　⑨ 促销活动方案　⑩ 活动方案执行

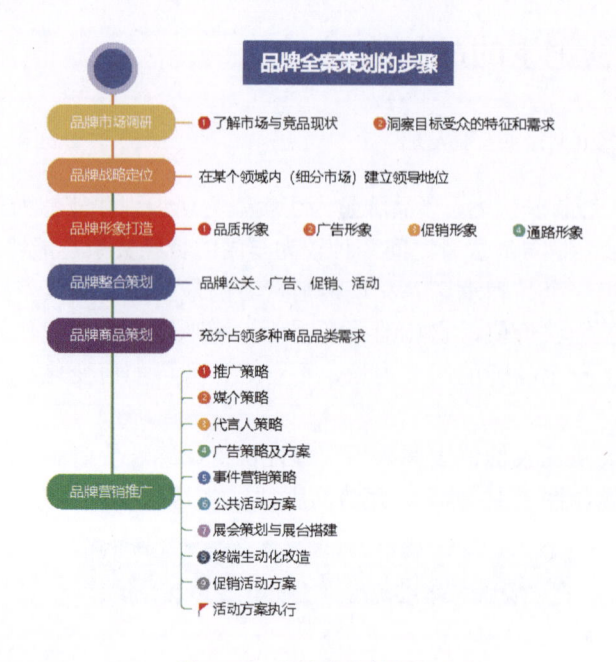

图 5-32　品牌全案策划的步骤

1. 品牌市场调研

在品牌全案策划的过程中，最先需要开展的工作便是品牌市场调研，只有充分了解市场与竞品现状，洞察目标受众的特征和需求，才能为之后的品牌全案策划打下基础。

2. 品牌战略定位

在著名的营销必读书目《定位》中有这样一段话："定位的最终目标应该是在某个领域内建立领导地位，一旦取得领导地位，企业就可以在今后的很多年里'安享其成'。"做好品牌战略定位，企业便能为品牌的延伸发展勾勒一个蓝图，只要能够有条不紊地推行契合定位的品牌活动，企业在某种意义上就做到了"安享其成"。

3. 品牌形象打造

品牌形象包括品质形象、广告形象、促销形象、通路形象等，要想打造出一个优质的品牌形象，往往需要长时间的坚守，努力方能取得成效。

淘宝的"造物节"，是阿里巴巴继"双十一"后针对年轻人推出的大规模线下活动，它的诞生就是为了宣扬"淘宝无奇不有"的主张，共创线上线下交织、商业文化并存的电商新生态。

4. 品牌整合策划

品牌整合策划便是将以上步骤进行整合，找到合适的接触点，传递品牌的理念、文化、价值观等，这将直接影响目标受众的品牌观感。新媒体环境下，品牌利用社交媒体与目标受众交互，变成现如今营销的重点。

品牌整合策划的核心在于"人"，无论进行何种公关、广告、促销活动，最关键的始终是关注人的需求和情感。企业不应该让交流的障碍限制了情感的传递，而应勇敢地突破这些束缚，与目标受众建立真实而深刻的联系。

5. 品牌商品策划

品牌商品策划的作用点在于商品，一个品牌旗下往往有多个商品，而这些商品共同组成了品牌最为重要的部分。

6. 品牌营销推广

完整的品牌营销推广包括推广策略、媒介策略、代言人策略、广告策略及方案、事件营销策略、公关活动方案、展会策划与展台搭建、终端生动化改造、促销活动方案、活动方案执行等。

归根结底，品牌战略与品牌活动都是为品牌建设服务的，一切都基于最高的"性价比"，根据品牌的实际情况，企业通常也会有不同程度的取舍。

新媒体时代背景下，很多新兴品牌借助 KOL 打造广泛认知，通过圈层 KOL 深挖品牌内涵并对目标受众"种草"，建立口碑后依靠电商直播增加销量，鼓励消费者社交晒单，增强与目标受众的沟通和互动，也使得品牌传播的效力大大增强。知名国潮化妆品品牌"花西子"就以"大美东方、妆见中国"为话题，探索中国古典妆容美学，融现代时尚于传统妆容，在社交平台上掀起了一股"东方妆"的浪潮。其"东方彩妆、以花养妆"的品牌定位明确，主要商品以面部和眼部彩妆为主，中高端的定价也符合目标受众的消费习惯。花西子品牌策划解析及花西子"东方妆"系列如图 5-33 和图 5-34 所示。

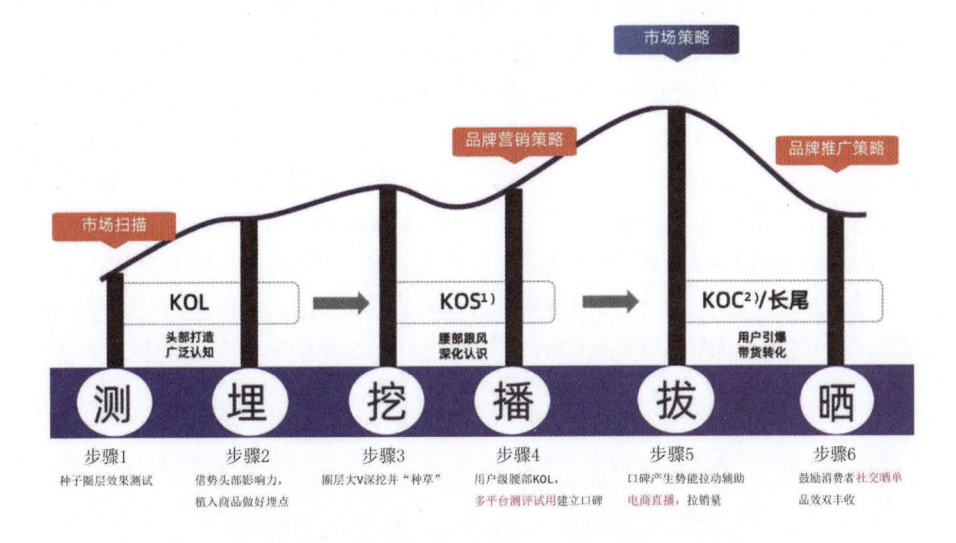

注：1）KOS：Key Opinion Sales，关键意见销售；2）KOC：Key Opinion Consumer，关键意见消费者。

图 5-33　花西子品牌策划解析

图 5-34　花西子"东方妆"系列

（三）社会化媒体营销下的品牌传播策略

社交媒体营销已经不是陌生的词语，对于很多企业来说，官方微博、微信公众号等社交媒体平台已经是企业营销的必备项目。社会化媒体营销就是利用社会化网络、在线社区、博客、百科或者其他互联网协作平台和媒体来传播和发布资讯，从而形成的营销、公共关系处理和客户关系服务维护及开拓的一种方式。社会化媒体营销工具包括微博、微信、论坛、博客、SNS（Social Networking Services，社交网络服务）社区等，图片和视频通过自媒体平台或者组织媒体平台进行发布和传播。

社会化媒体营销有增加粉丝、提升商品形象、维护企业荣誉、打造口碑、增加销量等作用。在自主信息时代，凭借社会化媒体营销让品牌走向成熟的关键有以下几点：让目标客户触手可及并参与讨论、传播和发布对目标客户有价值的信息、让目标客户与品牌或商品产生联系、与目标客户形成互动并使其感觉商品有其一份功劳。

传统的消费者行为模式 AIDMA 认为消费者从接触到信息到最后达成购买会经历 Attention（引起注意）、Interest（产生兴趣）、Desire（培养欲望）、Memory（形成记忆）、Action（消费行动）这五个阶段。这个理论可以很好地解释在实体经济中的购买行为。然而，随着社交媒体的快速崛起，消费者具有了更广泛的话语权，消费者行为模式已经发生了巨大的变化，这个理论逐渐失去了作用。新的消费者行为模式 AISAS 即 Attention（引起注意）、Interest（产生兴趣）、Search（主动搜索）、Action（消费行动）、Share（分享）更加适用于互联网时代的消费者购物决策分析过程。在 AISAS 模型中，有两个"S"，即 Search（主动搜索）与 Share（分享），凸显出搜索和分享对消费者购买决策的重要性，也标志着社交媒体对消费者购买决策行为的改变。AIDMA 模型到 AISAS 模型的转变如图 5-35 所示。

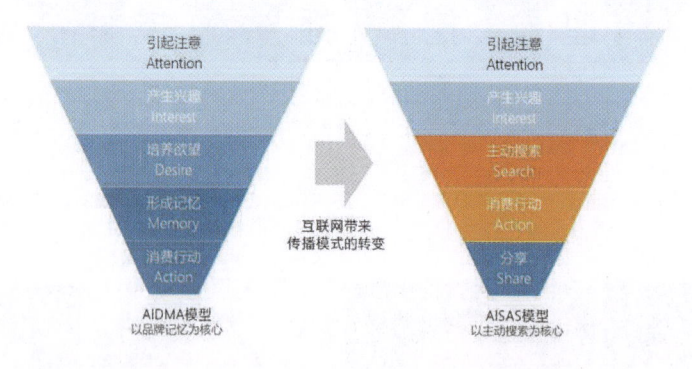

图 5-35 AIDMA 模型到 AISAS 模型的转变

以女生在网上购买化妆品为例，如果她关注某化妆品，会带着兴趣主动通过微博或小红书等社交平台搜索商品介绍和其他用户的评价。如果她认同这些观点，则会建立信心并选择购买，一段时间后，她可能会在社交媒体上写出她的消费体验，与其他网民进行意见分享，从而成为下一个或下下一个消费者购买该化妆品的参考信息源。

品牌信息中的社交媒体是影响潜在消费者购买决策的关键因素。作为品牌信息互动关系链接之间的企业和消费者，是管理主要品牌时需要关注的中心环节。品牌方可以通过经营主体（或营销代理商）有意识地策划，以互动的方式来实现品牌和消费者之间的连接，形成良性的品牌信息环境。

新的消费者行为模式 AISAS 决定了新的消费者接触点——社会化媒体。企业需要做的就是积极主动地把自己的营销接触点渗透到社会化媒体中，在充分挖掘各社会化媒体营销价值的基础上，通过社会化媒体营销获取新的营销竞争力。

【拓展阅读】

案例1：法官直播带货，开启司法拍卖新篇章

吉林省长春市南关区人民法院拍卖貂皮大衣，浙江省杭州市富阳区人民法院拍卖奔驰汽车，山西省晋城市中级人民法院拍卖金条……在"双十二"期间，人们印象中"正襟危坐"的法官做起直播来也是真可爱。

虽然他们说着"有点儿紧张""这个（比心的动作）我不会做"，但为了让法院待处置的资产能拍卖出好价钱，他们个个奋勇争先，迅速进入直播状态。

在对拍卖品进行介绍时，他们会说："我们有非常'壕'的豪宅！""属于一线江景房！它有透明的落地玻璃！可以180°地将江景呈现在眼前！""这个咨询电话，你打一个两个估计是不会打通的，打三个四个估计也不会打通。为什么呢？因为我们法院卖的东西都是很优质的，我们的电话都是真正的热线电话。"

在对网络司法拍卖进行普及时，他们会解释说："我不是中介！""我们法院不卖货，都是别人的货！""悔拍？全额没收你的保证金，一分都不退。""有些房子的户主可能已经下落不明了！"

正如"法拍带货女王"——宁波市中级人民法院执行裁决处处长在直播快结束时所说："我们带的不只是货，更是阳光执行的理念、规范执行的机制、公平公正司法的初心。"宁波市中级人民法院司法网拍直播活动如图5-36所示。

法官直播带货1小时卖1亿元！

图 5-36 宁波市中级人民法院司法网拍直播活动

以直播的方式进行司法拍卖,可以说是立足当下进行的一种现实探索和创新,很接地气,也生动活泼。更重要的是,有助于改变法官在公众心目中严肃的刻板印象,让司法机关和公众形成一次积极的良性互动。

案例2:"樱"你而来,明媚春日让美"资"生

资生堂是始创于1872年的日本高端化妆品品牌,自1981年进入中国以来,深受中国消费者的青睐。为了更有效地把握市场先机,更迅速地确立市场销售战略计划,资生堂于2003年12月在上海成立了资生堂(中国)投资有限公司,统筹在中国的化妆品事业。作为一家外来的化妆品巨头,资生堂见证了改革开放后中国市场从待开垦状态变成一片热土的过程,也把多款水乳、防晒霜推荐给了中国的消费者。

2020年3月,资生堂全新上线樱花调色精华商品,通过在微博上打造#刘亦菲官宣#、#资生堂云乐时刻#、#樱花女孩#三波营销,获得了20亿以上的品牌平台总声量,2 000万以上的品牌平台总互动量。

2021年春天,赏樱热度持续高涨,资生堂乘势推出2021年限定版"樱花瓶"美白精华商品。资生堂"樱花瓶"美白精华如图5-37所示。这款商品是含有高浓度4MSK(4-甲氧基水杨酸钾盐)美白成分的美白黑科技商品,加上如盛开樱花般的外包装,成功俘获了千万用户的少女心。

图5-37 资生堂"樱花瓶"美白精华

该次资生堂以"樱花"为关键词推出限量商品,希望能够延续2020年樱花调色精华商品的成功。而通过调研分析发现,资生堂本次的营销面临两大难点:

第一,时隔一年,前期积累的美白精华人群逐渐流失,资生堂要如何精准地召回以往的高质量人群,同时拓展更多的美白目标人群?

第二,如何在营销内容上将"樱花瓶"与美白商品进行巧妙关联,进而让用户在"赏樱"的同时,对"樱花瓶"商品本身产生兴趣,从而催生"种草""拔草"行为?

1. 精准定位：春日营销"樱"你而来

（1）两大平台六种挖掘方式，找到五大类人群。

资生堂利用"U微计划"，从微博社交平台和阿里电商平台两大平台中选择合适的人群。在微博端，资生堂主要关注品牌账号粉丝人群、关键词搜索及提及人群等；在阿里电商端，主要关注前期品牌数据银行沉淀人群、关键词搜索人群、美妆护肤类目人群等。通过微博和阿里电商的双端联动，资生堂找到了品牌核心人群（品牌、商品、明星类）、行业高相关人群及泛行业人群等目标人群。资生堂"樱花瓶"精准定位如图5-38所示。

图5-38 资生堂"樱花瓶"精准定位

（2）春日美白社交热点内容拆分，找到易感内容。

通过微博对美白相关信息的洞察，发现明星与KOL对用户具备极强的号召力，而资生堂美白精华原有兴趣人群高度关注着其代言人刘亦菲的动态甚至皮肤状态。

不仅如此，用户在提及美白时，除了对功效、成分、场景内容关注度较高之外，还与"春暖花开"具备天然联系——春暖花开的氛围也是唤醒用户美白诉求的利器。

在找到合适的内容和合适的人群后，资生堂与微博合作，通过人群唤醒、直播赋能、长尾转化三波营销，使用多样化素材，有节奏地实现人群的有效覆盖和内容沟通。

2. 三波营销

（1）第一波：人群唤醒，号召用户以亮白肌肤迎接春天。

在首轮投放中，资生堂主要利用微博超级粉丝通激活种子人群，多维度定制春日美白内容，成功渲染了春日美白氛围，引起用户对"樱花瓶"的兴趣、对美白的关注。

在春日美白内容层面，资生堂主要以熬夜不慌——功效、今日樱花限定——外观、春日护肤图鉴——功课，三大内容方向进行营销内容的创作和衍生，并且通过聚宝盆平台搭配超级粉丝通九宫格商品样式，利用美白护肤博主KOL矩阵的力量，将多维度的内容淋漓尽致地展现给目标用户。

通过数据分析发现，商品橱窗、品牌评论置顶功能能够产生更高的导流率和互动率。

其中，带商品橱窗的博文较普通博文的导流率高出 1.2 倍，而品牌评论置顶博文相比普通博文互动率高出 1.5 倍。

（2）第二波：直播赋能，抢占公域让影响力持续辐射。

2021 年 3 月，品牌代言人刘亦菲现身资生堂直播间，分享美白护肤心得，以直播活动为中心，该次营销热度达到了最高峰。微博超级粉丝通商品在直播前的 KOL "种草"、直播中的私域流量导入、直播后的人群持续沟通过程中都起到了关键作用。

① 直播前：明星和 KOL 释放影响力。

在本次活动开启时，资生堂通过超级粉丝通卡片视频样式发布了代言人刘亦菲×"樱花瓶"的商业广告，以美白黑科技和 4MSK "种草"商品成分与功效，激活刘亦菲的铁杆粉丝。同时，通过美妆 KOL 矩阵以边图边 H5 形式分享商品使用体验口碑，获得了超过整体水平近 8 倍的导流率，持续发力"种草"。

同时，在"资生堂云乐时刻"直播预告的博文中，资生堂通过官方微博透露了代言人刘亦菲将要惊喜空降直播间的消息，为品牌增加关注度。

② 直播中：从公域流量池给直播间导入私域流量。

2021 年 3 月 7 日，"资生堂云乐时刻"品牌直播活动正式开启，在直播前两天，资生堂官方微博发布直播预约博文，并通过超级粉丝通商品将博文内容分发至海量的微博用户，让感兴趣的用户提前预约。直播开启后，用户点击博文，便可以直接进入直播页面，全程观看品牌直播活动。直播结束后，用户还能够通过博文进入回看页面。微博直播将预约、开播、回放功能三合一集中于一条博文中，高效地实现了品牌内容的分发和私域流量的导入。

③ 直播后：聚宝盆以明星活动 review 持续沟通人群。

刘亦菲在现身直播间后，第一时间通过个人微博发布了活动照片和商品信息博文，以明星第一视角直接触达其铁杆粉丝。与此同时，明星聚宝盆博文代投功能，让此条"刘亦菲×资生堂"的博文实现了更精准、更广阔的传播覆盖，最大限度地发挥了刘亦菲的影响力，提升了营销效率。

此外，资生堂还通过使用品牌评论置顶功能为官方微博、商品售卖页面导流，打通了从曝光、互动、到售卖的营销闭环。

（3）第三波：长尾转化，推升品牌热度、巩固商品口碑。

经过前期两次触达，部分人群已经形成转化，但仍有部分人群依旧对商品功效及使用方式存疑，希望获取更多维的商品信息。因此，在核心营销阶段结束后，资生堂又通过超级粉丝通对未转化人群进行了第三次触达，巩固长尾人群对资生堂的品牌印象，实现人群的持续转化。

在该阶段，资生堂通过美妆 KOL 将商品使用信息向用户渗透，刺激用户的购买欲。

例如：利用春日美白功课教程、商品使用步骤手法、抽取粉丝试用、美白精华测评等内容维持商品的热度、催生口碑，并且通过商品橱窗导流至电商页面，形成转化。

回顾该次资生堂与微博共同打造的"樱花瓶"春日美白营销项目，首先，资生堂通过"U 微计划"，找到该次营销的目标人群，利用功效、成分和场景的拆分，挖掘了目标人群的易感内容；其次，利用微博超级粉丝通，通过人群唤醒、直播赋能、长尾转化三波营销行动实现了人群的精准触达。资生堂"樱花瓶"春日美白营销路径如图 5-39 所示。

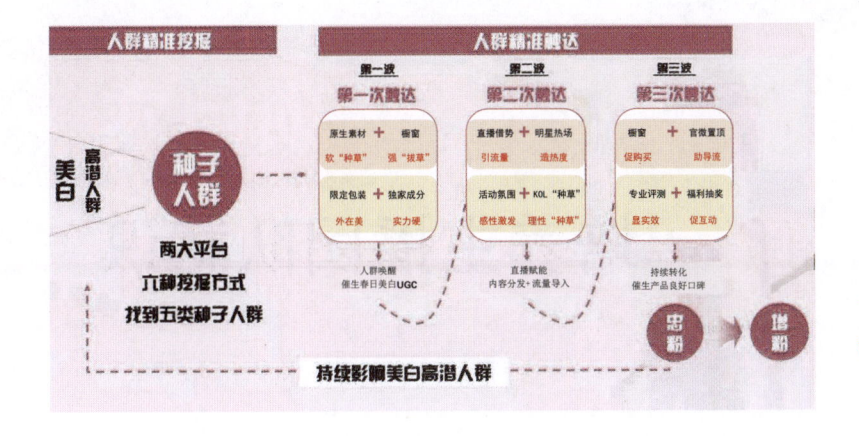

注：UGC，User Generated Content，用户生成内容。

图 5-39　资生堂"樱花瓶"春日美白营销路径

【思政园地】

督促落实主体责任

压实平台主体责任。网络直播平台提供互联网直播信息服务，应当严格遵守法律法规和国家有关规定；严格履行网络直播平台法定职责义务，落实网络直播平台主体责任清单，对照网络直播行业主要问题清单建立健全和严格落实总编辑负责、内容审核、用户注册、跟帖评论、应急响应、技术安全、主播管理、培训考核、举报受理等内部管理制度。

确保导向正确和内容安全

提升主流价值引领。网络直播平台应当坚持把社会效益放在首位、社会效益和经济效益相统一，强化导向意识，大力弘扬社会主义核心价值观，大力扶持优质主播，扩大优质内容生产供给；培养网络主播正确的世界观、价值观、人生观，有效提升直播平台"以文化人"的精神气质和文化力量。

切实维护网民权益。网络直播平台应当严格遵守个人信息保护相关规定，规范收集和合法使用用户身份、地理位置、联系方式等个人信息行为；充分保障用户知情权、选择权和隐私权等合法权益；依法依规引导和规范用户合理消费、理性打赏；依法依规留存直播图像、互动留言、充值打赏等记录；加大对各类侵害网民权益行为的打击力度，切实维护网络直播行业秩序。

——摘自《关于加强网络直播规范管理工作的指导意见》

项目六

培养主播团队意识

【项目提要】

　　直播作为新的业态，具有实时性、交互性、内容化、社交化、碎片化等特征。直播本身也在自我迭代，升级进化，并催生了典型新职业——主播。虽然在镜头前展示的是主播，但是仅仅依靠主播是无法完成完整的直播活动的，尤其专业公司中，主播团队有清晰的分工合作流程，使团队成员互相配合、取长补短，从而能够更高效快捷地完成每一项工作。

【引导案例】

　　扫码查看《野狼传奇》线上资源。

【案例分析】

　　无论是在狩猎，还是在迁徙过程中，狼群（见图6-1）都表现出高效的团队组织性。同样，组织越严密的公司，就越能够在激烈的市场竞争中生存下来。每一个公司都是一个团队，而团队的组织纪律几乎决定了这个集体的凝聚力与战斗力。如何在竞争中生存下来是每一个公司面临的现实挑战，我们可以从狼群的身上获得一些很有意义的启发。新业态下，主播团队成员之间能否相互合作、密切配合，直接决定了团队的效率。

图6-1　狼群

项目六　培养主播团队意识

【思政目标】

1. 树立社会主义核心价值观，培养深厚的爱国情感、国家认同感、中华民族自豪感。
2. 树立法律意识、原创意识，遵守《中华人民共和国电子商务法》《中华人民共和国广告法》《网络主播行为规范》等法规行规。
3. 培养主播团队协作意识，保持与团队交流与协作的行为习惯。
4. 坚持有责任、有担当，爱岗敬业，团结奋进。
5. 坚持守正创新、文化认同，提升文化自信，弘扬爱国精神。

【知识目标】

1. 掌握直播团队不同角色的特征。
2. 培养主播的自我推广意识、掌握推广方式和技巧。
3. 了解主播团队工作内容，进行自我定位。

【技能目标】

1. 能了解自己在主播团队中的角色并充分表达自己的意愿。
2. 能运用贝尔宾团队角色自测问卷进行角色认知。
3. 能根据直播任务对团队成员进行分工。
4. 能总结成员特征，对团队成员进行角色定位。
5. 能根据各推广平台特征打造主播推广矩阵。

【思维导图】

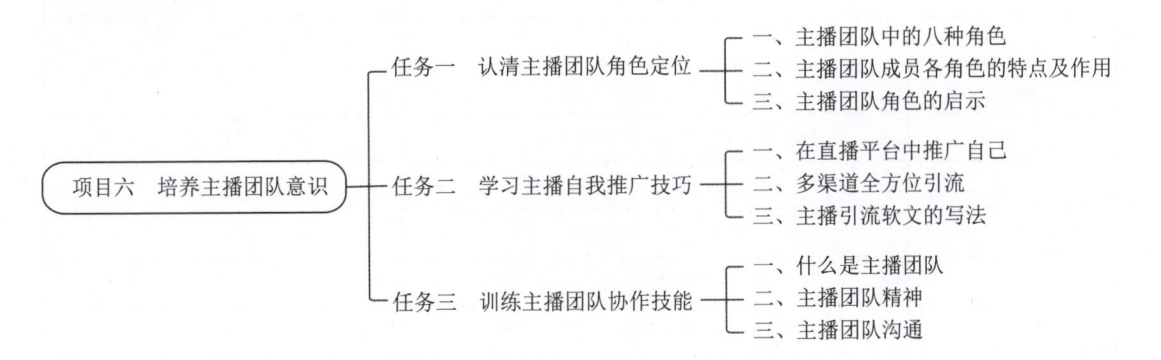

项目六　培养主播团队意识
- 任务一　认清主播团队角色定位
  - 一、主播团队中的八种角色
  - 二、主播团队成员各角色的特点及作用
  - 三、主播团队角色的启示
- 任务二　学习主播自我推广技巧
  - 一、在直播平台中推广自己
  - 二、多渠道全方位引流
  - 三、主播引流软文的写法
- 任务三　训练主播团队协作技能
  - 一、什么是主播团队
  - 二、主播团队精神
  - 三、主播团队沟通

主播素养

任务一　认清主播团队角色定位

【课前互动】

主播小李正在向有健身爱好的平台用户推销一款家用健身商品。此时，很多消费者已经产生了购买欲望，等待主播放出链接后马上下单。但是小李并没有及时放上链接，还在担心自己的介绍不够全面、不够专业。在冗长的商品介绍中，部分消费者开始考虑商品是否适合购买、发出的噪声会不会影响他人等。当消费者的顾虑增加之后，原本想要下单的消费者打消了购买的念头。等到小李终于上架了商品，下单量并不理想。

请各小组讨论，思考以下问题，并派出代表进行分享：

1. 小李在直播中有哪些失误之处？
2. 造成失误的原因有哪些？
3. 要怎么做才能规避此类情况发生？

【任务尝试】

主播小李所在的直播团队有 9 人，也就是说除他之外还有 8 人，除导演小王外，其他人对直播的各个流程和内容都有相关经验且各有其性格特点。主播小李所在直播团队的角色定位如表 6-1 所示。主播小李想把这个团队建成一个完美的团队，实现专人专岗。

表 6-1　主播小李所在直播团队的角色定位

现有成员	性格特征	可能的团队角色
小李	表现力强	主播
小王	善于协调	导演
小孙	团队活跃分子，善于人际交往	？
大李	实干，且只做事，不喜主动沟通	？
小赵	善于克服困难、改进工作流程	？
小钱	思维活跃，善于创新	？
小朱	善于获取信息	？
小杨	善于监督	？
小陈	做事认真，持之以恒，绝不半途而废	？

1. 基于该主播团队的基本信息，你认为如何定位会出现以下良好的结果。

（1）结果一：可能同一件事由两个或两个以上的人来做。

（2）结果二：团队角色是自觉形成的，所以做起工作来更迅速，办事效率更高。

（3）结果三：团队的领导有时间去考虑团队发展方面的事情。

（4）结果四：对于团队中发生的意外事件，有人去管，有人去做。
2. 学生分小组进行团队角色分配讨论。
3. 学生分小组阐述讨论结果，并详细阐明原因。
4. 教师点评，引出团队角色认知的重要性。

【任务反思】

体会：

困惑：

【知识链接】

一、主播团队中的八种角色

在一个团队中，每个成员所扮演的角色各有不同，也就是说，一个团队总是由不同的角色成员组成的。一个团队需要有很多不同的角色，每个角色的任务不同、分工不同，但都有一个共同的目标，就是完成整个团队的任务。那么，一个成功的团队都需要什么样的角色？我们应怎样去进行角色的定位，以期让团队发挥高效率？

《西游记》中，唐僧、孙悟空、沙和尚、猪八戒去西天取经的故事，是人们都耳熟能详的，许多人都被这个群体中四位性格各异、兴趣不同的人物感染。为什么这四个在各方面差异如此之大的人竟能组成一个"团队"，而且能融洽相处，一起去西天取经？

其实，这四个人分别扮演了不同的角色：唐僧起着凝聚和完善的作用，孙悟空起着创新和推进的作用，猪八戒起着传播信息和监督的作用，沙和尚起着协调和实干的作用。这个由不同角色组建的团队虽然也有分歧和矛盾，但是他们有着共同的目标和信念，那就是去西天取经。共同的信念使他们在关键时候总能相互理解和团结一致，从而形成了一个有力量的团队。

一项国际性研究表明，团队中一般有八种不同的角色，分别是实干者、协调者、推进者、创新者、信息者、监督者、凝聚者、完善者。团队中的创新者可以不断地给团队未来的发展、管理及信息技术方面带来创意，使团队能不断地吸纳新的成员，往前走；团队中的监督者使得团队规则的维护、成员之间的正常交流以及管理有了监督；而团队中的完善者的挑剔，可以使团队工作更加完美……

对八种不同角色的研究表明：团队中每一种角色的作用是不同的，但他们的工作共同推动着团队走向完美。

二、主播团队成员各角色的特点及作用

（一）实干者

实干者（Company Worker，CW）对于社会上出现的新生事物不感兴趣，甚至对新生事物存在一种本能的抗拒心理。他们对喜欢接受新生事物的人看不惯，常常与他们水火不相容。他们对自己的生活环境很满意，并不主动寻求什么改变，给人一种逆来顺受的感觉。当上司交给他们工作任务时，他们会按照上司的意图兢兢业业、踏踏实实地把事情做好。他们常常会给别人留下一种踏实可靠的印象。

实干者的优点：有一定的组织能力，并具有较丰富的实践经验；对工作总是勤勤恳恳、吃苦耐劳，有一种"老黄牛"精神；对自己的工作有比较严格的要求，表现出很强的自我约束力。

实干者的缺点：往往对工作中遇到的事情缺乏灵活性；对自己没有把握的意见和建议没有太大的兴趣；缺乏激情和想象力。

实干者在团队中的作用：把谈话与建议转换为实际步骤；考虑什么是行得通的，什么是行不通的；整理建议，使之与已经取得一致意见的计划和已有的系统相配合；实干者是好的执行者，能够可靠地执行一个既定的计划，但未必擅长制订一个新的计划。

（二）协调者

协调者（Coordinator，CO）遇到突如其来的事情时会表现得沉着、冷静，正如人们所说的遇事不慌。他们具有判断事物是非曲直的能力；对自己把握事态发展的能力有充分的自信；处理问题时能控制自己的情绪和态度，具有较强的抑制力。

协调者的优点：比较愿意虚心听取来自各方的对工作有价值的意见和建议；能够做到对来自其他人的意见不带任何偏见地兼收并蓄；对待事情、看问题都能站在比较公正的立场上，保持客观、公正的态度。

协调者的缺点：一般情况下，他们身上并不具备太多的非凡的创造力和想象力；因为注重人际关系，容易忽略团队目标。

协调者在团队中的作用：选择需要决策的问题，并明确它们的先后顺序；帮助确定团队中的角色分工、责任划分和工作界限；总结团队的感受和成就，综合团队的建议。

（三）推进者

推进者（Shaper，SH）常常表现得思维敏捷，对事物具有举一反三的能力；看问题思路比较开阔，能从多方面思考解决问题的方法。他们往往性格比较开朗，容易与人接触，能很快适应新的环境；能利用各种资源，善于克服困难和改进工作流程。

推进者的优点：在工作中总是表现得充满活力，有使不完的劲儿；勇于向来自各方面的、落后的、保守的传统思想发出挑战；永远不会满足于当前所处的环境，勇于向低效率挑战；对于现状永远不满足，并敢于向自满自足情绪发起挑战。

推进者的缺点：遇到事情比较冲动，容易产生急躁情绪，在团队中容易挑起争端；瞧不起别人。

推进者在团队中的作用：寻找和发现团队讨论中可能的方案。推进者一旦找到自己认

为好的方案或模式，会希望团队成员都遵从这一方案或模式，因此推进者会强力地向团队成员推销自己认为好的方案或模式，使团队的任务和目标成形，推动团队达成一致意见，并朝向决策行动。

（四）创新者

创新者（Planter，PL）具有鲜明的个人特性，思想比较深刻，对许多问题的看法与众不同，有自己独到的见解，考虑问题不拘一格，思维比较活跃。

创新者的优点：在团队中表现得才华横溢；具有超出常人的非凡想象力；头脑中充满智慧；具有丰富而渊博的知识。

创新者的缺点：往往给人高高在上的印象；不太注重细节问题的处理方式；给人的印象总是随随便便的，不拘礼节；往往使他人感到不好相处。

创新者在团队中的作用：提供建议；提出批评并有助于引出相反意见。

（五）信息者

信息者（Resource Investigator，RI）的性格往往比较外向，对人、对事总是充满热情，表现出强烈的好奇心，与外界联系比较广泛，各方面的消息都很灵通。

信息者的优点：喜爱交际，具有与人联系、沟通的能力；对新生事物比其他人敏感；求知欲强，并且很愿意不断探索新的事物；勇于迎接各种新的挑战。

信息者的缺点：常常给人留下事过境迁、兴趣马上转移的印象；说话不太讲究艺术，喜欢直来直去。

信息者在团队中的作用：提出建议，并引入外部信息；接触持有其他观点的个体或群体；参加磋商性质的活动。

（六）监督者

监督者（Monitor Evaluator，ME）的头脑比较清醒，处理问题比较理智，对人、对事表现得小心谨慎、公正客观。他们喜欢比较团队成员的行为，喜欢观察团队的各种活动过程。

监督者的优点：在工作中对人、对事表现出极强的判断是非的能力；对事物具有极强的分辨力；总是讲求实际，对人、对事都抱着实事求是的态度。

监督者的缺点：比较缺乏对团队中其他成员的鼓动力；缺乏激发团队中其他成员活力的能力。

监督者在团队中的作用：分析问题和情景。对繁杂的材料予以简化，并澄清模糊不清的问题。对他人的判断和作用做出评价。监督者靠着强大的分析判断能力，敢于直言不讳地提出和坚持异议。对于一个成功的团队来说监督者是非常必要的，因为监督者相当于球队的守门员，一个没有守门员的球队无法赢得比赛。

（七）凝聚者

凝聚者（Team Worker，TW）比较擅长日常生活中的人际交往，能与人保持友好的关系，为人处世都比较温和，对人、对事都表现得比较敏感。

凝聚者的优点：对周围环境和人群具有极强的适应能力；具有团队协作精神，能够促进团队成员之间的相互合作。

凝聚者的缺点：常常在危急时刻表现得优柔寡断，不能当机立断。

凝聚者在团队中的作用：给予他人支持，并帮助别人；打破讨论中的沉默；采取行动扭转或弥合团队中的分歧。

（八）完善者

完善者（Completer Finisher，CF）做事勤奋努力，并且很有秩序；为人处世非常认真，对待事物力求完美。

完善者的优点：总是持之以恒，而绝不会半途而废；工作勤劳；对工作认真、一丝不苟，是一个理想主义者，追求尽善尽美。

完善者的缺点：处理问题时过于注重细节，为人处事不够洒脱，没有风度。

完善者在团队中的作用：强调任务的目标要求和活动日程表；在方案中寻找并指出错误、遗漏和被忽视的内容；刺激其他人参加活动，并促使团队成员产生紧迫感。

三、主播团队角色的启示

在进行拔河比赛时，参加比赛的双方团队都会有一个人负责喊号子，而这个人往往是比赛获胜的关键。队员听到他的号子声就会一起使劲，形成合力。如果没有人喊号子，将会出现用劲不一致的局面，因为没有号子声，谁也不知道别人什么时候用劲，这样就难以形成合力。这个喊号子的人就是拔河团队中的协调者，从这个例子中我们可以看出协调者在团队中的作用。

任何团队都是为了完成一个共同的任务而组成的。正因为如此，任何团队都离不开实干者。实干者会把团队中其他角色的想法和计划变成现实。如果一个团队中没有实干者，团队就不能成为团队。同样是在拔河比赛中，如果没有人真正卖力去拔，就算喊号子的人喊破了嗓子，比赛也不会获胜。

同样，一个团队中也不能缺少推进者、创新者、信息者、监督者、凝聚者、完善者。在一个团队中，每一种角色都十分重要。团队成员不能因为某一种角色人数多，或在某一时间出了力，就认为自己重要，别人不重要。团队角色是平等的，是没有等级之分的。一个人不可能完美，但团队可以。因此，一个优秀的主播团队应做到以下几点。

（一）角色齐全

一个人不可能具有以上八种角色的多种特征，因此，一个人不可能扮演团队中的全部角色。但是，团队可以通过不同角色的组合来达到完美。例如，一家计算机公司有软件开发部，我们把这个部门作为一个团队来看，它不但需要实干者，也需要创新者、信息者、协调者……一个人，即使是人们公认的能干的部门经理，他也只能担当一种或两三种角色，而不可能担当起整个团队的所有角色。俗语"三个臭皮匠，顶个诸葛亮"说的就是这个道理。每一种角色都很重要。

（二）尊重差异

团队中每一种角色都是优点和缺点相伴相生的。例如，创新者勇于创新、才华横溢，充满智慧。但有些创新者却存在高高在上、不注重细节、好夸夸其谈、瞧不起别人的"坏毛病"。又如，实干者在人们的眼里是"老黄牛"，团队的收获离不开他们的耕耘，他们勤勤恳恳、任劳任怨、脚踏实地，但是他们也免不了存在应变能力不强、墨守成规、不思进取等缺点。

（三）用人之长

没有无用的人，只有放错位置的人。要在专业上和秉性上把人性看透，知道这个人怎么用，什么时候用，适合在什么岗位上用，跟谁搭配着用。

（四）容人之短

要分清什么样的短处可以容忍，什么样的短处不能容忍。对于思想意识存在错误、人品有问题的人不能容忍，但成员之间脾气、个性上的缺点是可以容忍的。

（五）主动补位

短板原理指出，木桶的盛水量取决于最短的那块木板。当一个团队的成员角色有缺失时，团队中的每一个成员都有义务主动把这种角色空缺填补起来。

（六）增强弹性

主播团队不仅仅需要"一把筷子"式的团队，更需要的是一把"瑞士军刀"式的团队。

【小测试】

测测你的团队角色：贝尔宾团队角色测试。

【任务小结】

直播活动是最典型的团队工作的呈现。表面上看是一两个人在台前，实际上直播活动环环相扣，背后的整个团队都要做好充分准备，才能保证主播直播的最终呈现。因此，团队成员要各司其职，密切配合，才能提高整个直播团队的工作效率。

主播素养

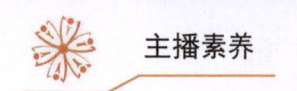

任务二　学习主播自我推广技巧

【课前互动】

教师随机抽选同学分享以下问题：
1. 你看直播吗？令你印象最深刻的主播是谁？
2. 你通常通过什么渠道获知该主播的直播预告信息？
3. 找一个你感兴趣的直播，看看其团队都是在什么时间以什么方式发布直播预告信息的？

【任务尝试】

"鲜花萌宠"这个类目在整个淘宝直播中发展得非常迅速。它的直播形式比较新颖，在线人数比较多。例如，做萌宠的商家在直播间卖小乌龟，每次直播前都会针对粉丝可能提到的问题写好互动话术，导入淘宝直播间，引导粉丝互动评论，设置点赞频率，营造直播间热度，获得更多的流量。同时，商家设置前往购买频率，引导粉丝抢购下单，多的时候一天可以卖出1 000多只乌龟。
1. "鲜花萌宠"直播有什么特别之处？
2. "鲜花萌宠"直播怎么黏粉？怎么活跃直播间？
3. 这类直播可以通过哪些渠道发布直播信息？

【任务反思】

体会：

困惑：

【知识链接】

一、在直播平台中推广自己

直播平台就像一个巨大的流量池，原则上来讲，主播只要做好自己分内的工作，就能获得平台的流量支持。但如果主播想获得更多的平台流量，就需要做一定的推广工作。由于各个直播平台规则及流量分配情况不一，这里重点列举几种常见的主播自我推广方法。

需要重点说明的是，主播自我推广并不是依靠主播自己在多平台多渠道去推广，而是需要围绕主播、主播团队有计划地打造推广矩阵。

（一）发布直播预告吸引关注

多数商家在新品上市前，会通过微博造势、发布会预热等形式和用户见面，以吸引更多用户，增加新品人气及销量。在直播中，主播仍然可以用这个方法来吸引用户，目前虎牙直播、淘宝直播等直播平台已支持直播预告的发布，主播在直播开始前就在做"吸粉"的准备工作，自然也能增加被平台用户注意的机会。

以淘宝直播平台为例，主播可以利用的流量来源包括直播预告、粉丝推送、店铺首页、商品详情页、逛逛、淘宝群，甚至还可以把预热海报发布至社交平台。直播可以通过这些渠道进行引流。喜羊羊与灰太狼预告、某网络课程预告及某天猫店铺发布至微博的预告如图6-2~图6-4所示。

图6-2　喜羊羊与灰太狼预告　　图6-3　某网络课程预告　　图6-4　某天猫店铺发布至微博的预告

（二）在直播间中自我推广

部分粉丝在直播临近结束时才进入直播询问，想了解更多直播信息。针对这种情况，主播可以把自己的直播信息、联系方式等发布在直播间中，实现自我推广。例如，很多主播在直播中通过字幕互动和发弹幕等多种方式来间接为自己做推广。

1. 直播公告推广

公告原指政府、团体对重大事件进行正式公布或者宣告、宣布。现在多个直播平台有单独的主播公告板块，主播可以把推广信息发布在公告上，便于粉丝了解。

例如，某虎牙主播就将自己的直播时间、QQ群、微博昵称、喜马拉雅昵称等信息，以公告的形式展现。

俗话说"贵精不贵多"，公告的字数并不是越多越好，主播只需要用简短的文字说明重要信息即可。而且，一般的公告都有字数限制，如虎牙直播的主播公告限制60字以内。

2. 广告位推广

部分主播会在直播间放置印有主播信息的摆件，便于推广自己。而有的主播会放置多个直播画面，其中一个专门用于放置推广信息，如直播时间、教学群、微信号、QQ号等信息。

这样的广告位都十分显眼，粉丝只要一看屏幕就能看到主播的信息。主播还可以下载"易-Live"工具，实现多画面的呈现。

3. 字幕推广

一种较为直观的推广方式就是在直播画面上添加水印或字幕，这也是很多录制视频带有水印的原因。当粉丝回放视频时，水印也能得到显示。例如，某虎牙主播在直播中添加"188加速器查消费""关注××，一周不下播"等信息。

这样的水印和字幕在让直播间的识别度快速提升的同时，还能起到宣传和推广的作用。主播不用刻意使用语言或其他指导，字幕就可以直接对在线用户起到引导作用，是一种有效的宣传、推广方式。

（三）资讯信息分享版块推广

多个直播平台已经为主播增加了资讯信息分享板块，如斗鱼平台的"鱼吧"。"鱼吧"已成为用户观看直播及赛事活动之外交流兴趣、分享生活的重要阵地。斗鱼平台的"鱼吧"如图6-5所示。如果主播有机会将自己的信息放在图文中，并分享在该板块中，可能会被平台内的粉丝围观，为直播间带来更高的人气。

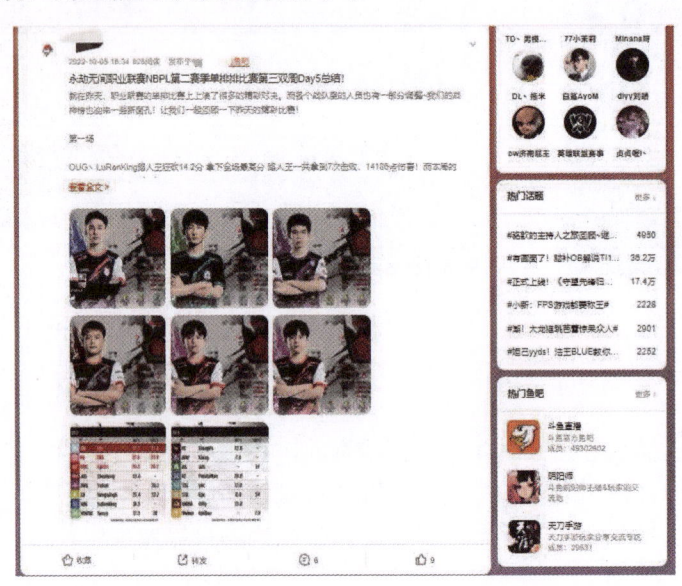

图6-5 斗鱼平台的"鱼吧"

当主播有紧急情况不能直播时，应在贴吧里主动发布不能直播的消息及原因，避免出现让粉丝白等的情况，也能起到维护粉丝的作用。

（四）短视频推广

目前，短视频行业是一个热门行业，不少明星、达人（网红）纷纷入驻"快手""抖音"等短视频平台。有的主播直接在这两个平台直播，通过发布短视频来获得更多平台流量；有的主播由于与其他直播平台签约，无法在短视频平台直播，但仍然可以发布短视频推广自己。

1. 短视频互推

短视频互推是指主播之间通过短视频作品互推对方信息。除真人出镜到对方的视频中之外，直接通过文案@对方也是短视频常见的互推方法之一。直播连麦的方式除可以增加双方主播收入外，也能起到重要的推广作用。例如，新手美食类主播连麦已有人气的美食主播，可以吸引人气美食主播直播间的粉丝进入自己的直播间。

2. 合拍与抢镜

"抖音"平台的合拍功能具有很强的社交属性，有的主播凭借合拍吸引了众多粉丝。部分主播通过与自己的作品合拍，为视频带来二次流量；还有的主播使用小号与主账号合拍并发布，借助小号的基础推荐流量来增加主账号的曝光量。

（五）互动推广

互动是一种非常好的推广方式，特别是去知名主播的短视频中参与点赞、评论、转发等互动，可以有效地吸引观看该条短视频用户的注意力，从而获得更多人的关注。主播只需要点按手机屏幕上的各种互动图标，即可参与到短视频的互动中，对短视频播放的内容进行点赞、评论或者转发等。

新手主播主动去点赞、评论达人（网红）视频，达人（网红）也可以回赞、回评，为主播带来流量。另外，主播在拍摄、发布视频初期，也可以主动与陌生人互动，吸引关注。

二、多渠道全方位引流

主播除在直播平台内推广引流外，还可以在贴吧、论坛、微信、微博等平台发布内容，为自己引流。各个平台有着不同的属性，在不同的平台引流应注意不同的方式、策略。

（一）贴吧、论坛、社区

网络贴吧、论坛、社区都是聚集高人气的渠道。例如，天涯论坛、百度贴吧、知乎社区等。如果一篇帖子的内容非常有吸引力的话，会带来很大的传播效应，从而制造无数的商机。主播可以在这些地方发布帖子或者参与话题讨论，提升自己的名气。

当主播积累到一定人气后，可以创建属于自己的贴吧，并发布一些关于自己直播事宜的帖子，提升人气。李子柒吧的主页如图 6-6 所示。

图 6-6 李子柒吧的主页

当然，如果是新手主播，可以通过发帖、提问来吸引更多用户进入直播间，增加自己的人气。为了达到推广自己的目的，主播发布的帖子内容必须和自己相关。

【知识加油站】

扫一扫资料，你能举出一些例子吗？

主播如果想用贴吧、论坛推广商品，获得更多变现机会，则需要"渐进式"推广。在帖子中加入大量掩饰性内容，为推广商品信息做掩护，可以降低用户对广告的抵触心理。在实施时，主播可以在帖子内描述一个场景，在帖子末尾不经意地传达出商品对用户的重要性或相关性即可，之后再在回帖中进行进一步的引导。

（二）朋友圈、微信群、微信公众号

腾讯发布的2022年第四季度运营数据显示，截至2022年12月31日，微信及WeChat合并的月活跃账户数达13.13亿人。由此可见，微信有着用户数量庞大的优点，适合主播推广自己、推广商品。微信推广主要体现在微信朋友圈推广、微信群推广及微信公众号推广等方面。

由于微信是一个封闭的圈子，在推广之前需有一定数量的好友。例如，很多主播会在直播资料、贴吧、论坛、直播中留下自己的微信号，以吸引更多用户添加自己为好友。

1. 微信朋友圈推广

主播可以通过微信朋友圈将信息传达给所有好友。经营好朋友圈可以吸引更多用户关注直播，进入直播间，增加人气。建议主播在发布朋友圈内容时，采取"图片+文字""视频+文字"的形式，避免形式单一。例如，某地国际商贸城的经理在其朋友圈发布直播预告时，采取"图片+文字"形式的朋友圈推广，如图6-7所示。用户识别图片中的小程序，可跳转到直播间。

图6-7 "图片+文字"形式的朋友圈推广

除与直播相关的内容外，主播还可以在朋友圈分享生活趣事、励志文字等内容，引发好友点赞、评论。例如，娱乐类主播在朋友圈分享自己练瑜伽的视频，并加上励志的文案，塑造了一个积极、乐观的主播形象。

主播也可以适当地在朋友圈推广合作商家的商品。例如，某位推广茶叶的主播在朋友圈发布如下文字内容：

本着对茶友认真负责的态度，亲测了这款奇丹茶的最佳出水时间：用的是 100 ℃的山泉水，盖碗容量在 120 mL。除去第一泡醒茶，第二泡到第五泡水的坐杯时间在 10~15 秒。第五泡到第八泡水的坐杯时间在 1 分到 1 分半钟，这样口感最佳。大家可以根据自己的容器大小、口感轻重，适当调整。

2. 微信群推广

主播在积累了大量微信好友后，可以用微信群来维护好友，既能减少好友数量的流失，又可以在群内进行自我推广。考虑到主播没有时间维护群聊，可以招募几个忠实粉丝来维护微信群秩序，主播偶尔来群内发言，与粉丝互动。直播前，主播可以在群内发布直播预告信息。

在经营好自己微信群的前提下，主播还可考虑加入好友的微信群，以吸引更多人添加好友。

3. 微信公众号推广

主播在积攒了一定的人气之后，可以通过微信公众号来推广。微信公众号可以一次性地把消息推送给所有关注者。主播如果做好了微信公众号，就能积累更多粉丝，还可以通过广告或合作赚取更多佣金。

新手主播在申请微信公众号初期，由于粉丝较少，可发布一些热门信息、独具诱惑力的信息、有价值的信息，以吸引新粉丝关注。

（1）热门信息。

微博、百度等平台每天都有热搜信息和热门话题。这些热门信息总能吸引很多人关注。如果主播在微信公众号文章中加入热门信息，能增加文章被转发、分享、围观的机会。

（2）独具诱惑力的信息。

主播应该抓住粉丝"有利可图"的心理，策划微信公众号活动。例如，很多关注旅游主播的微信公众号希望得到主播的黄金旅游路线推荐。所以，新手主播在初期可用红包、优惠券等福利，吸引粉丝关注微信公众号。

（3）有价值的信息。

主播可以在微信公众号文章中加入自己所擅长的合理建议、真心推荐以及干货等内容，让粉丝感受到该公众号的魅力，自发关注该公众号。

总之，主播在筹划微信公众号内容时，一定要以粉丝为主，从粉丝的需求点和爱好出发，投其所好，才能吸引更多粉丝。

（三）QQ 群、QQ 空间

腾讯 2022 年年报显示，截至 12 月 31 日，QQ 移动终端月活跃账户数为 5.72 亿人。QQ 作为腾讯旗下的一款即时通信软件，为广大网络用户所熟知。它支持在线聊天、QQ 群聊、QQ 空间等多种功能。

主播可用 QQ 进行自我推广。由于 QQ 和微信同是腾讯旗下的社交软件，在某些功能上存在高度相似的地方。例如，上面提及的微信朋友圈推广同样适用于QQ空间推广，而微信群推广则适用于QQ群推广，只是在细节方面略有不同。

QQ空间是QQ用于发布说说、日志、相册等内容的一个平台，很多QQ用户在闲暇时都喜欢在QQ空间查看好友的日志与相册等内容。主播可以在QQ空间更新直播信息，达到推广目的。QQ空间推广方式如图6-8所示，包括说说推广、日志推广、相册推广和留言推广。

图6-8　QQ空间推广方式

1. 说说推广：用户通过说说可以随时随地分享自己的心情、想法等较简短的信息。主播在平时可以发表一些关于直播预告、直播视频等的信息，便于新粉丝了解主播。

2. 日志推广：空间日志是便于QQ用户以较长篇幅的图文来记录事件、倾诉感情的地方。有原创能力的主播可在空间发布自己的日志，便于粉丝更加了解主播、认可主播。

3. 相册推广：图片有一个较为直观的引流功能，针对一些不喜欢阅读文字的粉丝，主播可以通过展示直播截图、自拍照等信息，吸引更多粉丝点赞、评论。

4. 留言推广：一些QQ用户很喜欢去好友空间留言。新手主播在人气不高的情况下，可以在给好友空间留言时留下自己的直播间链接，吸引好友的好友通过链接进入直播间。

另外，QQ用户可以主动查找群组、添加群组。例如，粉丝可以通过QQ的查找面板主动查找主播的QQ群。这样的好处在于，已经小有名气的主播可以创建自己的群组，并在群名称中加上带有自己关键属性的词汇，便于粉丝通过搜索查找并加入群组。

就目前而言，虽然QQ用户数已远不如微信，但依然有6亿多名活跃用户。而且，QQ、QQ空间深受"00后"用户喜欢。如果主播的目标粉丝以"00后"为主，那么一定不要错过QQ推广。

（四）微博

微博是博客的一种，是微型博客的简称，如新浪微博。微博是一种通过关注机制分享简短实时信息的广播式的社交网络平台。作为一个分享和交流信息的平台，微博注重时效性和随意性，能表达用户每时每刻的心情和动态。新浪微博发布的2023年第二季度财报数据显示，新浪微博平台月活跃用户已达5.99亿人。

微博作为一个活跃用户数亿人的社交网络平台，又有着热门搜索、热门话题等属性，是主播推广自己的优质平台。部分主播在个人资料中会展现自己的微博名称，如某萌宠视频达人在"抖音"主页留下微博昵称，用户在新浪微博中输入昵称即可查找到该达人的微博账号。某萌宠视频达人"抖音"主页及其微博账号如图6-9和图6-10所示。

主播要想做好微博推广，需要先发布有吸引力的微博内容，在短时间内抓住粉丝的眼球。除此之外，主播还应该主动去发现粉丝，多评论、转发以得到更多关注。另外，主播还可以通过互粉小助手等应用来增加粉丝,通过微博后台自带的数据来分析推广效果,便于及时改善自身的不足之处。

主播在发布微博内容时可包含当下热门话题的关键词,他人在搜索这些热门关键词时就有可能会看到主播的微博,无形中增加了这条微博被看到的机会。某主播带话题标签的微博内容如图6-11所示。

图6-9　某萌宠视频达人"抖音"主页 　　　图6-10　某萌宠视频达人微博账号

图6-11　某主播带话题标签的微博内容

微博还有着传播快、热度高等特点,特别适合策划活动。微博活动的优点如下:

1. 操作简单。相比拍摄短视频内容和写长篇软文,微博活动只需要经过简单构思,用通俗易懂的语言发布活动信息即可。

2. 互动性强。通过微博活动,可以即时与粉丝沟通、交流,也可以直观地看到转发、评论、点赞等效果。

3. 成本较低。与高投入的传统营销活动相比,微博活动的成本相对较低。而且可直接用合作商提供的商品作为奖品,既能提高商品曝光率,又能为粉丝提供福利,增强与粉丝的黏性。

微博中常见的活动方式分为有奖转发、有奖征集、测试类游戏、寻找神评论、抽取幸运儿等。

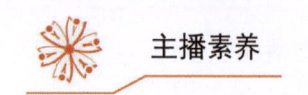

（五）线下引流

除以上常见的线上引流方式外，主播还可以选择线下引流。例如，常见的新手主播推广方法是印制直播间二维码，到学校、商场、大型活动现场、热闹的街头等人气较为集中的地方推广自己。当线下粉丝看到围观的人多时，很可能扫描二维码进入直播间；而线上粉丝看到主播在线下人气高涨，也更乐意赠送礼物给主播。特别是户外主播，因为已经擅长与线下用户交流，引流效果更好。

（六）蹭热点引流

在网络飞速发展的今天，热点意味着大量的关注量和流量，所以主播要及时发现热点并借助热点来引流。当热点出现时，网友会对这个热点内容感兴趣，第一批利用这个热点内容的主播必定能吸引一波关注量。

主播在策划直播内容时就应关注热点信息。例如，在《王者荣耀》《和平精英》等手机游戏火爆时，很多主播就抓住这一热点，研究出精湛的游戏技巧并开通直播，成为这些热门直播板块下的热门主播。

如何才能找到热门话题？微博热搜榜和百度搜索风云榜就是不错的选择。新浪微博搜索排行榜及热门话题榜是每天网络热点的"晴雨表"，囊括了当下网络及线下的一些热门事件。在这个排行榜里包含的关键词，就是当下微博用户最热的搜索词。主播可以充分运用这些关键词，将其应用到直播内容、直播标题、直播文案中。查看这个热门排行榜最简便的方式就是查看微博首页右边栏中的"热门话题"栏。新浪微博热门话题页面如图 6-12 所示。主播也可以单击"查看完整热搜榜"超级链接，查看更多的热门话题。

图 6-12　新浪微博热门话题页面

除了微博热搜，主播还可以关注每天的百度搜索风云榜。百度搜索风云榜页面如图 6-13 所示。这是比较权威的热度搜索排行榜，对于一个想拓展百度搜索引擎流量的主播来说，百度搜索风云榜具有很重要的参考意义。

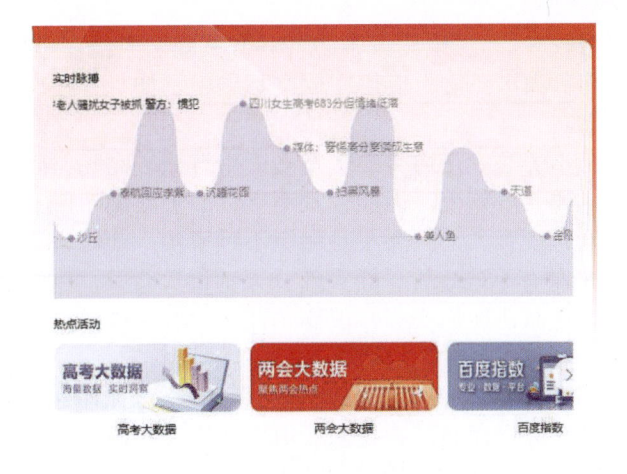

图 6-13　百度搜索风云榜页面

百度搜索风云榜以数亿网民的单日搜索行为作为数据基础，以关键词为统计对象建立权威全面的各类关键词排行榜，以榜单形式向用户呈现基于百度海量搜索数据的排行信息，覆盖十余个行业，一百多个榜单，信息非常全面。百度搜索风云榜里有很多热度搜索的分类。对于一般网友而言，通常会对热门的娱乐事件、潮流数码、电影或电视剧、民生热点等类别具有更强的搜索意愿，主播在此基础上再配合当前所处的时间点和需要营销的商品或服务，就不难制作一些吸引眼球的内容。另外，主播在拍摄短视频引流时，也可以在内容中加入当下的热门话题标签、热门音乐及热门特效等，以吸引更多用户关注。

三、主播引流软文的写法

软文指以文字形式为主的软广告，适当插入图片、视频等元素的文章也属于软文的范畴，常见于贴吧、论坛、社区、微信公众号、微博长文中。软广告主要是通过一个看似不相关的报道或故事将要推广的信息带出来，让受众在不知不觉间接受信息。这里主要从软文的标题、摘要、正文、结尾等方面出发，剖析软文的写作方法，帮助主播提高引流效果。

（一）软文标题的写法

广告大师莱昂内尔·亨特（Lionel Hunt）曾说过："如果标题不够引人注目，那么内文写什么都没有用。"对于软文而言，正文确实重要，但如果读者看了标题没有兴趣阅读正文，那么正文再好也没有展现的机会。由此可见，一篇软文要想在众多文章中脱颖而出，其标题起着多么重要的作用。

主播在写作软文前要先学会写好标题，让人一看就有阅读的欲望。一个好的标题要能让读者快速了解文章内容，故标题应是内容的概括，直接突出主题。如果使用长句作为标题，不免给人冗余的感觉，不会让人产生阅读兴趣。标题要有个性，且有独特性。

1. 引发好奇心。人都有好奇心，那些不合常理、不合逻辑、标新立异的事物和观点，往往会引起读者的好奇。主播在写标题时，应引起读者的好奇心理，增加读者阅读文章的欲望，但应注意标题不能违规。

2. 植入热点。追逐社会热点的内容总能快速吸引流量，而且社会热点不断涌现，以热点作为标题的软文素材较多，写法也比较容易。例如，某知名主播在直播中的"Duck 不必"火起来后，不少主播将"大可不必"应用在软文标题中，如"有些房子，大可不必问买不买，直接去摇就是了"。

3. 警示读者。为什么养生、交通类的文章阅读率普遍较高呢？因为这类文章的标题看上去都有着警示作用，如"再熬夜，神仙也救不了你的黑眼圈"，其目的是警示读者不要熬夜。警示类标题普遍有些夸大，只要不是完全不顾事实，一般来说读者还是认可的。

4. 给予承诺。未来具有不确定性，而大部分人都讨厌意外，他们希望在做一件事之前就能得知确切的结果，从而让他们安心、放心。针对读者这样的心理，主播可以写出给予承诺的标题。例如，"关注我，教你把把 MVP"。

5. 给予优惠。大多数人都有想得到优惠的心理，主播可抓住这种心理，写出吸引读者的软文标题。例如，"快进直播间，看我怎么用 100 块钱吃遍××美食街。"

6. 排忧解难。人的一生难免遇上困难，如果主播写出能帮助别人的标题，自然会得到读者的认可与追捧。排忧解难型标题的具体写作方法就是给目标人群提出一条解决困难的捷径和建议。例如，"CPA（Certified Public Accountant，注册会计师）考试别走冤枉路，读懂这几本书就够了"。

（二）软文摘要的写法

摘要是从内文页中概括出一段话作为标题的补充，可以理解为副标题或者导语。摘要起着辅助标题，引起关注的作用。如果想要标题吸引人，可以在摘要里进一步分析文章内容，把重点内容罗列出来。《人民日报》软文内容如图 6-14 所示。

图 6-14 《人民日报》软文内容

有人把文章的摘要比喻成"凤头""爆竹"。凤头俊美靓丽，光彩照人，给人美的享受；爆竹噼里啪啦响得痛快，听着震撼，可营造氛围。由此可见，摘要对软文也起着至关重要的作用，好的摘要决定了读者是否有兴趣读下去。

主播在写摘要时应注意以下几点：

1. 开门见山。直奔主题，引出文中的主要人物和事情梗概。用这种方式写摘要，一定要快速切入中心，语言朴实，不拖泥带水。

2. 情景导入。摘要要有目的地引入或营造软文行动目标所需要的氛围、情境，以激起读者的情感体验，调动读者的阅读兴趣。

3. 引用名句。在摘要中，精心设计一个短小、精练、扣题又意蕴丰厚的句子，引领文章的内容，凸显文章的主旨及情感。如果想不出来，就引用名人名言、谚语、诗词等，既显露了文采，又能提高软文的可读性。

4. 巧用修辞。在摘要中加入比喻、比拟、借代、夸张、对偶、排比、设问、反问等修辞手法，软文将更具阅读性。

如果是活动类摘要，则应重点突出读者最为关心的几大问题，如活动主题、活动时间、活动地点及参与形式等。例如，某淘宝主播的摘要这样写："年终大戏，限时 3 天。全直播间商品 79 元起，支持货到付款。更有幸运儿可获得下单满 300 立减 30 的优惠哟。"该软文摘要说明了活动时间、优惠形式等内容，读者即使没有点开全文，也能知道活动的大概内容。

（三）软文正文的写法

在写好一篇软文的标题和摘要后，正文更是主播需要认真撰写的内容。正文内容要有感染力，最好能让读者看完文字内容后，有动力去相应的直播间观看主播直播。大部分主播的软文内容都带有个人的鲜明特色。

例如，李子柒作为知名美食视频博主，主要发布传统美食制作工艺，配合文案及短视频内容，彰显中华优秀传统文化和匠心精神。她的软文基本以图文记事的方式讲述某某美食的做法。李子柒软文内容如图 6-15 所示。

图 6-15　李子柒软文内容

因此，主播应根据自己的直播内容来写软文正文，在撰写时最好简单明了，不要过于冗长。另外，若想让读者对软文有所触动，就需要场景化。所谓场景化，就是在创作内容呈现直播间信息或商品信息时，要把信息与读者的具体场景结合起来，让读者在脑海中形成熟悉的画面，有代入感，这样才能让读者直观地感受到信息。

例如，某美食主播写了一篇软文，主要内容是把平淡无奇的食材吃出质感。本就是日常生活中常见且普通的食材，如何吃出质感？质感又表现在哪些地方？主播都在软文中一一解答，并多次提到早餐搭配某款咖啡，以及这款咖啡的特殊之处。通过吃早餐这个画面将读者代入，并让读者认为自己在吃早餐时也应该喝一杯这样的咖啡来提升早餐质感。这就是典型的为读者构建场景。

（四）软文结尾的写法

写软文，需要恰当的结尾，让软文撰写"进退自如"，进可以展开，退可以收尾。

1. 在记叙性文章中，内容表达完结之后，不去设计含义深刻的人生哲理，不去雕琢丰富的象征形体，自然而然地收束全文。

2. 如果文章的开头提出了论题或观点，中间不断展开进行分析论证，结尾时回到开头的话题上来，达到首尾呼应，就能够让结构更完整，使文章浑然一体。

3. 如果文章中没有明确提出观点，在结尾时要用一句或一段简短的话明确点出文章的观点，起到卒章显志、画龙点睛的作用。

4. 写人、记事、描述物品的记叙性文章可用抒情议论的方式结尾。用作者心中的真情，激起读者情感的波澜，从而引起读者的共鸣。

5. 站在第三者的角度对软文中的人或事物进行祝福，如"愿大家新的一年身体健康"。

当然，展现在不同地方的软文会选取不同的结尾方式。例如，展现在微信公众号里的软文基本以互动活动收尾，以吸引粉丝点赞、评论、转发，为主播吸引更多粉丝。如果是展现在问答平台的软文，主播则可以用留下自己联系方式的方法来结尾，吸引更多读者在看完软文内容后主动添加主播为好友。

【任务小结】

主播团队中每一位成员都要有较强的推广意识。在推广过程中，无论是对人的推广还是对商品的推广，都要遵守职业道德，不虚假、夸大宣传，不捏造事实，不传播不当言论，要做遵纪守法的公民。

任务三　训练主播团队协作技能

【课前互动】

东方甄选直播间如图6-16所示，某知名主播正在进行直播活动。请大家认真观察并思考以下问题：

1. 在一场带货直播过程中出现在直播间的有哪些人？每个人的作用是什么？
2. 观看一场知名主播的"带货"直播，说一说助理是如何配合主播进行直播的。

图 6-16　东方甄选直播间

【任务尝试】

某品牌女装店想要在 3 月 10 日开展一场主题直播，请主播团队写一份主题直播活动策划方案。

本次活动策划至少要包括以下三方面的内容：

1. 确定活动主题；
2. 根据活动主题选品；
3. 做好活动预热。

请同学们思考以下内容：

1. 依据活动策划要求小组成员梳理的工作内容有哪些？
2. 怎样根据工作内容进行主播团队分工，将任务落实到个人？
3. 各小组对任务进行反思，体会主播团队如何更高效地合作。

【任务反思】

体会：

困惑：

【知识链接】

一、什么是主播团队

（一）主播团队的概念

团队是指为了实现某一目标而由相互协作的个体所组成的正式群体，是由员工和管理层组成的一个共同体，它合理利用每一个成员的知识和技能协同工作、解决问题，达成共同的目标。《慧人慧语》中说："团有才字，队有人字，优秀团队聚集人才。"也就是说，团队应该是人才的聚集之地。一个人再优秀，总会有劣势需要其他成员补充；一个人有再大的才能，单枪匹马也不能成为"英雄"，团队是现代组织工作的基本协作形式。

主播团队是指为了实现直播目标而相互协作的个体所组成的正式群体，是由围绕直播工作的人员组成的一个共同体。

（二）主播团队的 5P 要素

主播团队有 5 个重要的构成要素，分别是目标（Purpose）、人员（People）、定位（Place）、权限（Power）、计划（Plan）。主播团队应该有一个既定的目标，为团队成员导航，知道要去向何处，没有目标团队就没有存在的价值。人是构成团队最核心的力量，目标是通过人员具体实现的，所以人员的选择是团队建设非常重要的一部分。主播团队的定位包含两层意思：一是团队在整个组织中处于什么位置；二是个体成员在团队中扮演什么角色。权限是促成团队实现目标的有力保障，如财权、人权、信息权等。凡事预则立，不预则废，只有在计划的指引下团队才会一步步地靠近目标，从而最终实现目标。

（三）主播团队建设

主播团队建设是事业发展的根本保障，团队运作是业内人士通过长期实践得出的经验总结，没有人能离开团队而获得成功。团队的发展取决于团队的建设。团队建设应从以下几个方面进行。

1. 组建核心层

团队建设的重点是培养团队的核心成员。俗话说："一个好汉三个帮。"领导人是团队的建设者，应通过组建智囊团或执行团形成团队的核心层，充分发挥核心层成员的作用，使团队的目标变成行动计划，从而使团队的业绩得以快速增长。团队核心层成员应具备领导者的基本素质和能力，不仅要知道团队发展的规划，还要参与团队目标的制定与实施，使团队成员既了解团队的发展方向，又能在行动上与团队发展方向保持一致。团队成员同心同德，心往一处想，劲往一处使。

2. 制定团队目标

团队目标来自团队的发展方向和团队成员的共同追求。它是全体成员奋斗的方向和动力，也是感召全体成员精诚合作的一面旗帜。核心层成员在制定团队目标时，需要明确团队当前的实际情况。例如，团队处在哪个发展阶段：是组建阶段、上升阶段，还是稳固阶段。团队成员存在哪些不足，需要什么帮助，斗志如何。制定目标时要遵循 SMART 原则：S（Specific）——明确具体的，M（Measurable）——可衡量的，A（Attainable）——可实现的，R（Relevant）——相关的，T（Time-bound）——有时限的。

3. 训练团队精英

训练团队精英是团队建设中非常重要的一个环节。建立一支训练有素的队伍，能给团队带来很多益处：提升个人能力、提高整体素质、改进服务质量、稳定销售业绩。一个没有精英的团队犹如无本之木，一支未经训练的队伍犹如散兵游勇，难以维持长久的繁荣。训练团队精英的重点在于以下两个方面：

（1）建立学习型组织：让每个成员都认识到学习的重要性，尽力为他们创造学习机会，提供学习场地，表扬学习进步快的成员，并通过一对一沟通、讨论会、培训课、共同工作的方式营造学习氛围，使团队成员在学习中快速成长。

（2）搭建成长平台：团队精英的产生和成长与他们所在的平台有直接关系，一个好的平台能够营造良好的成长氛围，提供更多的锻炼和施展才华的机会。

4. 培育团队精神

团队精神是指团队成员为了实现团队的利益和目标而相互协作、尽心尽力的意愿和作风，它包括团队的凝聚力、合作意识及士气。团队精神强调团队成员的紧密合作。要培育这种精神，首先领导者要以身作则，做一个团队精神极强的楷模；其次，要在团队培训中加强团队精神的教育，更重要的是要将这种理念落实到团队工作的实践中去。一个没有团队精神的人难以成为真正的领导者，一支没有团队精神的队伍是经不起考验的队伍，团队精神是优秀团队的灵魂、成功团队的特质。

5. 做好团队激励

每个团队成员都需要激励，领导者的激励工作做得好坏直接影响到团队的士气，最终影响到团队的发展。激励是指通过一定手段使团队成员的需要和愿望得到满足，以调动他们的积极性，使其主动自发地把个人的潜力发挥出来，从而确保既定目标的实现。

（四）团队的重要性

团队建设得好坏，预示着后继发展是否有力，也是凝聚力和战斗力的充分体现。管理者心里要始终装着团队成员，支持团队成员的工作，关心团队成员的生活，用管理者的行动和真情去感染身边的每位团队成员；平时要多与团队成员沟通交流，给团队成员以示范性的引导，捕捉团队成员的闪光点，激发团队成员工作的积极性和创造性；让团队成员参与管理，给团队成员创造一个展示自己的平台，形成一种团结协作的氛围；让团队成员感受到家庭般的温暖，分工不分家，个人的事就是团队的事，团队的事就是大家的事。

（五）成功团队的四大特征

1. 凝聚力

成大事的领导者都有一个共同点，就是能将人的心连在一起，这是十分独特的能力。跟随一个领导者，就是希望他能营造环境，结合众人的力量创造一个未来！

2. 合作

大海是由无数的水滴组成的，每个人都相当于团队中的"水滴"。个人的成功是暂时的，而团队的成功才是永久的。团队的成功靠的是团队每位成员的配合与合作。如同打篮球，个人能力再强，没有队友的配合也无法取胜。打比赛时五个人就是一个团体，有人投球、有人抢篮板，其目的都是实现团队的目标。

3. 忘我

团队拓展训练是团队的工作、集体的工作，个人的力量是有限的，成功靠团队共同推进。每个成员一定要明白，团队的利益和目标重于个人的利益和目标。在团队中，如果人人只想到自己的利益，这个团队一定会解体，团队没有了，个人的目标自然也实现不了。团队的目标就是靠这种"忘我"精神达成的。

4. 士气

没有士气的团队是缺乏吸引力、凝聚力、战斗力的；而士气旺盛的团队无论在任何环境中、遇到任何困难，都是无往而不胜的。

二、主播团队精神

团队精神简单来说就是大局意识、协作精神和服务精神的集中体现。团队精神的基础是尊重个人的兴趣和成就，核心是协同合作，最高境界是全体成员的向心力和凝聚力，也就是将个体利益和整体利益统一，从而推动团队的高效率运转。团队精神的形成并不要求团队成员牺牲自我，相反，团队成员挥洒个性、发挥特长，保证了共同任务目标的完成，而明确的协作意愿和协作方式产生了真正的内心动力。没有良好的从业心态和奉献精神，就不会有团队精神。

团队与群体不同：团队更强调个人的主动性，团队是由员工和管理层组成的一个共同体，该共同体合理利用每一个成员的知识和技能协同工作、解决问题，达成共同的目标。群体则强调共同性。两者具体区别如下：

1. 从领导的角度看，群体有明确的领导者；团队则不一定，尤其发展到成熟阶段，团队成员共享决策权。

2. 从目标的角度看，群体的目标必须跟组织保持一致；团队除这一点之外，还可以产生个人目标。

3. 从协作的角度看，群体的协作性可能是中等程度，有时成员还会消极，甚至对立；团队中有齐心协力的氛围。

4. 从责任的角度看，群体的领导者要负主要责任；团队中除领导者要负责任之外，每一个团队成员也要负责任。

5. 从技能的角度看，群体成员的技能可能是不同的，也可能是相同的；团队成员的技能是相互补充的，团队将不同知识、技能和经验的人聚集在一起，形成角色互补，从而实现整个团队的有效组合。

6. 从结果的角度看，群体的绩效是个体绩效的简单相加；团队的结果或绩效是由团队所有成员共同合作完成的。

【小测试】
敢不敢来测测你的团队精神如何？

三、主播团队沟通

对任何一个主播团队来说,沟通都是一项持续不断的工作,也是一项必需的工作。沟通无处不在,沟通的内容包罗万象。

一份调查结果显示:一个团队的普通成员每小时有16～46分钟在进行沟通,而团队管理者工作时间的20%～50%是在进行各种语言沟通,如果把文字沟通,包括各种报告和邮件加进去,会高达64%。但遗憾的是,相当多的团队弱项还是沟通。因此,有人认为团队工作顺利开展的最大障碍就是缺乏有效的沟通。不良的沟通会给团队和组织带来很多危害,人际关系、团队士气、个人及团队的发展都会受到影响。良好的沟通有助于团队的文化建设及团队成员士气的提高。有效的沟通应遵循以下五项原则:双向互动的交流,取得一致的观点和行动,能提供准确的信息,获得正确的结果及双方的感受都较愉快。

作为一个团队,做到有效的沟通是非常重要的。沟通是信息传递的重要方式,只有沟通,信息才能在人与人之间得以传播。工作的开展在很大程度上来讲就是通过从上到下的层层沟通才得以进行的。那么,主播团队的管理者如何帮助团队进行有效沟通呢?

(一)让倾听者对沟通产生反馈行为

沟通的最大障碍在于团队成员误解或者对领导者的意图理解得不准确。在工作过程中,常常出现这种情况,领导者布置工作时滔滔不绝,团队成员在执行任务时却往往出现偏差,或者最后的结果和领导者期望的不一致。这说明领导者与团队成员之间存在沟通问题,领导者没有很好地传达自己的思想,团队成员对领导者话语的理解也不到位。事实上,这种沟通问题通过有效的方法是完全可以避免的。如果领导者在与团队成员的沟通结束后,特意加上一句"我讲清楚了吗",这样的双向交流就可以促使团队成员对领导者意思的正确理解,纠正认识上的偏差。

(二)沟通要有多变性

团队中的成员由于年龄、性别、受教育程度、专业及分工不同,对同一句话、同一份文件的理解也会千差万别。所谓"仁者见仁,智者见智",不同阅历的人想问题的角度、出发点及所站的立场也不同。就像人们所说的"行话",置身其外的人根本无法理解,更别说融入其中。所以说,要使沟通变得有效就需改变交流方式,多样性的语言有助于沟通者与不同的人对话,进行深入交流,达到沟通目的。沟通者在语言运用上要讲求艺术性,词汇搭配要适当,只有这样才能使自己的语言更容易被别人理解,做到有效沟通。

(三)学会积极倾听,做忠实的听众

沟通是一个双向的行为,沟通双方不仅要善于表达,还要善于倾听,通过双方沟通、倾听、反馈,再沟通、倾听、反馈的循环交流过程,才能明确沟通的主题和问题的解决办法。沟通是一个互动的过程,只有沟通的双方积极配合,才能实现沟通的目的。

(四)做好沟通前的准备工作

在沟通前要明确沟通内容。缺乏沟通前的准备工作,势必造成沟通过程中"东扯葫芦

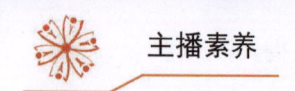

西扯瓢"的局面，既浪费双方的时间，又不利于问题的解决。因此，有效的沟通要有清晰的沟通主线、明确的沟通主题：事先安排好沟通提纲，先讲什么，后讲什么，要做到心中有数。同时，还要讲求沟通的艺术性，如领导者在与团队成员沟通工作时要考虑到对方的心理承受能力，先肯定其成绩和好的方面，再指出其不足及改进的方向。

（五）注意减少沟通的层级

因为信息传递者越多信息失真性越大，所以沟通双方最好是直接面谈，这样才能使信息及时有效地在双方之间传递，达到沟通的目的。有效的沟通可排除各种人际冲突，实现人与人之间的交流目标，使团队成员在情感上相互依靠、价值观上高度统一，进而为团队打下良好的人际基础。因此，团队要减少沟通层级，开展各种有效的沟通。

【任务小结】

直播行业是非常典型的"一两人在台前，一群人在台后"的行业，这就要求团队中的成员各司其职并密切配合，才能呈现最好的直播状态。"一根筷子易折断，十根筷子抱成团"，从事任何职业，在任何岗位上，都不可避免地需要与人交流、合作。一个人的力量是有限的，团结合作才有助于成功。

浙江省高职院校"十四五"重点立项建设教材

新媒体·新融合·新职业系列丛书

主播素养

主编：金红梅　赵菲菲　林洁

中国工信出版集团
电子工业出版社
PUBLISHING HOUSE OF ELECTRONICS INDUSTRY

附录　同步实训工单与同步测验

主播素养之"树德"篇

项目一　主播职业道德认知

任务一　了解主播职业现状

【同步实训工单】

> 温馨提示：
> 1. 根据实训任务目标设定、任务流程提示和评价指标，学生分组或独立完成实训工单。
> 2. 教师需根据每一份实训工单的具体内容和完成标准设定完成时限和提交标准。
> 3. 学生在完成实训工单任务时，教师应在现场进行巡视或通过云平台进行随访和疑问解答，以更好地督促学生达到任务目标。
> 4. 实训工单任务完成后，按对应评价指标进行公正评价，建议按"学生自评20%＋组间互评40%＋教师评价40%"的模式进行实训工单完成情况成绩评定。
> 5. 建议教师在每一次实训工单任务完成后，对学生完成情况进行统计分析、点评，并引导学生对实训工单任务进行反复训练，尽量达到最优标准。

实训工单编号：1-1

任务主题	电商直播主播职业现状分析	任务类别	□团队 □个人
任务限时		训练场地	
学生姓名		学号		所在班级	
所在团队		团队任职	□队长 □成员

实训目的：
1. 能合作调研或个人调研判断职业需求。
2. 能从不同方面了解电商直播主播职业现状。

操作流程及要求：
　　　　　　　　　　任务1：深入剖析电商直播主播职业现状
（1）根据现有学习基础，利用各互联网平台（如前程无忧），搜集电商直播主播职业现状。
（2）小组分工合作完成以下表格。

续表

主播职业现状调研表			
调研方向	具体内容	数据佐证	其他
各城市主播人才需求			
各城市主播人才缺口			
主播学历分布			
需求公司类型			
薪资待遇 / 头部主播			
薪资待遇 / 腰部主播			
薪资待遇 / 尾部主播			
工作年限要求			
主播性别、年龄分布			
卖货主播岗位要求			
娱乐主播岗位要求			

任务 2：制作主播职业问卷进行问卷调查

（1）小组讨论问卷内容与问卷投放的渠道，投放后统计相关数据。

思考并记录调查问卷的调查对象是谁？调查方向有哪些？

如何选择问卷调查的投放渠道？

（2）利用问卷星平台（https://www.wjx.cn）制作主播职业调查问卷。

问卷二维码：

任务3：完成主播职业调查报告

（1）整合任务1与任务2中搜集到的内容，小组合作完成一份主播职业调查报告。

调查时间：　　年　　月　　日

第____组主播职业调查报告

调研方向	调查结论	数据佐证
哪个城市的主播人员需求最大		
哪个城市的主播人员缺口最大		
主播学历占比分别是多少		
什么类型的公司对主播需求更大		
头部主播薪资结构如何		
腰部主播薪资结构如何		
尾部主播薪资结构如何		
主播工作年限有什么要求		
主播性别、年龄分布情况是怎样		
卖货主播岗位要求是什么		
娱乐主播岗位要求是什么		

（请根据小组的调查内容完成以上表格）

（2）完成以上任务后，教师随机抽取部分小组或由小组自愿进行任务成果和体会分享，并点评。

任务评价

	评价指标项	标准分数	评价得分	计分
个人自评20%	知道主播是直播行业涉及的多个工作岗位之一	4		
	认识到一线城市是主播最主要的需求地	4		
	了解到直播行业的大部分岗位学历要求是大学学历	4		
	知道了直播行业公司规模多为中小规模公司	4		
	认识到对主播的工作年限要求，多为"不限"	4		
组间互评40%	该小组成员能自觉利用课堂内外时间完成训练任务	5		
	该小组成员在训练中能相互督促、纠正和辅助	5		
	该小组成员整体训练成果较好	5		
	该小组成员在分享环节中表现积极，内容真实丰富	5		
	该小组成员能对招聘网站上的主播岗位信息进行归类整理	10		
	该小组成员能共同完成调研任务	10		
教师评价40%	该小组成员配合默契，能围绕训练目标自觉自主练习，能高效率完成训练任务	10		
	该小组对任务进程的把控较好，能主动利用好课余时间巩固练习，时间分配合理	15		
	该小组实训体会分享真实可信，能体现对教学内容的理解与应用	15		
总分				
实训体会与总结：				

【同步测验】

一、选择题

（　　）1. _____是指在直播间直接向公众介绍、推销商品或服务的出镜者，以直播带货为主要工作内容，多服务于品牌或商家，依附企业账号开展工作。

A. 主播　　　　B. 达人　　　　C. 运营　　　　D. 投放

（　　）2. 直播行业属于_____密集型行业，岗位众多，类别分散，公司过大会造成管理难度增加。

A. 资源　　　　B. 人才　　　　C. 劳动　　　　D. 知识

（　　）3. 关于直播岗位的学历要求，本科占比24.2%，专科占比32.5%，其中_____占比38.7%。

A. 初中　　　　B. 高中　　　　C. 硕士　　　　D. 学历不限

二、判断题

（　　）1. 主播对体力和嗓音的消耗较大，很多直播间和工作室实行倒班工作制。

（　　）2. 主播是以直播带货为主要工作内容的出镜创作者，他们多拥有个人独立账号及粉丝群体，有独立的内容创作能力，在垂直领域有一定影响力。

（　　）3. 主播通常要求工龄在1~3年。

三、填空题

1. 在"主播、达人（网红）、短视频运营、直播运营、直播选品、流量投放（媒介投放）"六个重点岗位中，需求量最大的是_____。

2. 2020年7月9日，杭州市商务局出台《关于加快杭州市直播电商经济发展的若干意见》，大力建设直播电商园区、培育和引进直播达人（网红）、通过_____和_____推动头部主播在杭落户。

3. 直播行业公司规模中20~99人和100~499人占比相差不大，两者加起来占比达71%，其中100~499人规模的公司占比为37%，20~99人规模的公司占比为34%，这些公司多为行业中的_____服务公司。

四、简答题

请谈一谈电商直播主播职业现状。

任务二　明确主播岗位职责

【同步实训工单】

温馨提示：
　　1. 根据实训任务目标设定、任务流程提示和评价指标，学生分组或独立完成实训工单。
　　2. 教师需根据每一份实训工单的具体内容和完成标准设定完成时限和提交标准。
　　3. 学生在完成实训工单任务时，教师应在现场进行巡视或通过云平台进行随访和疑问解答，以更好地督促学生达到任务目标。
　　4. 实训工单任务完成后，按对应评价指标进行公正评价，建议按"学生自评 20%＋组间互评 40%＋教师评价 40%"的模式进行实训工单完成情况成绩评定。
　　5. 建议教师在每一次实训工单任务完成后，对学生完成情况进行统计分析、点评，并引导学生对实训工单任务进行反复训练，尽量达到最优标准。

实训工单编号：1-2

任务主题	电商直播主播的岗位职责和职业能力	任务类别	□团队 □个人
任务限时		训练场地	
学生姓名	学号	所在班级	
所在团队		团队任职	□队长 □成员

实训目的：
　　1. 能独立判断直播产业链中主播与其他岗位的岗位职责。
　　2. 能从七个方面了解电商直播主播的岗位核心能力。

操作流程及要求：
　　　　　　　　　　　任务1：区分直播产业链中不同岗位及岗位职责
　　根据现有的学习基础，小组合作分析图片中三个角色的岗位与岗位职责并完成以下表格。

角色	角色介绍	岗位职责	任职要求
1			
2			
3			

任务三 培养主播良好职业心态

【同步实训工单】

> 温馨提示：
> 1. 根据实训任务目标设定、任务流程提示和评价指标，学生分组或独立完成实训工单。
> 2. 教师需根据每一份实训工单的具体内容和完成标准设定完成时限和提交标准。
> 3. 学生在完成实训工单任务时，教师应在现场进行巡视或通过云平台进行随访和疑问解答，以更好地督促学生达到任务目标。
> 4. 实训工单任务完成后，按对应评价指标进行公正评价，建议按"学生自评20%＋组间互评40%＋教师评价40%"的模式进行实训工单完成情况成绩评定。
> 5. 建议教师在每一次实训工单任务完成后，对学生完成情况进行统计分析、点评，并引导学生对实训工单任务进行反复训练，尽量达到最优标准。

实训工单编号：1-3

任务主题	电商直播主播的职业心态	任务类别	□团队 □个人
任务限时		训练场地	
学生姓名		学号		所在班级	
所在团队		团队任职	□队长 □成员

实训目的：
1. 能理解主播职业心态。
2. 能保持良好的心态进行直播工作。

操作流程及要求：

任务1：主播职业心态和日常心态有何共同点

（1）学习了主播职业心态后，分小组讨论主播职业心态和你的日常心态有什么共同点？小组讨论并完成下表。

主播职业心态	日常心态	共同点
自信		
敬业		
积极		
学习		

（2）梳理了主播职业心态和你的日常心态之间的共同点后，你有什么感受？

（3）除了以上四点主播职业心态，你认为还有什么？

任务2：主播以何种心态应对直播常见状况

(1) 对于日常直播过程中的常见状况，主播应该以什么样的心态应对？小组讨论并完成以下表格。

直播常见状况	心态	具体描述
直播间没有人，主播一个人一直讲，主播该如何应对		
直播间出现"黑粉"，言语攻击主播，主播该如何应对		
直播间出现"黑粉"，言语攻击店铺商品，主播该如何应对		
直播间人气突然暴涨，主播该如何应对		
主播在直播间被质疑专业度，主播该如何应对		

(2) 完成以上任务后，教师随机抽取部分小组或小组自愿进行任务成果和体会分享，并点评。

任务评价

	评价指标项	标准分数	评价得分	计分
个人自评 20%	知道了主播职业心态包含哪些内容	4		
	认识到主播面对平台用户需要强大的心理素质	4		
	了解到主播心态适用于日常生活中的任何场景	4		
	知道了主播心态决定了直播效果	4		
	认识到主播心态会因为外部环境的变化而变化	4		
组间互评 40%	该小组成员能自觉利用课堂内外时间完成训练任务	10		
	该小组成员在训练中能相互督促、纠正和辅助	10		
	该小组成员整体训练成果较好	10		
	该小组成员在分享环节中表现积极，内容真实丰富	10		
教师评价 40%	该小组成员配合默契，能围绕训练目标自觉自主练习，能高效率完成训练任务	10		
	该小组对任务进程的把控较好，能主动利用课余时间巩固练习，时间分配合理	15		
	该小组实训体会分享真实可信，能体现对教学内容的理解与应用	15		
总分				

实训体会与总结：

【同步测验】

一、选择题

（　　）1. 以下_____不属于主播需要的职业心态。

A. 自信　　　　B. 自嘲　　　　C. 积极　　　　D. 敬业

（2）小组讨论直播间最常见的直播违规行为还有哪些？

① _____

② _____

③ _____

（3）利用问卷星平台，制作直播常见违规行为调查问卷。

问卷二维码：

任务2：如何避免常见的直播违规行为

小组讨论有哪些常见的直播违规行为以及在直播中主播该如何避免常见的直播违规行为，并完成下表。

常见直播违规行为	如何避免

任务 3：完成直播常见违规行为调查报告

（1）整合任务 1 与任务 2 中搜集到的内容，小组合作完成一份直播常见违规行为调查报告。

第____组直播常见违规行为调查报告

违规行为排名	违规行为	具体描述	如何避免
1			
2			
3			
4			
5			
6			
7			
8			
9			
10			

（请根据小组的调查内容完成以上表格）

（2）完成以上任务后，教师随机抽取部分小组或由小组自愿进行任务成果和体会分享，并点评。

任务评价

	评价指标项	标准分数	评价得分	计分
个人自评20%	知道了直播领域的政策底线	4		
	了解了《网络主播行为规范》对直播的相关规定	4		
	认识了社会热点的违规案例	4		
	知道了未成年人保护的违规案例	4		
	遵守法律法规，具备正确的行业价值观	4		
组间互评40%	该小组成员能自觉利用课堂内外时间完成训练任务	5		
	该小组成员在训练中能相互督促、纠正和辅助	5		
	该小组成员整体训练成果较好	5		
	该小组成员在分享环节中表现积极，内容真实丰富	5		
	该小组成员能独立阅读《网络主播行为规范》	10		
	该小组成员能共同完成调研任务	10		
教师评价40%	该小组成员配合默契，能围绕训练目标自觉自主练习，能高效率完成训练任务	10		
	该小组对任务进程的把控较好，能主动利用课余时间巩固练习，时间分配合理	15		
	该小组实训体会分享真实可信，能体现对教学内容的理解与应用	15		
总分				

实训体会与总结：

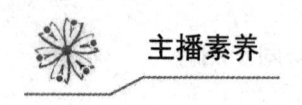

【同步测验】

一、选择题

（　　）1. 以下____不得在直播广告中涉及。
A. 国旗　　　　　　　B. 国歌　　　　　　　C. 国徽　　　　　　　D. 以上都是
（　　）2. 以下____不得在广告中出现。
A. 烟草　　　　　　　B. 抽烟形象　　　　　C. 真人卡通抽烟形象　D. 以上都是
（　　）3. 以下____能在直播中出现。
A. 检验证书　　　　　B. 红头文件　　　　　C. 仿红头文件　　　　D. 以上都是

二、判断题

（　　）1. 直播或短视频广告中不得涉及华表、天安门、人民英雄纪念碑、人民大会堂等象征或标志性建筑。
（　　）2. 化妆品行业相关商品直播时，主播可以涉及儿童演绎使用成人化妆品。
（　　）3. 游戏中不得出现任何"烟草"相关内容。

三、填空题

1. 广告中不得利用国家_____或者象征进行商业推广。
2. 直播广告不得涉及_____相关商品，如六合彩、天线宝宝、水果机、捕鱼机、一元夺宝等。
3. 广告中不得利用不满_____周岁的未成年人作为广告代言人。

四、简答题

请谈一谈广告中不得利用社会热点事件进行商业推广的具体管控规范。

主播素养之"塑形"篇

项目二 塑造主播职业形象

任务一 定位主播账号

【同步实训工单】

> 温馨提示：
> 1. 根据实训任务目标设定、任务流程提示和评价指标，学生分组或独立完成实训工单。
> 2. 教师需根据每一份实训工单的具体内容和完成标准设定完成时限和提交标准。
> 3. 学生在完成实训工单任务时，教师应在现场进行巡视或通过云平台进行随访和疑问解答，以更好地督促学生达到任务目标。
> 4. 实训工单任务完成后，按对应评价指标进行公正评价，建议按"学生自评45%+组间互评15%+教师评价40%"的模式进行实训工单完成情况成绩评定。
> 5. 建议教师在每一次实训工单任务完成后，对学生完成情况进行统计分析、点评，并引导学生对实训工单任务进行反复训练，尽量达到最优标准。

实训工单编号：2-1

任务主题	打造主播账号定位的训练		任务类别	□团队 □个人	
任务限时			训练场地		
学生姓名		学号		所在班级	
所在团队			团队任职	□队长 □成员	

实训目的：
1. 能够拆解分析不同的主播类型及账号定位。
2. 了解目标用户群，打造账号主播人设。

操作流程及要求：

任务1：拆解主播账号定位训练
（1）请各位同学自行挑选多个知名主播，对不同类型的主播账号定位进行分析。
（2）对不同类型主播账号定位进行分类。

任务2：总结主播账号的定位特点
（1）请各位同学自行归纳不同类型主播账号的定位特点。
（2）归纳同一类型主播账号的定位特点。

任务3：打造主播账号的定位
（1）请各位同学在完成上述两个任务的基础上，结合感兴趣的主播账号定位类型，以小组为单位进行打造主播账号定位的训练。
（2）在完成以上任务后，由教师在以上小组中任意选择进行抽查，并记录小组成员完成情况。
（3）完成以上任务后，教师随机抽取部分小组或由小组自愿进行任务成果和体会分享，并点评。

任务评价

个人自评45%	评价指标项	标准分数	评价得分	计分
	分析账号主播的直播带货专业能力，包括商品讲解能力、商品带货能力、直播控场能力	5		

续表

	分析账号主播的直播基本能力，包括形象管理能力、语言表达能力、灵活应变能力	5	
	打造账号主播的自身调性，留住粉丝群	5	
	挖掘账号类型、明确账号诉求	5	
	清晰界定不同的直播账号并完成分类	10	
	掌握不同账号主体的数据分析情况	5	
	与小组成员共同完成有价值的账号定位	10	
组间互评15%	该小组成员能自觉利用课堂内外时间完成训练任务	5	
	该小组成员整体训练成果较好，在自我展现中表现突出	5	
	该小组成员在分享环节中表现积极，内容真实丰富	5	
教师评价40%	该小组成员配合默契，能围绕训练目标自觉自主练习，能高效率完成训练任务	20	
	该小组对任务进程的把控较好，能主动利用好课余时间巩固练习，时间分配合理	10	
	该小组实训体会分享真实可信，能够体现对教学内容的理解与应用	10	
总分			
实训体会与总结：			

【同步测验】

一、选择题

（　　）1. 波特五力模型是一种常用的分析工具，在直播账号的分析应用中，可以用于分析账号所入驻类目的行业基本环境，也可用于全方位分析某一典型的竞争对手。波特五力模型包括_____及购买者的议价能力。（多选题）

A. 同行业竞争者　　　　　　B. 替代品威胁

C. 潜在进入者威胁　　　　　D. 供应商议价能力

（　　）2. 各大直播平台均以用户流量、用户标签为衡量某一直播间质量、水平的重要指标，因而借助平台之力开展的直播业务也应当以用户为上、流量为王，_____才能够持续吸引用户留在直播间，进而促进直播账号的发展。（多选题）

A. 关注用户的信息接纳度　　B. 回应用户的合理需求

C. 全方位展示商品　　　　　D. 顾及细节

二、判断题

（　　）1. 账户名称要与主播所在的领域密切相关，能够引发用户联想，从而吸引一批具有黏性的粉丝。

（　　）2. 主播是以直播带货为主要工作内容的出镜创作者，他们多拥有个人独立账号及粉丝群体，有独立的内容创作能力，在垂直领域有一定影响力。

（　　）3. 品牌直播为"企业号"的一种表现形式，品牌直播账号即各大品牌的官方直播账号。

三、填空题

1. 商品与主播塑造的人设契合度较高，有助于提高商品的_____。

2. 深耕于_____细分领域的主播要依据自己的才华和天赋选择擅长的领域，只有找到能够尽情施展才华的领域，才能更快地获得成功。

3. 商品要与主播的人设、_____相关联，一方面是因为主播对这样的商品较为熟悉，另一方面是因为这样符合用户的预期。

四、简答题

1. 拍摄短视频时，打造主角的人设非常重要，以下两个人设形象中，你觉得哪个更适合作为本期短视频的主角，并说出理由（不少于50字）。

a. 游戏类知名UP主，游戏段位极高，深受玩家的追捧；

b. 洗护用品区测评新人UP主，之前制作的短视频不多，但是数据反馈还不错。

2. 找一找你关注的主播，谈谈其人设和账号定位属于什么类型？

任务二 设计主播人设形象

【同步实训工单】

> 温馨提示：
> 1. 根据实训任务目标设定、任务流程提示和评价指标，学生分组或独立完成实训工单。
> 2. 教师需根据每一份实训工单的具体内容和完成标准设定完成时限和提交标准。
> 3. 学生在完成实训工单任务时，教师应在现场进行巡视或通过云平台进行随访和疑问解答，以更好地督促学生达到任务目标。
> 4. 实训工单任务完成后，按对应评价指标进行公正评价，建议按"学生自评30%＋组间互评30%＋教师评价40%"的模式进行实训工单完成情况成绩评定。
> 5. 建议教师在每一次实训工单任务完成后，对学生完成情况进行统计分析、点评，并引导学生对实训工单任务进行反复训练，尽量达到最优标准。

实训工单编号：2-2

任务主题	主播人设形象训练		任务类别	□团队 □个人
任务限时			训练场地	
学生姓名		学号	所在班级	
所在团队			团队任职	□队长 □成员

实训目的：
1. 能根据品牌定位、直播内容、消费者画像特征，塑造合适的主播人设形象。
2. 能结合自身特色，通过妆容、服饰突出个人形象，吸引粉丝。

操作流程及要求：

任务1：模仿主播人设形象

（1）请各位同学找到与自身形象气质比较相近的主播形象，进行妆容、发型、服装、配饰、面部表情、语调语速、肢体动作的分析，并完成下表。

模仿对象	妆容分析	发型分析	服装分析	配饰分析	面部表情分析	语调语速分析	肢体动作分析

（2）通过妆容、发型、服饰搭配让自己在外形方面接近模仿对象的形象。
（3）以小组为单位进行小组竞赛，通过出镜形象模仿效果评选出模仿效果最好的小组。

续表

任务2：主播出镜人设挑战

（1）小组代表抽取主播人设形象挑战任务，根据抽取的直播主题打造合适的主播人设形象。学生需要根据挑战任务进行妆容、发型、服装、配饰、面部表情、语调语速、肢体动作的设计，完成主播人设形象，并填写下表。

主播形象挑战任务	妆容设计	发型设计	服装设计	配饰设计	面部表情设计	语调语速设计	肢体动作设计
任务一：助农扶困农特产品直播							
任务二：时尚电子商品新品发布							
任务三：夏季时尚服饰品直播							
任务四：秋冬保暖服饰品直播							
任务五：秋冬补水抗初老化妆品直播							
任务六：冬病夏治，夏季疗养保健品直播							

（2）通过妆容、发型、服饰搭配让自己在外形方面符合直播主题。
（3）以小组为单位进行小组竞赛，结合不同的任务主题评选出主播人设形象效果最好的小组。
（4）完成以上任务后，教师随机抽取部分小组或由小组自愿进行任务成果和体会分享，并点评。

任务评价

	评价指标项	标准分数	评价得分	计分
个人自评30%	能够快速分析不同气质主播的妆容、发型、服饰要素	10		
	能在限时内完成男女主播的妆容、发型、服饰搭配	10		
	能通过妆容、发型、服饰等，突出主播人设形象气质	10		
组间互评30%	该小组成员能自觉利用课堂内外时间完成训练任务	10		
	该小组成员在训练中能相互督促、纠正和辅助	10		
	该小组成员主播人设形象塑造效果较好，在小组竞赛中表现突出	10		
教师评价40%	该小组成员配合默契，对任务进程的把控较好，能主动利用好课余时间巩固练习，能高效率完成训练任务	10		
	该小组实训体会分享真实可信，能体现对教学内容的理解与应用	10		
	该小组在主播人设形象展示环节中表现积极，主播人设形象塑造真实、生动，符合任务主题	20		
总分				

实训体会与总结：

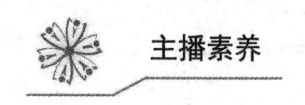

【同步测验】

一、选择题

（　　）1. 主播要注意服饰以_____的衣服为主，因为黑灰色系的衣服会稍显压抑。
A. 夸张图案　　　　B. 五彩缤纷　　　　C. 浅色系　　　　D. 反光材质
（　　）2. 主播的服装款式有一个最大的禁忌就是_____。
A. 色彩偏素　　　　B. 过于暴露　　　　C. 颜色太暗　　　　D. 太过保守
（　　）3. 服饰反映一个人的内涵修养，传达一个人的偏爱喜好，主播出镜的衣着服饰应随_____的不同而变化。
A. 心情　　　　　　B. 个人喜好
C. 时尚潮流　　　　D. 直播类型和内容

二、判断题

（　　）1. 主播只要形象好、气质佳，就能吸引很多粉丝，成为一名优秀的主播。
（　　）2. 主播的妆容、服饰尽可能模仿那些最受欢迎的主播。
（　　）3. 主播的妆容、服饰要结合自身气质、人设定位进行打造，同时要考虑直播主题、用户画像。

三、填空题

1. 我们在进行主播人设形象的塑造时，不可以盲目追随时尚，或者盲目模仿自己喜欢的造型，一味从外在形象方面进行塑造，而应当从_____出发，根据自己的专业、行业，自己的_____、_____、_____，或者自己超乎他人、或有别于他人的资源、环境优势等，综合考量后，确定做什么类型的主播，再根据不同类型的主播人设定位，塑造与人设相符合的形象。

2. 在完成最基础的妆容、服饰搭配的形象塑造后，主播需要结合自身的_____、_____、行业特点、性格特点进行人设形象的强化与提升。

3. 以女性主播为例，结合"抖音"大数据分析，_____、_____、_____的主播形象更能吸引用户的关注。

四、简答题

请谈一谈你喜欢的电商直播主播妆容服饰的风格特点，以及喜欢的原因。

任务三 搭建直播间

【同步实训工单】

温馨提示：
1. 根据实训任务目标设定、任务流程提示和评价指标，学生分组或独立完成实训工单。
2. 教师需根据每一份实训工单的具体内容和完成标准设定完成时限和提交标准。
3. 学生在完成实训工单任务时，教师应在现场进行巡视或通过云平台进行随访和疑问解答，以更好地督促学生达到任务目标。
4. 实训工单任务完成后，按对应评价指标进行公正评价，建议按"学生自评30%＋组间互评30%＋教师评价40%"的模式进行实训工单完成情况成绩评定。
5. 建议教师在每一次实训工单任务完成后，对学生完成情况进行统计分析、点评，并引导学生对实训工单任务进行反复训练，尽量达到最优标准。

实训工单编号：2-3

任务主题	搭建电商直播间		任务类别	□团队 □个人
任务限时			训练场地	
学生姓名		学号	所在班级	
所在团队			团队任职	□队长 □成员
实训目的： 1. 掌握直播设备的使用方法，柔光灯色温、亮度的调节方法，并进行操作演示，掌握直播间搭建的原则。 2. 各小组以直播形式展示自选主题直播间，并进行现场介绍。					
操作流程及要求： 任务1：直播间布光实操 (1) 组织学生以各小组为单位进行实操布光。 (2) 学生在布光过程中需要根据室温反复进行灯光参数设置，以实现最佳的光线效果。 (3) 任务呈现可用文字、图片或者视频的形式。 任务2：直播间搭建细节实操 (1) 根据课堂学习情况布置初阶、中阶、高阶三个难度不同的任务，学生根据课堂评价等级选相应难度的任务来完成。 (2) 以直播形式展示小组自选主题直播间，展现良好的现场介绍技能，并完成下表。					

目标	直播间主题	直播定位	团队分工	完成目标
现场图片				

任务3：电商类直播间搭建综合实操
(1) 根据课堂学习情况布置初阶、中阶、高阶三个难度不同的任务，学生根据课堂评价等级选取相应难度的任务来完成。
(2) 以直播形式展示小组自选主题直播间，展现良好的现场介绍技能。

续表

任务4：电商类直播间搭建"知识树"绘制		
直播间搭建的原则	直播间搭建的细节、技巧	电商类直播的直播间搭建
请画出直播间搭建的"知识树"		

（1）学生在完成前三个任务之后，以小组为单位完成主题直播间搭建流程回顾。
（2）完成以上任务后，教师随机抽取部分小组或由小组自愿进行任务成果和体会分享，并点评。

任务评价

	评价指标项	标准分数	评价得分	计分
个人 自评 30%	能够详细分析各参数并完成直播间布光实操	5		
	能够明确直播间的主题、直播定位、团队分工、完成目标	10		
	能够按初阶、中阶、高阶三个难度不同的任务完成布置，并用数据和图片的形式进行细化呈现	10		
	能够详细无误地绘制出本知识点的所有知识框架	5		
组间 互评 30%	该小组成员能自觉利用课堂内外时间完成训练任务	5		
	该小组成员在训练过程中能相互督促、相互启发	5		
	该小组成员整体训练成果较好，完成度和完成质量突出	10		
	该小组成员在分享环节中表现积极，内容真实丰富	10		
教师 评价 40%	该小组成员配合默契，能围绕训练目标自觉自主练习，能高效率完成训练任务	13		
	该小组对任务进程的把控较好，能主动利用课余时间巩固练习，时间分配合理	13		
	该小组实训体会分享真实可信，能体现对教学内容的理解与应用	14		
总分				

实训体会与总结：

【同步测验】

一、选择题

（　　）1. 网络测试既要测试网络连接的稳定性，又要测试_____。
A. 网络速度　　　　B. 网络传输　　　　C. 网络传输速度　　　　D. 网络光纤

（　　）2. 直播电商活动有时候需要全景直播，有时候需要_____直播。
A. 中景　　　　　　B. 近景　　　　　　C. 特写　　　　　　　　D. 切景

（　　）3. 直播间测试包括进入渠道测试、直播画面测试、_____采集效果测试等。
A. 心情　　　　　　B. 喜好　　　　　　C. 流量　　　　　　　　D. 声音

二、判断题

（　　）1. 刚开播时，运用室内原有的灯光或借助自然光就可以了。

（　　）2. 辅助背景灯安装在主播身后的背景上，打开背景灯，明暗对比，画面更加立体。

（　　）3. 搭建直播间最简单的一种方式就是把直播间布置得干净整洁。

三、填空题

1. 直播间的背景墙建议最好选择_____，灰色系是摄像头最适合的背景色，不会曝光，视觉舒适，简洁大方。新人直播可以考虑购买_____，这样能够有效_____。

2. 为了增强说服力，确保商品的展示效果，主播需要对展示所用的商品进行检查，包括其_____、_____、_____、_____等，避免直播过程中出现商品不存在或商品型号不对等尴尬情况，将商品卖点展示给平台用户，有助于提高直播电商的_____。

3. 直播间测试包括_____、_____、_____等。

四、简答题

请谈一谈你喜欢的电商直播间的风格特点。

主播素养之"修行"篇

项目三 修炼主播文化底蕴

任务一 培养主播逻辑思维

【同步实训工单】

> 温馨提示：
> 1. 根据实训任务目标设定、任务流程提示和评价指标，学生分组或独立完成实训工单。
> 2. 教师需根据每一份实训工单的具体内容和完成标准设定完成时限和提交标准。
> 3. 学生在完成实训工单任务时，教师应在现场进行巡视或通过云平台进行随访和疑问解答，以更好地督促学生达到任务目标。
> 4. 实训工单任务完成后，按对应评价指标进行公正评价，建议按"学生自评20%＋组间互评40%＋教师评价40%"的模式进行实训工单完成情况成绩评定。
> 5. 建议教师在每一次实训工单任务完成后，对学生完成情况进行统计分析、点评，并引导学生对实训工单任务进行反复训练，尽量达到最优标准。

实训工单编号：3-1

任务主题	培养主播逻辑思维		任务类别	□团队 □个人
任务限时			训练场地	
学生姓名		学号	所在班级	
所在团队			团队任职	□队长 □成员

实训目的：
1. 能掌握逻辑思维训练的方法及技巧，长期并持之以恒地锻炼自己的逻辑思维。
2. 能利用复述、模仿、角色扮演等方法，提高逻辑思维与表达能力。

操作流程及要求：

任务1：零秒思考法训练逻辑思维

拿一张A4纸，先把它横着放，然后写出一个主题。围绕着这个主题把脑海里正在思考的事情记录下来，写4～6行，控制在两分钟之内完成。每天写5页，想写什么就写什么，想怎么写就怎么写，只需把脑海里最原始的想法记录下来就可以。

例如：如何完成年度目标？
（1）目标可量化吗？怎么衡量目标达成？
（2）年度的目标真的合理吗？是否需要修改？
（3）年度最核心的目标是什么？如果只能完成一两个，会是哪个？
（4）目前完成了哪些目标？怎么去调整？

围绕年度目标这个主题把脑海里的各种想法快速记录下来即可，不用担心想法本身的对错，久而久之思路就会清晰了。

日期							
主题							
想法							

续表

任务 2：表达拆解法训练逻辑思维

跟别人沟通时，去分析思考别人表达的内容和观点是什么，理由是什么，案例是什么；或者看到一篇文章，去拆解这个文章的逻辑、脉络、思路是怎样的，同样思考观点是什么，论证过程是怎样的，结构是怎样的。轮到你去表达沟通的时候，也需要遵循同样的方式。例如，观察到某个人临场发言时的表达很有逻辑，可能使用了 PREP 框架：

P（Point，结论），简洁明了地表明自己的观点/论点/主张，也就是你在说什么、你想要表达什么。

R（Reason，依据），说出支持你结论的"依据"，是基于哪些理由。

E（Example，示例），用实际的例证（资料、数据、个人经历等）来提高你的结论或观点的说服力。

P（Point，重申结论），最后重复结论，确保自己想传达的信息已确实传递。

请学生观看《我是演说家》《开讲啦》等演讲辩论类综艺节目片段，完成以下任务。

任选一个人的一段演讲，利用 PREP 法梳理逻辑框架。

节选片段	
P	
R	
E	
P	

任务 3：复述法、情景模拟培训法训练逻辑思维

（1）复述是语言组织能力、快速理解知识能力、提炼重点的能力和逻辑思维层次的体现。由教师放映一段直播、演讲、影片片段，之后以小组为单位，选任一组员进行复述，组间进行竞赛，记录小组成员完成情况。

（2）以小组为单位，组员扮演角色，组织角色语言进行演讲，这就是"情景模拟培训法"。可以模仿一种场景，如面试官与应聘人员的面试、婚礼现场司仪主持、新郎或新娘即兴发言等，也可以模仿一段影视作品或者小品，小组成员在作品中扮演不同的角色。

（3）完成以上任务后，小组之间相互评价，教师随机抽取部分小组或由小组自愿进行任务成果和体会分享，并点评。

	任务评价			
	评价指标项	标准分数	评价得分	计分
个人 自评 20%	通过零秒训练能梳理思路，头脑清晰，反应敏捷	4		
	能利用表达拆解法建立完整的逻辑框架	8		
	能完整清晰地完成内容复述，有效提高语言组织能力、快速理解知识能力、提炼重点能力	8		
组间 互评 40%	该小组成员能自觉利用课堂内外时间完成训练任务	10		
	该小组成员在训练中能相互督促、纠正和辅助	10		
	该小组成员整体训练成果较好	10		
	该小组成员在分享环节中表现积极，内容真实丰富	10		
教师 评价 40%	该小组成员配合默契，能围绕训练目标自觉自主练习，能高效率完成训练任务	20		
	该小组对任务进程的把控较好，能主动利用课余时间巩固练习，时间分配合理	10		
	该小组实训体会分享真实可信，能体现对教学内容的理解与应用	10		
总分				

实训体会与总结：

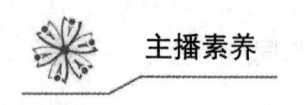

【同步测验】

一、选择题

（　　）1. 基本逻辑思维方法包括_____。（多选题）
A. 抽象与概括　　　　B. 分析与综合　　　　C. 归纳与演绎　　　　D. 原因与结果

（　　）2. 阅读哲学著作相比阅读小说，更多地需要_____思维。（单选题）
A. 想象　　　　　　　B. 抽象　　　　　　　C. 逆向　　　　　　　D. 创新

（　　）3. 思维导图可以用来_____。（多选题）
A. 理解概念　　　　　B. 帮助记忆　　　　　C. 事物分析　　　　　D. 知识归纳

二、判断题

（　　）1. 受教育程度越高，接触到的知识越趋于抽象，对于复杂概念的把握能力越强，说话表达的逻辑性就会越强。

（　　）2. 如果是新手第一次接触思维导图，我们更推荐采用手工绘图法。

（　　）3. 思维导图是将思维形象化的方法，是一种结构化思考的高效工具，它可以帮助我们理清思绪，重塑更加有序的知识体系。

三、填空题

1. 在主播、达人（网红）、短视频运营、直播运营、直播选品、流量投放（媒体投放）六个重点岗位中，需求量最大的是_____。

2. 从_____到_____的转化过程十分重要，进行这方面的基础训练有利于即兴说话的良好表达。

3. 目前，思维导图流行两种画法，一种是_____，一种是_____。

四、简答题

参照下图，用 MindMaster 思维导图绘制软件绘制某场直播的流程。

附录　同步实训工单与同步测验

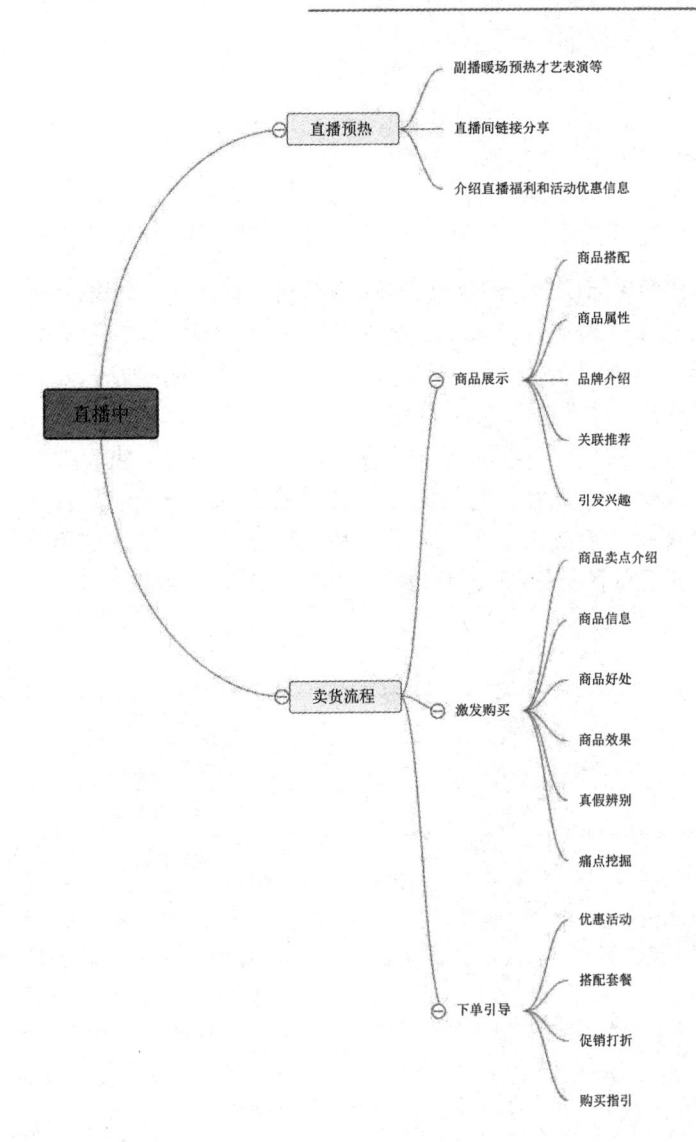

- 直播中
  - 直播预热
    - 副播暖场预热才艺表演等
    - 直播间链接分享
    - 介绍直播福利和活动优惠信息
  - 卖货流程
    - 商品展示
      - 商品搭配
      - 商品属性
      - 品牌介绍
      - 关联推荐
      - 引发兴趣
    - 激发购买
      - 商品卖点介绍
      - 商品信息
      - 商品好处
      - 商品效果
      - 真假辨别
      - 痛点挖掘
    - 下单引导
      - 优惠活动
      - 搭配套餐
      - 促销打折
      - 购买指引

任务二　训练主播创新思维

【同步实训工单】

> 温馨提示：
> 1. 根据实训任务目标设定、任务流程提示和评价指标，学生分组或独立完成实训工单。
> 2. 教师需根据每一份实训工单的具体内容和完成标准设定完成时限和提交标准。
> 3. 学生在完成实训工单任务时，教师应在现场进行巡视或通过云平台进行随访和疑问解答，以更好地督促学生达到任务目标。
> 4. 实训工单任务完成后，按对应评价指标进行公正评价，建议按"学生自评20%＋组间互评40%＋教师评价40%"的模式进行实训工单完成情况成绩评定。
> 5. 建议教师在每一次实训工单任务完成后，对学生完成情况进行统计分析、点评，并引导学生对实训工单任务进行反复训练，尽量达到最优标准。

实训工单编号：3-2

任务主题	主播创新思维训练	任务类别	□团队 □个人
任务限时		训练场地	
学生姓名	学号	所在班级	
所在团队		团队任职	□队长 □成员

实训目的：
1. 能利用联想法掌握创新思维训练的方式。
2. 能利用创新思维提升营销创意。

操作流程及要求：

任务1：词语搭配联想

（1）准备10个词语，分别为蛋糕、火车、单车、滑板、游泳、跑步、防晒霜、爽身粉、彩带、电线。
（2）规则和程序。
①设置A、B两个组，随机抽取4个词语。
②两分钟准备时间，组员进行讨论，将小组所抽到的词组成一段话，并将这段话写在纸上。
③准备时间过后，对组员间成果进行展示。
示例：

小组	抽取到的词语	组成的一段话
A	火车、游泳、跑步、彩带	我市运动员乘坐火车来到美丽的城市青岛参加铁人三项赛，先后比拼了游泳和自行车，在最后的跑步赛项中，我市运动员第一个冲过了终点的彩带，获得了冠军

任务2：开一家玩具公司

你有没有设想过拥有自己设计的芭比娃娃？有没有想过用自己设计的飞机模型参加比赛？本游戏就将带你重温这一童年梦想。
（1）道具：纸、笔。
（2）游戏目的：培养创造性解决问题的能力，培养纵观全局、综合看问题的能力。
（3）规则与程序。
①每5人一组，假设他们拥有一家玩具公司，需要设计出一款新玩具，可以是任何类型、针对任何年龄段，唯一的要求就是要有新意。
②给学生10分钟时间准备，然后让每组选出一名代表，对他们设计的玩具进行一个详尽的介绍，内容应该包括目标

人群、卖点、广告、创意、预算等。
　　③在每组都做完介绍之后，让大家评选出最好的一组，即以最少的成本做出了最好的创意；另外也可以颁发一些单项奖，如最吸引人的名字、最动人的广告创意、花钱最多的玩具等。

公司名称	商品	目标人群	卖点	广告	预算	创意

任务评价

	评价指标项	标准分数	评价得分	计分
个人自评 20%	通过训练能掌握创新思维方法	2		
	能在限时内完成创意思维训练任务，所有任务达标	8		
	能在限时内完成营销创意训练任务，所有任务达标	10		
组间互评 40%	该小组成员能自觉利用课堂内外时间完成训练任务	10		
	该小组成员在训练中能相互督促、纠正和辅助	10		
	该小组成员整体训练成果较好	10		
	该小组成员在分享环节中表现积极，内容真实丰富	10		
教师评价 40%	该小组成员配合默契，能围绕训练目标自觉自主练习，能高效率完成训练任务	20		
	该小组对任务进程的把控较好，能主动利用课余时间巩固练习，时间分配合理	10		
	该小组实训体会分享真实可信，能体现对教学内容的理解与应用	10		
总分				

实训体会与总结：

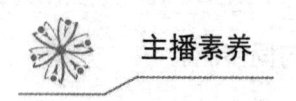

【同步测验】

一、选择题

（　　）1. _____是对同一问题从不同层次、不同角度、不同方向进行探索，从而提供新结构、新点子、新思路或新发现的思维过程。

A. 发散思维　　　　B. 收敛思维　　　　C. 正向思维　　　　D. 反向思维

（　　）2. 5W1H 法中的"H"代表_____。

A. How much　　　B. How　　　　　　C. Help　　　　　　D. Hope

（　　）3. 有价值的创新思维必须做到以下三点：_____；增进服务效率；提供更好的商业模式。

A. 持续制造问题　　B. 持续发现问题　　C. 持续提出问题　　D. 持续解决问题

二、判断题

（　　）1. 纵向思维是一种历时性的比较思维，它是从事物自身的过去、现在和未来的分析对比中，发现事物在不同时期的特点及前后联系，从而把握事物本质的思维过程。

（　　）2. 逆向思维是按照常规思路，遵照时间发展的自然过程，以事物的常见特征、一般趋势为标准的思维方式，是一种从已知到未知来揭示事物本质的思维方法。

（　　）3. 直播间最好选在固定的场所，打造固定的场景。

三、填空题

1. 求异思维是指对某一现象或问题，进行多_____、多_____、多_____、多_____、多_____、多_____的分析和思考。

2. 目标用户的实际需求点，可以细分为五大板块：_____、_____、_____、_____、_____。

3. 5W1H 方法的优点是提议讨论者从不同的层面去思考和解决问题。其中，5W 是指_____、_____、_____、_____、_____；1H 是指_____。

四、简答题

请谈谈东方甄选的直播运用了哪些创新思维。

任务三　学习网络行业文化

【同步实训工单】

温馨提示：
1. 根据实训任务目标设定、任务流程提示和评价指标，学生分组或独立完成实训工单。
2. 教师需根据每一份实训工单的具体内容和完成标准设定完成时限和提交标准。
3. 学生在完成实训工单任务时，教师应在现场进行巡视或通过云平台进行随访和疑问解答，以更好地督促学生达到任务目标。
4. 实训工单任务完成后，按对应评价指标进行公正评价，建议按"学生自评20%＋组间互评40%＋教师评价40%"的模式进行实训工单完成情况成绩评定。
5. 建议教师在每一次实训工单任务完成后，对学生完成情况进行统计分析、点评，并引导学生对实训工单任务进行反复训练，尽量达到最优标准。

实训工单编号：3-3

任务主题	主播了解网络文化		任务类别	□团队　□个人
任务限时			训练场地	
学生姓名		学号	所在班级	
所在团队			团队任职	□队长　□成员

实训目的：
1. 了解我国互联网发展情况，能够从中国互联网络信息中心（CNNIC）、艾瑞网等平台获取数据。
2. 了解近期互联网热门事件，尤其是互联网营销事件或直播领域相关事件。

操作流程及要求：

任务1：了解互联网与直播发展状况

（1）打开"中国互联网络信息中心"网站，找到2020—2023年的《中国互联网络发展状况统计报告》，如下图所示。

续表

(2) 筛选其中有关网络现状与直播发展状况的数据填入下表。

年份	网民规模	网络普及率	网络购物规模	网络直播规模	当年网络直播发展特点
2020					
2021					
2022					
2023					

(3) 打开艾瑞网，下载《2021年中国直播电商行业研究报告》《2022年中国企业直播行业发展趋势研究报告》《2022年淘宝直播年度新消费趋势报告》，根据报告内容填写下面表格。

发展	情况
直播电商新规模	
直播电商新业态	
直播电商新风向	
直播电商新意义	

任务2：了解网络与直播相关的热门事件

(1) 请每位同学将你所知道的网络热门事件填写到下列表格中。

网络热门事件	直播相关事件
示例：肯德基赠品"可达鸭"火爆全网	示例：东方甄选董宇辉爆红

(2) 以小组为单位，各组选择一个事件进行详细描述，并思考该事件走红背后的原因，可配图文和视频进行讲解。

(3) 完成以上任务后，教师随机抽取部分小组或由小组自愿进行任务成果和体会分享，并点评。

任务评价

	评价指标项	标准分数	评价得分	计分
个人自评 20%	能通过网络信息平台检索获得互联网行业资讯	2		
	能将各种文化元素融入直播，营造良好的直播间文化氛围	8		
	能够顺应互联网文化潮流并引领文化导向	10		
组间互评 40%	该小组成员能自觉利用课堂内外时间完成训练任务	10		
	该小组成员在训练中能相互督促、纠正和辅助	10		
	该小组成员整体训练成果较好	10		
	该小组成员在分享环节中表现积极，内容真实丰富	10		
教师评价 40%	该小组成员配合默契，能围绕训练目标自觉自主练习，能高效率完成训练任务	20		
	该小组对任务进程的把控较好，能主动利用课余时间巩固练习，时间分配合理	10		
	该小组实训体会分享真实可信，能够体现对教学内容的理解与应用	10		
总分				

实训体会与总结：

【同步测验】

一、选择题

（　　）1. _____的产生常常适应了社会文化发展的需要，反映了网民当下最真实的心理变化，促进了社会各个群体之间的交流。
　　A. 网络文化　　　B. 网络语言　　　C. 网络娱乐　　　D. 网络营销

（　　）2. 网络语言"DDDD"指的是_____。
　　A. 滴滴答答　　　B. 懂的都懂　　　C. 低调低调　　　D. 多多担待

（　　）3. _____的兴起与发展，以及日益密切的文化交流与融合，促使中华文化进入一个不断发展与创新的新时期。
　　A. 社会化媒体　　B. 互联网金融　　C. 电子商务　　D. 互联网文化

二、判断题

（　　）1. 网络语言不规范，对传承发扬传统文化的精髓存在着负面影响，应该坚决抵制。

（　　）2. 优秀的电商主播除了向平台用户和粉丝有效地推荐商品，还要同步与平台用户进行有效的知识、信息、情感交流，使直播间内外形成复杂的文化传播场和心理场。

（　　）3. 网络直播经过几年尝试，发展迅速。时空一体的沉浸式体验，正在推动网络直播从人们惯性化的生活场域发展成为泛在化的社会文化仪式。

三、填空题

1. 网络文化包含着丰富的_____、_____、_____、_____等信息，具有传播速度快、时效性强、信息容量大、覆盖范围广、高度的开放性和交互性等特点。

2. 要熟悉网络语言，可以从_____、_____、_____等方面探索。

四、简答题

1. 谈一谈东方甄选的成功从哪些方面体现了网络文化的重要性？

2. 东方甄选是否拥有持续发展的能力？能否在竞争激烈的电商直播领域杀出一条道路？

3. 为什么董宇辉可以一夜爆火？他的爆火说明了什么？

任务四 培育主播礼仪修养

【同步实训工单】

> 温馨提示：
> 1. 根据实训任务目标设定、任务流程提示和评价指标，学生分组或独立完成实训工单。
> 2. 教师需根据每一份实训工单的具体内容和完成标准设定完成时限和提交标准。
> 3. 学生在完成实训工单任务时，教师应在现场进行巡视或通过云平台进行随访和疑问解答，以更好地督促学生达到任务目标。
> 4. 实训工单任务完成后，按对应评价指标进行公正评价，建议按"学生自评20%＋组间互评40%＋教师评价40%"的模式进行实训工单完成情况成绩评定。
> 5. 建议教师在每一次实训工单任务完成后，对学生完成情况进行统计分析、点评，并引导学生对实训工单任务进行反复训练，尽量达到最优标准。

实训工单编号：3-4

任务主题	主播才艺与个人修养训练		任务类别	□团队 □个人
任务限时			训练场地	
学生姓名		学号	所在班级	
所在团队			团队任职	□队长 □成员

实训目的：
1. 能通过改变行为习惯与持续训练来提升自己的个人修养。
2. 能将良好的语言表达能力、特长才艺、文化底蕴更好地应用于直播。

操作流程及要求：

任务1：拍摄一个展示团队才艺的视频

（1）思考自己有哪些可供展示的特长与才艺，如读书、旅游、养花、唱歌、跳舞、运动、写字、收纳、玩游戏、摄影……

（2）3～5人组成一个小组，每人将自己的爱好与才艺进行描述和展示，小组成员共同思考如何选择并进行贯穿和展现，并填写下表。

组员	爱好	才艺	视频内容脚本

（3）拍摄视频，并在组内讨论各自的形象、表情、语言、举止是否得当。
（4）成片展示，组间比赛，由教师打分。

任务2：非暴力沟通训练

此训练分为四步：描述事实、表达感受、需要期待、具体请求。

第一步：描述事实，就是要我们区别事实和感觉。例如，不能说"我感觉粉丝不热情"，而要说"今天评论区有点安静哦"。

第二步：表达感受，就是说出这件事给你的具体感觉。例如，"点赞的好少，我感到很伤心"，更准确地表达自己的情绪有助于更好地了解自己。

第三步：需要期待，就是我们对对方有什么期待导致了这样的感受。例如，"我需要得到你的关注和点赞"。

第四步：具体请求，就是沟通不要模糊不清，你要说出具体需要对方做的事，否则对方收不到指令，也不知道该做什么。例如，直播过程中可适当提出"请大家关注""不要走开""快去下单"。

小组成员模拟以下场景，并记录语言。

场景	人物1（尽量演绎无理取闹）	人物2（尽量缓解矛盾）
顾客收到又酸又硬的猕猴桃	顾客：	客服：
直播间主播口误念错了品牌	粉丝：	主播：
男朋友忘记了重要的纪念日	女友：	男友：

任务评价

	评价指标项	标准分数	评价得分	计分
个人自评20%	了解互联网礼仪、直播礼仪与主播形象管理，能够流畅表达、有效沟通	2		
	了解兴趣爱好对直播的影响，能在直播中展示自己的才艺和文化底蕴	8		
	了解个人修养的养成并认识到个人修养对主播的重要性，能够提升自己的个人修养、不断提升气质	10		
组间互评40%	该小组成员能自觉利用课堂内外时间完成训练任务	10		
	该小组成员在训练中能相互督促、纠正和辅助	10		
	该小组成员整体训练成果较好	10		
	该小组成员在分享环节中表现积极，内容真实丰富	10		
教师评价40%	该小组成员配合默契，能围绕训练目标自觉自主练习，能高效率完成训练任务	20		
	该小组对任务进程的把控较好，能主动利用课余时间巩固练习，时间分配合理	10		
	该小组实训体会分享真实可信，能体现对教学内容的理解与应用	10		
总分				

实训体会与总结：

【同步测验】

一、选择题

（　　）1. 直播时代，有"栏目"意识的主播会更受欢迎，更易成功。这里的"栏目意识"指的是_____。

A. 规律的、稳定的直播时间　　　B. 主题
C. 固定的主播　　　　　　　　　D. 特定的直播地点

（　　）2. 以下哪个不是好的直播标题的核心点？

A. 能引起用户好奇心　B. 有想象力　C. 有热度的梗　D. 陈述直播主题

（　　）3. 以下哪个不是好主播的表现？

A. 善于互动　　　B. 临场应变能力　C. 懂得用户心理　D. 自我

二、判断题

（　　）1. 具有固定的、稳定的直播时间的主播更容易积累粉丝。

（　　）2. 网络是虚拟世界，所以在网上说话可以畅所欲言，为所欲为。

（　　）3. 主播在直播间可以把双手交叉放在直播案台与粉丝对话，或者主播用一只手肘顶住桌子，手掌托腮与粉丝对话，这样显得平易近人。

三、填空题

1. 直播主体应严于律己，不断提升个人综合素养，树立正确的_____、_____、_____，不要挑战道德和法律底线；注意保护个人隐私，同时也不应泄露和触碰他人隐私。

2. 提升个人气质的方法有：_____、_____、_____、_____、_____。

四、简答题

1. 什么是修养？怎样提高修养？

2. 请谈一谈你所熟悉的有文化底蕴、个人修养良好的主播，他们在直播间如何表现？

项目四　培养主播沟通技能

任务一　主播普通话发音吐字基本功训练

【同步实训工单】

> 温馨提示：
> 1. 根据实训任务目标设定、任务流程提示和评价指标，学生分组或独立完成实训工单。
> 2. 教师需根据每一份实训工单的具体内容和完成标准设定完成时限和提交标准。
> 3. 学生在完成实训工单任务时，教师应在现场进行巡视或通过云平台进行随访和疑问解答，以更好地督促学生达到任务目标。
> 4. 实训工单任务完成后，按对应评价指标进行公正评价，建议按"学生自评20%＋组间互评40%＋教师评价40%"的模式进行实训工单完成情况成绩评定。
> 5. 建议教师在每一次实训工单任务完成后，对学生完成情况进行统计分析、点评，并引导学生对实训工单任务进行反复训练，尽量达到最优标准。

实训工单编号：4-1

任务主题	主播普通话发音吐字基本功训练			任务类别	□团队　□个人
任务限时				训练场地	
学生姓名		学号		所在班级	
所在团队				团队任职	□队长　□成员

实训目的：
1. 能掌握正确的发声气息控制方法及技巧，学会正确控制气息以用于直播活动中的发声。
2. 能掌握正确的吐字归音常用方法，通过练习能做到字正腔圆、流畅地完成直播。

操作流程及要求：

任务1：腹式呼吸法及气息控制训练

（1）请各位同学自行进行腹式呼吸法练习，重复多次（建议每次不少于5分钟）。

（2）取一张宽约1厘米，长约10～15厘米的薄纸条，置于鼻前（纸条离鼻的距离约为4指）；深吸一口气，然后缓慢呼气，同时轻微发出"一"的字音。要求每位同学利用吸入的这一口气，持续发出"一"的字音约60秒。反复练习，直至达到或超过练习标准。在此期间，可多次记录自己在练习过程中的进度及效果，填入下表。

次数	时长	次数	时长	次数	时长	次数	时长	次数	时长

（3）数瓜：请深吸一口气，从"1个西瓜，2个西瓜，3个西瓜……"一直数到这一口气吐完为止，中间不得换气。请每位同学每次至少数到50个西瓜，重复练习，直至达到或超过训练标准。

（4）数蛙：请深吸一口气，按以下规律进行练习"1只青蛙4条腿，2只青蛙8条腿，3只青蛙12条腿……"，直至这一口气吐完为止，中间不得换气。请每位同学每次至少数到10只青蛙，重复练习，直至达到或超过训练标准。

（5）以小组为单位，进行以上第（2）、第（3）、第（4）动作的PK赛，并记录小组成员完成的总数，填入下表。在各组人数一致的情况下，总时长或总个数最高者胜出。

项目	组号	组员1	组员2	组员3	组员4	组员5	总时长/ 总个数	排名

续表

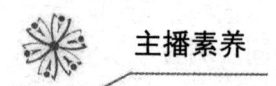

任务 2：吐字与绕口令训练

（1）请每位同学依次完成以下绕口令练习（注意尽量用最清晰的字音、最快的语速、最大的音量进行反复练习，★表示难度）。

★扁担长，板凳宽，板凳没有扁担长，扁担没有板凳宽。扁担要绑在板凳上，板凳不让扁担绑在板凳上。（一口气重复5遍）

★桌上放个盆，盆里有个瓶，乒乒乓乓，乓乓乒乒，不知是瓶碰盆，还是盆碰瓶。（一口气重复5遍）

★雷奶奶来看白奶奶，白奶奶爱雷奶奶来；小宝宝要表伯伯抱，表伯伯爱抱小宝宝。（一口气重复5遍）

★★乌鸦站在黑猪背上说黑猪黑，黑猪说乌鸦比黑猪还要黑，乌鸦说身上比黑猪黑，嘴不黑，黑猪听罢笑得嘿嘿嘿。（一口气重复5遍）

★★出东门，过大桥，大桥前面一树枣，拿着竿子去打枣，青的多，红的少，一个枣，两个枣，三个枣，四个枣，五个枣，六个枣，七个枣，八个枣，九个枣，十个枣；十个枣，九个枣，八个枣，七个枣，六个枣，五个枣，四个枣，三个枣，两个枣，一个枣。这是一个绕口令，一口气说完才算好。（一口气说完1遍）

★★白石塔，白石搭，白石搭白塔，白塔白石搭，搭好白石塔，白塔白又大。（一口气重复5遍）

★★哥挎瓜筐过宽沟，赶快过沟看怪狗，光看怪狗瓜筐扣，瓜滚筐空哥怪狗。（一口气重复5遍）

★★★红凤凰、粉凤凰，红粉凤凰粉红凤凰。红凤凰、粉凤凰，红粉凤凰粉红凤凰。（一口气重复5遍）

★★★★山前有四十四棵涩柿子树，山后有四十四只石狮子。
山前的四十四棵涩柿子树，涩死了山后的四十四只石狮子。
山后的四十四只石狮子，咬死了山前的四十四棵涩柿子树。
不知是山前的四十四棵涩柿子树涩死了山后的四十四只石狮子，
还是山后的四十四只石狮子咬死了山前的四十四棵涩柿子树。（一口气说完1遍）

★★★★★
黑化肥，灰化肥。
黑化肥发灰，灰化肥发黑。
黑化肥发灰会挥发，灰化肥发挥会发黑。
黑化肥挥发发灰会挥发，灰化肥挥发发黑会挥发。
黑灰化肥会挥发发黑化肥挥发，灰黑化肥会挥发发黑灰化肥挥发。
黑灰化肥会挥发发黑化肥黑灰挥发化为灰，灰黑化肥会挥发发黑灰化肥灰黑化肥发挥化为黑。
黑化黑灰化肥黑灰会挥发发灰黑化肥黑灰化挥发，灰化灰黑化肥黑灰会发挥发黑灰化肥灰黑化肥发挥。
（不论几口气，能一次读顺读准确的都是高手！）

（2）以小组为单位，由教师在以上绕口令中任意选择进行抽查或竞赛，并记录小组成员完成情况。

（3）完成以上任务后，教师随机抽取部分小组或由小组自愿进行任务成果和体会分享，并点评。

	任务评价			
	评价指标项	标准分数	评价得分	计分
个人自评 20%	通过训练能正确区分胸式和腹式呼吸法的动作差异	2		
	能在限时内完成气息训练任务，所有任务达标	8		
	能在限时内完成吐字和绕口令训练任务，所有任务达标	10		
组间互评 40%	该小组成员能自觉利用课堂内外时间完成训练任务	10		
	该小组成员在训练中能相互督促、纠正和辅助	10		
	该小组成员整体训练成果较好	10		
	该小组在分享环节中表现积极，内容真实丰富	10		
教师评价 40%	该小组成员配合默契，能围绕训练目标自觉自主练习，能高效率完成训练任务	20		
	该小组对任务进程的把控较好，能主动利用课余时间巩固练习，时间分配合理	10		
	该小组实训体会分享真实可信，能体现对教学内容的理解与应用	10		
总分				
实训体会与总结：				

【同步测验】

一、单选题

（　　）1. "主播普通话发音吐字基本功训练"中的"吐字基本功"指的是以下哪项内容？
A. 口齿清晰的发音技巧　　　　　　B. 流利的语速和节奏感
C. 正确的声调和语调运用　　　　　D. 自然而然的口腔形态与发音协调

（　　）2. 在普通话发音中，以下哪个音节属于单韵母？
A. lai　　　　　B. huai　　　　　C. gou　　　　　D. zhang

（　　）3. 下面哪个发音是普通话中常见的舌尖音？
A. [ʃ]　　　　　B. [l]　　　　　C. [r]　　　　　D. [x]

（　　）4. "齐齐发音"是指_____。
A. 同时发出两个相同的音　　　　　B. 全部发音时齐刷刷地一起出来
C. 用力过猛，声音突出　　　　　　D. 发音时牙齿紧闭

（　　）5. 下列词语中，哪一个词语的声调为阳平？
A. 高兴　　　　B. 家乡　　　　C. 朋友　　　　D. 大学

（　　）6. 下面关于普通话发音的说法哪个是正确的？
A. 发音正确即可保证语音准确　　　B. 只要声音洪亮就表示发音正确
C. 发音准确需要注意声调和音长　　D. 发音不准确会影响语法表达

（　　）7. 在普通话发音中，下列哪个音是带有鼻音的？
A. [b]　　　　　B. [p]　　　　　C. [m]　　　　　D. [d]

（　　）8. 关于普通话发音中的齿龈音，下列哪个发音是齿龈擦音？
A. [s]　　　　　B. [z]　　　　　C. [ʂ]　　　　　D. [ʐ]

（　　）9. 在普通话发音中，下列哪个音是个鼻辅音？
A. [y]　　　　　B. [ɤ]　　　　　C. [ŋ]　　　　　D. [ɕ]

（　　）10. "舌位前移"是指_____。
A. 发音时舌头前部向前移动　　　　B. 发音时舌头靠近齿龈
C. 发音时舌尖靠近牙齿　　　　　　D. 发音时舌头上升

（　　）11. 普通话是以（　　）为标准音，（　　）为基础方言。
A. 北方话　　北京语音　　B. 北京语音　　北方话
C. 北方话　　北方话　　　D. 北方语音　　北京话

（　　）12. "普通话"这个词最早出现在_____朝。
A. 宋　　　　　B. 唐　　　　　C. 明　　　　　D. 清

（　　）13. 根据教育部等三部门印发的《国家通用语言文字普及提升工程和推普助力乡村振兴计划实施方案》，到2025年全国范围内普通话普及率达到_____。
A. 80%　　　　B. 85%　　　　C. 90%　　　　D. 95%

（　　）14. 适合于主播长时间说话练习的呼吸法是_____。
A. 胸式呼吸法　B. 鼻式呼吸法　C. 腹式呼吸法　D. 无所谓

（   ）15. 换气的常用方法有_____。
A. 2 种　　　　　　B. 3 种　　　　　　C. 4 种　　　　　　D. 5 种
（   ）16. "枣核形"发音是指_____。
A. 说话时要经常说"枣核形"三个字
B. 说话时要注意象说"枣核形"三个字那样字正腔圆
C. 以字头为核心，从发音时口腔开度的变化来看，正好是由闭到开再到闭的过程，两头小，中间大，这就形成了这个"枣核形"
D. 以字腹为核心，从发音时口腔开度的变化来看，正好是由闭到开再到闭的过程，两头小，中间大，这就形成了这个"枣核形"

二、多选题

（   ）1. 主播普通话发音中需要注意以下哪些因素？
A. 声调和音调运用　　　　　　B. 语速和节奏感
C. 口腔形态和发音协调　　　　D. 词汇的选择和使用
（   ）2. 下列哪些因素会影响主播的口齿清晰度？
A. 口齿不清晰的发音技巧　　　B. 情绪过于激动导致口齿不清
C. 过快的语速和不良的节奏感　D. 声带疾病导致发音不准确
（   ）3. 关于主播普通话发音训练的实际操作步骤，以下哪些是正确的？
A. 听录音并模仿标准发音　　　B. 学习语音学理论知识
C. 参加发音教学班或请专业人士指导　　D. 多读、多练，提高发音技巧
（   ）4. 在主播普通话发音训练中，以下哪些因素是需要重点注意的？
A. 四声的正确发音　　　　　　B. 声调的运用和把握
C. 语速的掌握　　　　　　　　D. 口腔形态与发音的协调配合
（   ）5. 以下哪些特点是主播普通话发音中需要注意的？
A. 声音洪亮、磁性　　　　　　B. 口鼻协调，避免鼻音过重
C. 发音准确、清晰　　　　　　D. 语速快、节奏感强
（   ）6. 语音的四要素是_____。
A. 音高　　　　B. 音强　　　　C. 音长　　　　D. 音色
（   ）7. 吐字归音应做到_____。
A. 准确、清晰　　B. 圆润、顺畅　　C. 集中、流利　　D. 快速、统一
（   ）8. 在练习发音技巧时，要学会打开口腔、放松面部，那么，应该要做到_____。
A. 提颧肌　　　　B. 打牙关　　　　C. 挺软腭　　　　D. 松下巴

三、判断题

（   ）1. 在主播普通话发音训练中，吐字基本功是指喉咙的协调运用。
（   ）2. 在主播普通话发音训练中，正确的发音只需要注意声音洪亮即可。
（   ）3. 在主播普通话发音训练中，发音准确需要注意声调和音长。
（   ）4. 在主播普通话发音中，齿龈音主要有齿龈擦音和齿龈塞音两种。
（   ）5. 在主播普通话发音中，舌位的前移是指舌头前部向前移动。

四、简答题

1. 请谈一谈正确的呼吸方法是怎样的？

2. 请想一想有哪些发声呼吸的力量训练方法？

3. 四种换气方法的差异在哪里？

4. 从生理器官的角度来看，发音的原理是什么？

任务二　主播语言情感表达训练

【同步实训工单】

温馨提示：
1. 根据实训任务目标设定、任务流程提示和评价指标，学生分组或独立完成实训工单。
2. 教师需根据每一份实训工单的具体内容和完成标准设定完成时限和提交标准。
3. 学生在完成实训工单任务时，教师应在现场进行巡视或通过云平台进行随访和疑问解答，以更好地督促学生达到任务目标。
4. 实训工单任务完成后，按对应评价指标进行公正评价，建议按"学生自评30%＋组间互评30%＋教师评价40%"的模式进行实训工单完成情况成绩评定。
5. 建议教师在每一次实训工单任务完成后，对学生完成情况进行统计分析、点评，并引导学生对实训工单任务进行反复训练，尽量达到最优标准。

实训工单编号：4-2

任务主题	主播语言情感表达训练	任务类别	□团队 □个人
任务限时		训练场地	
学生姓名		学号		所在班级	
所在团队		团队任职	□队长 □成员

实训目的：
1. 能完成情景朗诵和即兴主题演讲，体验主播在直播活动中的语言情感表达。
2. 能完成商品或情景故事讲述，训练针对不同消费者或直播间粉丝的语言情感表达。
3. 能判断不同情感的语气，并能综合运用到直播的话术中。

操作流程及要求：
　　　　　　　　　　　　　　任务1：情景朗诵
（1）请以小组为单位，分别饰演不同的角色，完成以下诗文素材的朗诵。要求语气、语调、语速适合诗文中的背景与情感，并能辅以恰当的表情与动作（20分钟）。
（2）在限时训练后，教师通过云平台随机抽取30%的同学进行训练成果展示，抽查训练成果（约15分钟）；其他同学自行拍摄训练成果小视频并上传至云平台。
（3）学生对训练过程及展示情况进行自我评价并分享训练体会，其他同学对做成果展示同学的表现进行互评（10分钟）。
（4）教师点评，再次提示训练目标和技能关键，记录训练效果不佳的学生情况，后续跟进指导（5分钟）。
（5）朗诵素材：

素材1

脊　梁
陈松友
景仰南湖的画舫，
声传南昌的枪响。
镰刀和斧子的碰撞，
激起了国人豪情万丈。

砸碎了旧世界，
迎来了新曙光。
站起来的一声震响，
你挺起的是民族脊梁。

拥抱黎明的太阳，
续写春天的诗行。
改革与开放的战舰，
掀起了江海惊涛巨浪。

素材2

沁园春·雪
毛泽东
北国风光，千里冰封，万里雪飘。
望长城内外，惟余莽莽；大河上下，顿失滔滔。
山舞银蛇，原驰蜡象，欲与天公试比高。
须晴日，看红装素裹，分外妖娆。
江山如此多娇，引无数英雄竞折腰。
惜秦皇汉武，略输文采；唐宗宋祖，稍逊风骚。
一代天骄，成吉思汗，只识弯弓射大雕。
俱往矣，数风流人物，还看今朝。

素材3

雨　巷
戴望舒
撑着油纸伞，独自
彷徨在悠长，悠长

不忘初心与梦想，
唱响四海边疆。
伟大时代万千气象，
你挺直的是中国脊梁。

啊……
伟大的中国共产党，
您就是中华民族的脊梁。
无论我用多少华丽的篇章，
都抒发不尽对您的爱戴和颂扬。
远时的长征路，
如今的兴业程，
石库房的星火在成长。
你就像灯塔，
指引着前行的方向。

看！
祖国江山万里景色如画。
听！
党啊亲爱的妈妈在传唱。
望长城内外，惟余莽莽，
大河上下，顿失滔滔。
山舞银蛇，原驰蜡象，
欲与天公试比高。
须晴日，看红装素裹，
分外妖娆。
江山如此多娇。
强起来的中国蒸蒸日上，
前进的步伐不可阻挡。
你挺起来的是中华民族的脊梁！
中华民族的脊梁！

又寂寥的雨巷，
我希望逢着
一个丁香一样地
结着愁怨的姑娘。
她是有
丁香一样的颜色，
丁香一样的芬芳，
丁香一样的忧愁，
在雨中哀怨，
哀怨又彷徨；
她彷徨在这寂寥的雨巷，
撑着油纸伞
像我一样，
像我一样地
默默彳亍着，
冷漠，凄清，又惆怅。
她静默地走近
走近，又投出
太息一般的眼光，
她飘过
像梦一般的，
像梦一般的凄婉迷茫。
像梦中飘过
一枝丁香的，
我身旁飘过这女郎；
她静默地远了，远了，
到了颓圮的篱墙，
走尽这雨巷。
在雨的哀曲里，
消了她的颜色，
散了她的芬芳
消散了，甚至她的
太息般的眼光，
丁香般的惆怅。
撑着油纸伞，独自
彷徨在悠长，悠长
又寂寥的雨巷，
我希望飘过
一个丁香一样地
结着愁怨的姑娘。

任务2：主题即兴演讲训练

（1）第一轮。
第一步：每位同学在即兴演讲的选题中任选两题进行素材准备（10分钟）。
第二步：教师通过云平台随机抽选学生进行即兴演讲（每位同学限时3分钟）。
第三步：完成后，学生分小组讨论刚才在即兴演讲中的问题与体会，并派代表进行公开分享（10分钟）。
第四步：教师总结点评，并提示需改进的要点或注意事项（5分钟）。
（2）第二轮。
第一步：由教师通过云平台随机抽选学生，并在即兴演讲素材中指定主题，由学生立刻进行即兴演讲（每位同学限时2分钟）。
第二步：完成后，学生分小组讨论、总结在随机即兴演讲中的问题与体会，并派代表进行公开分享（10分钟）。
第三步：教师总结点评，并再次强调需改进的要点或注意事项；记录训练效果不佳的学生情况，后续跟进指导（10分钟）。
（3）即兴演讲素材。
①请以"先锋"为题进行演讲，可谈谈自己的所见所感、所闻所想。
②不论你在什么时候开始，重要的是开始之后就不要停止。
③"把生活看作一种使命去完成，一往无前。——[美]阿诺德·格拉斯哥"，你同意"把生活看作一种使命"的观点吗？说说你的理解。
④你不能够改变不公，但你能够展现笑容。
⑤请以"生命中的空白"为题进行演讲。
⑥当清晨的第一缕阳光照耀在非洲的大草原上，羚羊会对自己说："快跑！否则你会被狮子吃掉！"狮子会对自己说："快跑！否则你会饿死在那里！"请以这个小故事为话题进行3分钟的演讲。

续表

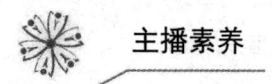

⑦常有人说：单独思考往往会创造奇迹。请针对"智慧总是在孤独中生根"这句话，谈谈你的见解。

⑧张爱玲女士说过这样一句话："对于三十岁以后的人来说，十年八年不过是指缝间的事；而对于年轻人而言，三年五年就可以是一生一世。"（选自《十八春》）请以此为话题进行演讲。

⑨你不能够左右天气，但你能够改变情绪。

⑩人生中处处能够遇到值得我们感恩的人。里根在婚礼上说了这样一句话："上帝把南希赐予我，就足以让我毕生感激。"请以"感恩"为话题，以一个或多个具体的例子，阐述你对感恩的看法。

（更多即兴演讲素材请登录云平台）

任务3：直播间语言情感模拟训练

以小组为单位完成以下直播间语言情感模拟训练。

任务背景：现有××直播间正在推广一款适用于成人和老人的"尿不湿"商品，该商品由中国企业自主生产研发，品牌为"×××"（学生小组所用商品可通过网络查找任意一个品牌），此次直播活动安排在父亲节前后三天进行。

（1）请各小组为此次父亲节推广该"尿不湿"商品策划一场直播活动，并为该场直播设计主要阶段的话术，要求体现直播进程各阶段的不同情感诉求。按下表的内容提示，将设计的话术填在表中（40分钟）。

（2）完成后，各组进行现场分享，简要介绍话术设计背景，主要直播进程及情感氛围，可现场演绎自己的设计（30分钟）。

（3）各组反思，并完成小组互评（10分钟）。

（4）教师总结点评，并再次强调需改进的要点或注意事项；记录训练效果不佳的学生情况，后续跟进指导（10分钟）。

_____直播间情感话术模拟策划

直播阶段	模拟话术	语气类型或情感状态
暖场欢迎话术		
自我介绍话术		
引导关注话术		
氛围话术		
推品话术		
催单话术		
专场话术		
感谢话术		
结束话术		

任务完成过程及成果记录（学生填写）

（本处记录任务分配情况，训练进程和问题，成果以电子文档或视频录像方式上传至云平台）

任务评价

	评价指标项	标准分数	评价得分	计分
个人自评 30%	能在限定时间内完成规定的训练内容	5		
	能正确解读文本内容，朗诵中声音和气息控制良好，语速、语气、语调能体现文本内容的内涵与情感，眉眼、手势等辅助动作协调、自然，不做作	10		
	对即兴演讲主题的理解正确，能充分表现自己对主题的理解，并能运用情感语言引导现场氛围	5		
	积极参与直播活动情景话术设计，并能较好地演绎	10		
组间互评 30%	该小组成员训练态度认真、训练或工作踏实	5		
	该小组成员展示训练成果时大方得体、积极主动	5		
	该小组成员的训练成果展示情况良好，动作标准	10		
	该位小组成员的分享内容真实、要点清晰，语言表达良好	10		
教师评价 40%	该小组训练态度认真，并在限时内完成了训练任务	10		
	该小组训练成果展示大方，语言及动作标准	20		
	该小组训练体会分享真实可信，能够体现对教学内容的理解与应用	10		
总分				

实训体会与总结：

【同步测验】

一、单选题

（　　）1. 在主播语言情感表达训练中，以下哪项不是声音情感表达技巧的关键点？
A. 节奏和音调的变化　　　　　　　　B. 声音的音量和强度
C. 发音的准确性和清晰度　　　　　　D. 资讯内容的深度和广度

（　　）2. 在主播语言情感表达训练中，以下哪项不属于态势语的特点？
A. 通过肢体动作传递信息　　　　　　B. 用于强调重点或有效控制对话节奏
C. 可以替代语言进行交流　　　　　　D. 通常不会影响观众的情感体验

（　　）3. 在主播语言情感表达训练中，以下哪项不属于有效的表情技巧？
A. 保持面部表情自然和真实　　　　　B. 利用眼神来与观众进行互动
C. 使用手势来增强表达效果　　　　　D. 忽略观众反馈，专注自己的表演

（　　）4. 在主播语言情感表达训练中，以下哪项是正确的声音情感表达技巧？
A. 始终保持单调的声音，以避免观众情绪波动
B. 在重要的句子或情绪高潮处使用加强音量和音调的方式
C. 尽量避免使用音调和节奏的变化，以免分散观众注意力
D. 只需关注发音的准确性和清晰度，声音情感表达不那么重要

（　　）5. 在主播语言情感表达训练中，以下哪项不是有效的声音情感表达技巧？
A. 使用适当的语速和节奏，使观众易于跟随和理解
B. 利用嗓音的高低来表达不同的情感
C. 避免使用情感词汇和形容词，以保持专业性
D. 将发音准确性和清晰度作为基本要求

（　　）6. 以下哪一个不是主播语言与情感表达需要遵循的原则？
A. 真实性　　B. 适度性　　C. 互动性　　D. 艺术性　　E. 互助性　　F. 专业性

二、多选题

（　　）1. 在主播语言情感表达训练中，以下哪些属于声音情感表达技巧的关键点？
A. 发音的准确性和清晰度　　　　　　B. 节奏和音调的变化
C. 声音的音量和强度　　　　　　　　D. 语速和节奏的控制

（　　）2. 在主播语言情感表达训练中，以下哪些属于有效的表情技巧？
A. 保持面部表情自然和真实
B. 利用眼神来与观众进行互动
C. 使用手势来增强表达效果
D. 忽略观众反馈，专注自己的表演

（　　）3. 在主播语言情感表达训练中，以下哪些是有效的声音情感表达技巧？
A. 使用适当的语速和节奏，使观众易于跟随和理解
B. 利用嗓音的高低来表达不同的情感
C. 避免使用情感词汇和形容词，以保持专业性
D. 将发音准确性和清晰度作为基本要求

（　　）4. 情感的表达可分为_____三种基本方式。
A. 不完全准确方式　　B. 夸张掩饰方式　　C. 完全相反方式　　D. 完全准确方式
（　　）5. 语音练习中的综合语调一般分为_____两大类。
A. 语流　　　　　　　B. 语势　　　　　　C. 节奏　　　　　　D. 语气
（　　）6. 主播的语言情感表达训练至少应该包括_____。
A. 心态训练　　　　　B. 基本功训练　　　C. 亲和力训练　　　D. 表现力训练

三、判断题

（　　）1. 在主播语言表达训练中，声音情感表达技巧不重要，只需专注发音的准确性和清晰度。
（　　）2. 在主播语言情感表达训练中，态势语通常不会对观众的情感体验产生影响。
（　　）3. 在主播语言情感表达训练中，保持面部表情自然和真实是一个有效的表情技巧。
（　　）4. 在主播语言情感表达训练中，使用手势来增强表达效果属于有效的表情技巧。
（　　）5. 在主播语言情感表达训练中，只需关注发音的准确性和清晰度，声音情感表达不那么重要。

四、简答题

1. 主播在讲解中如何进行情感表达训练？

2. 主播语言情感表达应该遵循什么样的原则？

任务三　主播表情和态势语训练

【同步实训工单】

温馨提示：
1. 根据实训任务目标设定、任务流程提示和评价指标，学生分组或独立完成实训工单。
2. 教师需根据每一份实训工单的具体内容和完成标准，设定完成时限和提交标准。
3. 学生在完成实训工单任务时，教师应在现场进行巡视或通过云平台进行随访和疑问解答，以更好地督促学生达到任务目标。
4. 实训工单任务完成后，按对应评价指标进行公正评价，建议按"学生自评30%＋组间互评30%＋教师评价40%"的模式进行实训工单完成情况成绩评定。
5. 建议教师在每一次实训工单任务完成后，对学生完成情况进行统计分析、点评，并引导学生对实训工单任务进行反复训练，尽量达到最优标准。

实训工单编号：4-3

任务主题	主播表情和态势语训练		任务类别	□团队 □个人
任务限时			训练场地	
学生姓名		学号	所在班级	
所在团队			团队任职	□队长 □成员
实训目的： 1. 能完成主播基础表情（笑容）练习，逐步养成微笑习惯。 2. 能完成主播常用手势、身势语训练，学会恰当地使用。				
操作流程及要求： 1. 请每位同学按照提示自行完成以下训练，每次训练不少于2分钟，每次训练5组。（共10分钟） ●眉眼练习 （1）眉毛上下动5次，倘若动不好也不要紧，只要收缩上眼睑的肌肉就达到了目的。 （2）将黑眼珠上翻慢慢转，左5圈，右5圈，这一节对消除眼睛疲劳也很有效。 （3）将食指置于双目中间，做对眼状10秒，然后放松，重复5次。 （4）将两手食指置于双眼左右，眼珠尽量不看食指，保持10秒，放松。重复5次。 （5）左右眼睛交替闭目，难以闭合的一只要重点练习，倘若双目都能同等程度地一闭一合，眼神操练习便达到了及格水平。 ●笑容练习 （1）食指抵住两边嘴角，慢慢上升，保持10秒钟。 （2）不用食指，让嘴角往上挑，保持10秒钟，其他部分保持松弛状。 （3）嘴角接平瞳孔的延长线，做大笑状，持续10秒钟再复原。 （4）手指沿颧骨按住面部，反复做笑容和松弛状，确保肌肉运动。 （5）放松脸部的肌肉，做一个自己喜欢的笑容。 2. 请每位同学模拟以下情景对应的态势语动作，每个动作训练不低于5次（约10分钟）。 （1）打招呼；（2）比心；（3）强调；（4）无奈；（5）展示小商品细节；（6）展示服装细节；（7）展示护肤品上脸效果；（8）查看粉丝留言；（9）赞扬；（10）没问题。 3. 教师通过云平台随机抽取30%的同学进行训练成果展示，抽查训练成果（约15分钟）；其他同学自行拍摄训练成果小视频并上传至云平台。 4. 学生对训练过程及展示情况进行自我评价并分享训练体会，其他同学对做成果展示同学的表现进行互评（5分钟）。 5. 教师点评，再次提示训练目标和要点，记录训练效果不佳的学生情况，后续跟进指导（5分钟）。				
任务完成过程及成果记录（学生填写）				
（此处可以是图片或视频，也可以上传至云平台）				

续表

任务评价				
	评价指标项	标准分数	评价得分	计分
个人自评 30%	能在限定时间内完成规定的训练内容和次数	10		
	眉眼动作协调、自然，不做作	5		
	对态势语动作内涵理解到位，能正确地做出动作	10		
	平时自己的表情与态势语运用习惯较好	5		
组间互评 30%	该小组成员训练态度认真、训练或工作踏实	5		
	该小组成员展示训练成果时大方得体、积极主动	5		
	该小组成员的训练成果展示情况良好，动作标准	10		
	该小组成员的分享内容真实、要点清晰，语言表达良好	10		
教师评价 40%	该小组成员训练态度认真，并在限时内完成了训练任务	10		
	该小组成员训练成果展示大方，完成动作标准	20		
	该小组成员实训体会分享真实可信，能体现对教学内容的理解与应用	10		
总分				
实训体会与总结：				

【同步测验】

一、单选题

（   ）1. 如果发现主播在直播中常有"揉鼻子"的动作，那很可能是因为他_____。
A. 紧张　　　　B. 开心　　　　C. 说假话　　　D. 痛苦

（   ）2. 主播将中指和食指交叉相叠，在中国此手势表示_____。
A. 关系密切　　B. 数目"10"和"加号"　　C. 相加　　　D. 祈祷幸运

（   ）3. 主播在直播间介绍商品时，有时会用手指在商品上划动指示，那么，应该是用_____。
A. 食指　　　　B. 中指　　　　C. 无名指　　　D. 小指

（   ）4. 主播在直播时应注意下列哪项态势语技巧能够增加与观众的互动？
A. 经常低头看屏幕　　　　　　B. 经常使用眼神交流
C. 维持适当的身体姿势　　　　D. 尽量使用恰当的手势进行辅助表达

（   ）5. 主播可以使用以下哪种态势语技巧来提高观众对内容的理解？
A. 使用简洁明了的语言表达　　B. 避免身体过度动作
C. 使用手指辅助点位指示　　　D. 不改变声音的音调和节奏

（   ）6. 以下哪一个不是主播做出的感谢动作？
A. 主播在直播间将右手抬起，轻轻小幅度摇动
B. 主播在直播间进行右手放在胸口左手放在背后的鞠躬动作

C. 两个手掌交叉或者左右合在一起，在胸前前后摇摆来表示对粉丝的感谢

D. 主播双手十指触碰在一起做出心形的动作

（ ）7. 以下哪种动作是表示主播不开心？

A. 主播在直播间尽情地挥动双手

B. 主播面无表情，只是说话介绍商品

C. 主播突然用力地拍着大腿、拍桌子

D. 主播兴奋地从椅子上站了起来

（ ）8. 除了以下哪个动作，其他都是主播们不应该做的？

A. 摇头晃脑、左顾右盼　　　　　　B. 一直正对镜头对粉丝们说话

C. 扭着头背对着摄像头与粉丝们说话　D. 老是用手去梳理自己的头发

二、多选题

（ ）1. 日常训练有亲和力的表情时，可以特别注意三个部位，分别是_____。

A. 眼神　　　　　B. 鼻子　　　　　C. 嘴角　　　　　D. 眉毛

（ ）2. 常见的体态语言主要有_____。

A. 情态语言　　　B. 形象语言　　　C. 身势语言　　　D. 空间语言

（ ）3. 直播中，主播可以出现_____。

A. 正面脸部　　　B. 侧面脸部　　　C. 正面全身　　　D. 正面半身

（ ）4. 同时伸出食指和中指可以表示"胜利"的国家有_____。

A. 中国　　　　　B. 美国　　　　　C. 英国　　　　　D. 南非

（ ）5. 以下哪些是主播做出的欢迎动作？

A. 主播在直播间用双手尽情地鼓掌

B. 主播把手指张开做出打招呼的动作

C. 主播在直播间做出握手的动作

D. 主播在直播间说出欢迎某粉丝时，伸出右手，做出请的动作

E. 主播手指并拢，掌心对着摄像头，并拢五指指向地板，且与摄像头保持一定距离

三、判断题

（ ）1. 主播不能做出小指伸直，其余四指弯曲，指向直播间摄像头的动作。

（ ）2. 主播可以把一只手的五指展开，做出要抓直播间粉丝的动作。

（ ）3. 主播不能用一只手握拳，去打另一只手掌，这是威胁粉丝的动作。

（ ）4. 主播不能用拇指和食指做成半圆，其余三指弯曲，对粉丝做出掐的动作。

（ ）5. 食指伸直，其余四指弯曲，主播不能在直播间中做出摇摆的动作。

（ ）6. 主播在与粉丝对话时，不能把双臂交叉放在胸前，也不能把双手交叉放在直播案台上与粉丝们对话，或者用一只手肘顶住桌子，手掌托着腮与粉丝们对话。

（ ）7. 不能跷着二郎腿在直播间和粉丝们聊天。

（ ）8. 不能在直播间有规律或无规律地抖腿。

（ ）9. 主播在生气时，不能拍桌子或击桌子，更不能击碎直播间的物品。

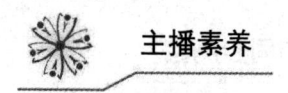

四、简答题

1. 常见的三种节奏类语调有什么不同？

2. 直播在使用身势语寻找镜头感时，有哪些技巧？

3. 训练态势语有哪些方法？

4. 请谈一谈主播为什么要进行表情管理。

任务四　主播话术设计与训练

【同步实训工单】

> 温馨提示：
> 1. 根据实训任务目标设定、任务流程提示和评价指标，学生分组或独立完成实训工单。
> 2. 教师需根据每一份实训工单的具体内容和完成标准设定完成时限和提交标准。
> 3. 学生在完成实训工单任务时，教师应在现场进行巡视或通过云平台进行随访和疑问解答，以更好地督促学生达到任务目标。
> 4. 实训工单任务完成后，按对应评价指标进行公正评价，建议按"学生自评40％＋组间互评30％＋教师评价30％"的模式进行实训工单完成情况成绩评定。
> 5. 建议教师在每一次实训工单任务完成后，对学生完成情况进行统计分析、点评，并引导学生对实训工单任务进行反复训练，尽量达到最优标准。

实训工单编号：4-4

任务主题	直播间话术设计与节奏把控		任务类别	□团队 □个人
任务限时			训练场地	
学生姓名		学号	所在班级	
所在团队			团队任职	□队长 □成员

实训目的：
1. 能较为灵活地把控直播的节奏。
2. 能根据直播的节奏较为准确地选择及运用相对应的直播话术。

操作流程及要求：

任务1：直播话术的复述与总结

（1）请各位同学自行进行几种常见直播话术名称及用处的复述（重复多次，建议以能够记全为准）。
（2）请各位同学自行组队，到新人人气较高的直播间进行观看，分析并总结主播所用话术的名称，并填写下表。

话术名称	话术作用	直播间对应话术复述

任务2：直播话术的撰写

（1）请学生在任务1的基础上进行6种常用话术的撰写，并以小组为单位进行分享、交流、优化。
（2）请学生在直播间进行直播话术的仿真训练，并以小组为单位记录过程中存在的问题，并完成下表。

话术名称	话术撰写	问题或困惑

续表

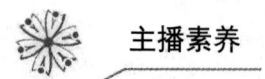

任务 3：直播节奏的把控

（1）请学生熟悉与直播节奏相关的四个阶段及相关策略，并在小组内进行单人复述。

（2）将直播节奏的四个阶段结合任务 2 撰写的话术在直播间进行仿真模拟训练，并记录过程中存在的问题，并完成下表。

直播节奏	涉及话术	问题或困惑
阶段一		
阶段二		
阶段三		
阶段四		

（3）学生在实训过程中应先独立完成各项任务中对于个人的复习及实训要求。

（4）以小组为单位对直播话术、直播节奏、仿真直播环节进行讨论，对于直播话术的完善情况、直播间存在的问题，过程记录中应有所体现。

（5）完成以上任务后，教师随机抽取部分小组或由小组自愿进行任务成果和体会分享，并点评。

任务评价

	评价指标项	标准分数	评价得分	计分
个人自评 40%	能够完整并熟悉地复述直播话术及直播间相关内容的收集及总结	10		
	能在限时内完成该主题直播话术的撰写	10		
	能够完整流畅地复述关于直播节奏四个阶段的相关内容	10		
	能在限时内完成直播话术以及直播节奏的仿真实训	10		
组间互评 30%	该小组成员能自觉利用课堂内外时间完成训练任务	5		
	该小组成员在训练过程中能相互督促、相互启发	5		
	该小组成员整体训练成果较好，完成度和完成质量突出	10		
	该小组成员在分享环节中表现积极，内容真实丰富	10		
教师评价 30%	该小组成员配合默契，能围绕训练目标自觉自主练习，能高效率完成训练任务	10		
	该小组对任务进程的把控较好，能主动利用课余时间巩固练习，时间分配合理	10		
	该小组对过程记录情况真实且清晰，能够体现对教学内容的理解与应用	10		
总分				

实训体会与总结：

【同步测验】

一、单选题

（　　）1. 主播话术设计的核心目标是什么？
A. 增加粉丝互动　　　　　　　　B. 提升直播销售额
C. 增加品牌曝光率　　　　　　　D. 扩大直播受众范围

（　　）2. 下面哪个因素不是主播话术设计时需要考虑的？
A. 直播内容的主题　　　　　　　B. 直播平台的特点

C. 直播时间安排　　　　　　　　D. 直播观众的年龄

(　　) 3. 在主播话术设计中，如何引起观众的兴趣？
A. 高潮迭起　　　　　　　　　　B. 频繁使用激烈的言辞
C. 难度适中　　　　　　　　　　D. 引发争议话题

(　　) 4. 主播话术设计中应避免的错误是什么？
A. 长篇大论　　B. 过多的幽默　　C. 忽略观众的反馈　　D. 强行推销商品

(　　) 5. 下面哪个因素不是进行主播话术设计时的应用场景？
A. 直播购物　　B. 直播娱乐　　C. 直播新闻报道　　D. 直播教育培训

(　　) 6. 主播话术设计的关键在于_____。
A. 口才　　　　B. 内容　　　　C. 流畅度　　　　D. 声音

(　　) 7. 主播话术设计的重点是什么？
A. 主动回应观众提问　　　　　　B. 增加卖点的介绍
C. 不断寻找新素材　　　　　　　D. 维持良好的直播氛围

(　　) 8. 主播话术设计需要注意的技巧是什么？
A. 使用高级词汇　　　　　　　　B. 解释详细的专业术语
C. 使用简单易懂的语言　　　　　D. 避免直接回答观众问题

(　　) 9. 主播话术设计中需要注重的因素是什么？
A. 花费时间　　B. 音调变化　　C. 礼貌用语　　　D. 笑点的设置

(　　) 10. 主播话术设计需要结合什么进行训练？
A. 观众的反馈　　B. 艺术表现　　C. 幽默感　　　D. 高级语言

二、多选题

(　　) 1. 主播话术设计时需要注意的因素有哪些？
A. 直播内容的主题　　B. 直播平台的特点　　C. 直播观众的年龄　　D. 直播时间安排

(　　) 2. 主播话术的流畅度包括哪些因素？
A. 发音准确　　B. 语速适中　　C. 重复口误　　D. 停顿合适

(　　) 3. 下面哪些是主播话术设计中需要注意的技巧？
A. 引发争议话题　　B. 使用高级词汇　　C. 回应观众提问　　D. 使用简单易懂的语言

(　　) 4. 主播话术设计中需要注重的因素有哪些？
A. 音调变化　　B. 礼貌用语　　C. 笑点的设置　　D. 语速过快

(　　) 5. 主播话术设计时需要考虑的应用场景有哪些？
A. 直播购物　　B. 直播娱乐　　C. 直播新闻报道　　D. 直播竞技比赛

三、判断题

(　　) 1. 主播话术设计的成功与否与直播平台无关。

(　　) 2. 主播话术设计的核心目标是提升直播销售额。

(　　) 3. 主播话术设计需要注重音调变化，以避免单调乏味。

(　　) 4. 在主播话术设计中，应该尽量使用高级词汇，以显示自己的专业素养。

(　　) 5. 主播话术设计需要结合观众的反馈进行调整和改进。

项目五　提升主播营销素养

任务一　了解现代营销基础知识

【同步实训工单】

> 温馨提示：
> 1. 根据实训任务目标设定、任务流程提示和评价指标，学生分组或独立完成实训工单。
> 2. 教师需根据每一份实训工单的具体内容和完成标准设定完成时限和提交标准。
> 3. 学生在完成实训工单任务时，教师应在现场进行巡视或通过云平台进行随访和疑问解答，以更好地督促学生达到任务目标。
> 4. 实训工单任务完成后，按对应评价指标进行公正评价，建议按"学生自评30%＋组间互评30%＋教师评价40%"的模式进行实训工单完成情况成绩评定。
> 5. 建议教师在每一次实训工单任务完成后，对学生完成情况进行统计分析、点评，并引导学生对实训工单任务进行反复训练，尽量达到最优标准。

实训工单编号：5-1

任务主题	主播商品介绍训练		任务类别	□团队　□个人
任务限时			训练场地	
学生姓名		学号	所在班级	
所在团队			团队任职	□队长　□成员

实训目的：
1. 能根据选定的商品类型进行短视频文案写作。
2. 能与小组成员共同完成视频拍摄及剪辑任务。
3. 能对教师下发的短视频进行分解，能对其他小组的文案及视频信息进行分析整理。

操作流程及要求：

任务：短视频关键信息分析

（1）学生根据教师下发的短视频，对短视频中主播的文案逐字逐句进行分解，分析其是如何介绍商品的，并记录短视频中主播介绍每款商品所花费的时间。将关键信息填入表1至表3。

表1　短视频关键信息

视频名称	
视频文案	
购物车文案	
发布日期	

表2　短视频结构划分

序号	内容	时长	内容占比
1			
2			
3			

表3 脚本分解

段落	文案	备注
开场介绍		
开场介绍		
开场介绍		
开场介绍		
商品1		
商品1		
商品2		
商品2、		
……		
优惠机制说明		
优惠机制说明		
优惠机制说明		
优惠机制说明		
催促购买		

（2）学生5人组成一个讨论组，从道具组选择同一类型的一组商品，思考这种类型的商品通常从哪几个方面进行介绍。
（3）小组分工，写好文案，拍摄短视频并进行剪辑。
（4）将短视频的关键信息、结构、脚本，填入新的表1至表3（同前表1至表3）。
（5）每个小组在教学平台上分享本小组拍摄的短视频，并对其他小组的短视频进行点评，看看其他小组是从哪几个方面介绍商品的，和本小组的讲解角度有哪些不一样。
（6）教师点评，再次提示训练目标和要点，记录训练效果不佳的学生情况，后续跟进指导（5分钟）。

任务评价

	评价指标项	标准分数	评价得分	计分
个人自评30%	能正确分析短视频的相关信息并填入表1、表2	10		
	能正确分解短视频的脚本并填入表3	10		
	能根据小组分工，完成对应的任务	10		
组间互评30%	该小组成员能自觉利用课堂内外时间完成分工任务	5		
	该小组成员积极主动参与小组合作	5		
	该小组成员在文案写作及视频拍摄任务中表现突出	10		
	该小组成员在分享环节中积极发言，内容丰富，阐述的理由具有条理性	10		
教师评价40%	该小组团队默契，各成员围绕短视频主题自觉自主并高效率完成任务	20		
	该小组对任务进程的把控较好，能主动利用好课余时间反复完善，时间分配合理	10		
	该小组实训体会分享真实可信，能体现对教学内容的理解与应用	10		
总分				
实训体会与总结：				

【同步测验】

一、选择题

（　　）1. 市场＝人口＋_____＋购买欲望。（单选题）
A. 购买力　　　　　B. 购买时间　　　　　C. 购买倾向　　　　　D. 购买方式
（　　）2. _____是市场营销的核心。（单选题）
A. 生产　　　　　　B. 交换　　　　　　　C. 分配　　　　　　　D. 促销
（　　）3. 在市场营销学中，4Ps 营销组合策略包括的内容有_____。（多选题）
A. 商品　　　　　　B. 服务　　　　　　　C. 定价　　　　　　　D. 渠道
E. 促销

二、判断题

（　　）1. 市场营销学中的市场是指人们交易的场所。
（　　）2. 在市场营销学中，需求与欲望的差异主要在于有无购买能力。
（　　）3. 市场营销的最终目标是让顾客满意和实现自身目标。

三、填空题

1. 市场营销的出发点是_____。
2. _____是指人们为满足需要而产生的想得到某种具体满足的愿望，受文化和个性的影响。
3. _____是指人们有能力购买并且愿意购买某种具体商品的欲望。
4. 对纺织品质量的基本要求是实用性、耐用性、_____及_____。

四、简答题

1. 请谈一谈市场营销过程及对市场营销的理解。

2. 什么是商品质量？商品质量的基本要求有哪些？

任务二　分析消费者心理与行为

【同步实训工单】

> 温馨提示：
> 1. 根据实训任务目标设定、任务流程提示和评价指标，学生分组或独立完成实训工单。
> 2. 教师需根据每一份实训工单的具体内容和完成标准设定完成时限和提交标准。
> 3. 学生在完成实训工单任务时，教师应在现场进行巡视或通过云平台进行随访和疑问解答，以更好地督促学生达到任务目标。
> 4. 实训工单任务完成后，按对应评价指标进行公正评价，建议按"学生自评30%＋组间互评30%＋教师评价40%"的模式进行实训工单完成情况成绩评定。
> 5. 建议教师在每一次实训工单任务完成后，对学生完成情况进行统计分析、点评，并引导学生对实训工单任务进行反复训练，尽量达到最优标准。

实训工单编号：5-2

任务主题	分析直播间影响消费者购买行为的因素		任务类别	□团队　□个人
任务限时			训练场地	
学生姓名		学号	所在班级	
所在团队			团队任职	□队长　□成员

实训目的：
1. 能将各主播直播中粉丝关注的商品重点进行记录和整理。
2. 能通过分析各项数据了解消费者心理，分析消费者行为。

操作流程及要求：

任务：直播间影响消费者购买行为因素的分析

（1）打开并登录淘宝 App，选择直播频道，选择你感兴趣的领域。
（2）在你所感兴趣的领域，如美食、美妆、3C用品等，选择观看量较高的直播间进行观看。
（3）进入直播间停留 30 分钟以上，留意直播过程中的粉丝互动评论内容。
（4）将粉丝评论内容中涉及商品的部分进行分类，并整理记录，填入表中。

直播间评论内容分类整理表

品牌	主播	质量	价格	优惠	服务	使用体验	……

（5）对比分析各类数据，分析直播中哪些因素会影响消费者的购买行为。
（6）完成以上任务后，教师随机抽取部分小组或由小组自愿进行任务成果和体会分享，并点评。

续表

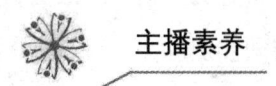

任务评价					
个人 自评 30%	评价指标项	标准分数	评价得分	计分	
	能正确分析直播间商品的相关信息并填入表	10			
	能根据商品相关信息及粉丝评论的内容，分析其购买动机	10			
	能对比、分析数据，指出直播中影响粉丝购买行为的因素	10			
组间 互评 30%	该小组成员能自觉利用课堂内外时间完成分工任务	5			
	该小组成员积极主动参与小组合作	5			
	该小组成员对直播间用户画像的刻画合理	10			
	该小组成员在分享环节中积极发言，内容丰富，阐述的理由具有条理性	10			
教师 评价 40%	该小组成员配合默契，能围绕直播主题自觉自主并高效率完成任务	20			
	该小组对任务进程的把控较好，能主动利用课余时间反复完善，时间分配合理	10			
	该小组实训体会分享真实可信，能体现对教学内容的理解与应用	10			
总分					

实训体会与总结：

【同步测验】

一、选择题

（　　）1. 消费者面对同样的刺激因素产生不同的购买反应，这被认为受到购买者"黑箱"的影响。购买者"黑箱"是指对刺激因素产生行为反应的_____。

A. 心理转化过程　　　　　　　　B. 购买的盲目性

C. 购买的随机性　　　　　　　　D. 无序性行为过程

（　　）2. 某种相关群体的有影响力的人物称为_____。

A. 道德领袖　　B. 意见领袖　　C. 精神领袖　　D. 经济领导者

二、营销游戏——"变脸对抗赛"

1. 游戏目的：学会根据顾客的面部表情及形体语言等因素把握特定信息。

2. 游戏过程。

（1）学生分成两大组、四小组。一大组表演，另一大组进行计时、评定。每一大组平均分成甲、乙两个小组。甲组表演、乙组猜，完成后角色互换。

（2）分组后，所有学生同时准备5分钟，"表演小组"根据下面提示的面部表情确定由谁表演及通过有情节的场景表演形式做出表演，"表演小组"表演完毕，"猜小组"有30秒时间讨论，最后决定答案。

提示：面部表情

快乐/悲伤　　　　　令人高兴的惊奇/令人不高兴的惊奇

担忧/愤怒　　　　　关切/无聊　　　　　匆忙/有兴趣

（3）在学生中评选一名最佳表演者。

3. 游戏规则。

（1）在每组模拟表演的过程中，本组所有学生都必须参加。

（2）在讨论的过程中，每组负责人要做好讨论计划和讨论记录。

（3）在某位学生讨论发言的过程中，其他学生不得随意打断。

4. 游戏准备。

桌子、凳子、纸张、笔、表演所用道具等。

5. 注意事项。

（1）讨论过程中要注意控制时间。

（2）要有创新意识、表演技巧和协作精神，使模拟表演过程充满乐趣。

任务三 熟悉新媒体营销及品牌策划

【同步实训工单】

温馨提示：
1. 根据实训任务目标设定、任务流程提示和评价指标，学生分组或独立完成实训工单。
2. 教师需根据每一份实训工单的具体内容和完成标准设定完成时限和提交标准。
3. 学生在完成实训工单任务时，教师应在现场进行巡视或通过云平台进行随访和疑问解答，以更好地督促学生达到任务目标。
4. 实训工单任务完成后，按对应评价指标进行公正评价，建议按"学生自评30%＋组间互评30%＋教师评价40%"的模式进行实训工单完成情况成绩评定。
5. 建议教师在每一次实训工单任务完成后，对学生完成情况进行统计分析、点评，并引导学生对实训工单任务进行反复训练，尽量达到最优标准。

实训工单编号：5-3

任务主题	商品讲解与品牌策划		任务类别	□团队 □个人
任务限时			训练场地	
学生姓名		学号	所在班级	
所在团队			团队任职	□队长 □成员

实训目的：
1. 能将各主播直播中粉丝关注的商品重点进行记录和整理。
2. 能通过分析各项数据，了解消费者心理，分析消费者行为。

操作流程及要求：

任务1：个人品牌塑造及推广
将自己视为人才市场上的一种商品，结合自己的特点设计一个个人品牌并提出推广方案。

任务2：主播的商品讲解与品牌策划
（1）5人组成一个讨论组，列举知名化妆品品牌的名字、主推商品、目标人群、使用体验等，并填入表1。

表1 相关化妆品品牌说明

品牌	主推商品	目标人群	单位价格	优惠	服务	使用体验	……

（2）在表1中选择一个品牌及教师指定的某品牌（资生堂），进入各自直播间停留30分钟以上，留意直播过程中主播如何结合品牌特征进行商品的讲解。
（3）记录两组主播对商品的讲解内容，并整理记录，填入表2。

表2 直播间主播的商品讲解

品牌	主播	消费者痛点挖掘（需求）	引入商品	提升商品高度（品牌）	营销利益点刺激	下单引导
资生堂						

（4）对比分析各类数据，分析主播的讲解过程，说明哪组主播的讲解更能打动你。

（5）登录百度，学生自拟关键词，查询相关报道，初步了解资生堂品牌在中国的营销策略。

（6）登录资生堂中国官网、天猫旗舰店，观察其商品分类及目标用户人群。

（7）仔细阅读教师下发的资料（见拓展阅读案例），深入了解资生堂是如何进行品牌推广及内容营销的，谈谈你的看法。

（8）完成以上任务后，教师随机抽取部分小组或由小组自愿进行任务成果和体会分享，并点评。

任务评价

	评价指标项	标准分数	评价得分	计分
个人自评30%	能积极参与讨论，表1填写的数据多且准确	10		
	能正确分析直播间主播商品讲解的相关信息并填入表2	10		
	能对比、分析数据，指出直播中主播对商品的讲解是否明确了需求、提升了高度、刺激了购买	10		
组间互评30%	该小组成员能自觉利用课堂内外时间完成分工任务	5		
	该小组成员积极主动参与小组合作	5		
	该小组成员对资生堂品牌相关报道的查询翔实	10		
	该小组成员在分享环节中积极发言，内容丰富，阐述的理由有条理性	10		
教师评价40%	该小组成员配合默契，能围绕直播主题自觉自主并高效率完成任务	20		
	该小组对任务进程的把控较好，能主动利用课余时间反复完善，时间分配合理	10		
	该小组实训体会分享真实可信，能体现对教学内容的理解与应用	10		
总分				

实训体会与总结：

【同步测验】

一、选择题

（　　）1. 国内最受欢迎的社交平台是_____。（单选题）
A. Facebook　　　　B. Youtube　　　　C. 微信　　　　D. 微博

（　　）2. 微博用_____符号加话题关键词可以加入话题的讨论。（单选题）
A. @XXX@　　　　B. XXX　　　　C. #XXXXX#　　　　D. &XXXXX&

（　　）3. 最初发布微博每条信息不超过_____个字符。（单选题）
A. 200　　　　B. 140　　　　C. 180　　　　D. 300

（　　）4. 小红书的目标用户人群以_____为主。（单选题）
A. 20~35岁高消费女性　　　　B. 18左右低消费女性

续表

(3) 每位同学结合以上自评和调整过程，反思自己作为团队一员的优缺点，并提出改进计划和目标，将具体想法填写在下表中。

现有团队角色定位特征		计划改进问题点及目标	
优点	不足	问题	目标

(4) 根据以上分析结果，假定本小组需组建一支主播团队，请根据刚才测评与分析的结论，对每位成员进行岗位分工，梳理基本工作内容，并填写在下表中。

人员姓名	工作岗位	工作内容与职责

(5) 完成以上任务后，教师随机抽取部分小组进行任务成果和体会分享，并点评。

任务评价

	评价指标项	标准分数	评价得分	计分
个人自评 20%	能体会主播团队角色需求特点和作用	5		
	能通过贝尔宾团队角色测试找到自身角色定位	10		
	了解各个角色的优缺点	5		
组间互评 40%	该小组在团队任务中表现出较强的团队合作力	10		
	该小组成员间分工合理，合作默契，能在限时内完成任务	15		
	该小组成员分享积极，内容丰富，能感同身受	15		
教师评价 40%	该小组成员配合默契，围绕目标充分分工，成员各施所长，能高效完成训练任务	20		
	该小组对任务进程的把控较好，时间分配合理	10		
	该小组实训体会分享真实可信，能体现对教学内容的理解与应用	10		
总分				

实训体会与总结：

【同步测验】

一、选择题

（　　）1. 团队中的_____可以不断地给团队未来的发展、管理及信息技术方面带来创新，使这个团队能不断地吸纳新的成员往前走。

A. 创新者　　　　B. 实干者　　　　C. 推进者　　　　D. 完善者

（　　）2. 团队中的_____的挑剔，可以使工作更加完美。
A. 协调者　　　　　　B. 完善者　　　　　　C. 创新者　　　　　　D. 凝聚者
（　　）3. 团队中的_____对工作总是勤勤恳恳、吃苦耐劳，有一种"老黄牛"精神。
A. 完善者　　　　　　B. 协调者　　　　　　C. 监督者　　　　　　D. 实干者

二、判断题

（　　）1. 一个团队，需要有很多不同的角色，每种角色的任务不同、分工不同，但都是因为利益驱动的。

（　　）2. 创新者遇到突如其来的事情时表现得沉着、冷静，正如人们所说的遇事不慌。

（　　）3. 信息者性格往往比较外向，对人、对事总是充满热情，表现出强烈的好奇心，与外界联系比较广泛，各方面的消息都很灵通。

三、填空题

1. 推进者常常表现得思维比较敏捷，对事物具有_____的能力。
2. 在拔河比赛中，喊号子的人就是拔河团队中的_____。
3. 完善者的优点表现为_____和总是_____，绝不会半途而废。

四、简答题

1. 请谈一谈主播团队角色的启示。

2. 请想一想如何充分发挥每种角色优势。

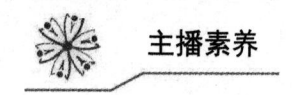

三、填空题

1. 短视频推广常见的两种推广方式包括_____和_____。

2. _____是以文字形式为主的软广告，适当插入图片、视频等元素的文章也属于软文的范畴，常见于贴吧、论坛、社区、微信公众号、微博长文中。

3. 标题要具有_____，且有自己的_____。

四、简答题

1. 请谈一谈主播推广矩阵应该怎么打造。

2. 请想一想软文写作的方法有哪些。

任务三 训练主播团队协作技能

【同步实训工单】

> 温馨提示：
> 1. 根据实训任务目标设定、任务流程提示和评价指标，学生分组或独立完成实训工单。
> 2. 教师需根据每一份实训工单的具体内容和完成标准设定完成时限和提交标准。
> 3. 学生在完成实训工单任务时，教师应在现场进行巡视或通过云平台进行随访和疑问解答，以更好地督促学生达到任务目标。
> 4. 实训工单任务完成后，按对应评价指标进行公正评价，建议按"学生自评20%＋组间互评40%＋教师评价40%"的模式进行实训工单完成情况成绩评定。
> 5. 建议教师在每一次实训工单任务完成后，对学生完成情况进行统计分析、点评，并引导学生对实训工单任务进行反复训练，尽量达到最优标准。

实训工单编号：6-3

任务主题	主播团队协作技能训练	任务类别	□团队 □个人
任务限时		训练场地	
学生姓名	学号	所在班级	
所在团队		团队任职	□队长 □成员

实训目的：
1. 能体会主播团队协作的意义，并能树立协作意识。
2. 能尝试组建主播团队，完成直播活动策划。

操作流程及要求：

任务1：建立团队默契

这是一个快速且简单的小游戏。它可以使整个小组协同工作，并给小组成员带来欢笑。它能够增强小组的凝聚力，激励小组挑战自我，超越自我（活动时间大概15分钟。人数不限，越多越好。需要道具：秒表）。请按以下流程完成。

（1）让所有队员手拉手站成一圈。
（2）随意在圈中选出一个队员，让他用左手捏一下相邻同伴的右手。问第二个队员是否感受到队友传递过来的捏手信号。这里我们把它称为"电波"。告诉大家收到"电波"后要迅速把电波传递给下一个队员，也就是要快速地捏一下下一个队员的手。这样一直继续下去，直到"电波"返回起点。
（3）告诉大家将用秒表记录"电波"跑一圈所需要的时间，然后大喊"游戏开始"，并开始计时。
（4）告诉大家"电波"传递一圈所用的时间，鼓励一下大家，然后让大家重新再做一次"电波"传递，希望能更快一些。
（5）让队员重复做几次"电波"传递，记录下每次传递所用的时间。
（6）等大家都熟练之后，变更"电波"的传递方向，使"电波"由原来的沿顺时针方向传递变为沿逆时针方向传递。
（7）"电波"沿着新方向被传递几次之后，再一次让队员逆转"电波"的方向，同时让队员闭上眼睛或是背向圆心站立。
（8）在游戏快要结束的时候，为了使游戏更加有趣，悄悄告诉第一个队员同时向两个方向传递"电波"，而且不要声张，看这样会带来什么有趣的结果。

问题讨论：
（1）为什么传递方向突然改变后"电波"传递速度会变慢？
（2）为什么闭上眼睛后"电波"传递速度会变慢？
（3）在"电波"沿两个方向同时传递的情况下，"电波源"对面的队员感受如何？

思考和讨论以上问题，并将讨论结果形成思维导图，填写或绘制在以下空白处。完成后，教师随机抽选小组进行分享，并点评。

讨论结果图示：

续表

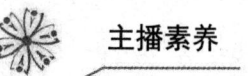

任务2：团队协作完成指定商品的直播活动策划

任务背景：
以下是某品牌商品交由某直播团队销售的商品信息，请小组依据商品信息完成直接活动策划任务。
蛋黄酥是由小麦、蛋黄等做成的传统中式糕点。随着用料的不断升级，蛋黄酥逐渐成为一款网红商品。

商品特点：
（1）黄金酥皮松脆掉渣不发油，严选精制小麦，纯正黄油起酥增香，6道工序恒温烘焙。
（2）精选东北大粒红豆，皮薄味甜、出沙率高，细腻红豆沙清甜绵软，入口即化。
（3）经数百次反复搅拌，保证雪媚娘般柔软，告别传统蛋黄酥干硬口感，软糯弹牙会拉丝。
（4）精选优等鸭蛋，高温烘烤，秘法研磨，打散成沙，改良整颗蛋黄的干硬口感。

商品配料：
小麦粉、鸡蛋、红豆、雪媚娘皮、咸蛋黄、芝麻。

商品包装：
每一枚蛋黄酥都是独立小包装，美味易携带，让精致的生活更有仪式感。每一枚蛋黄酥的包装开口都是齿轮状设计，易撕拉，一盒520克，内含10枚。

适用场景：
（1）营养早餐，方便即食来一包。
（2）高颜值下午茶，精致生活小确幸。
（3）好友休闲聚会，甜蜜时刻齐分享。

销售信息：
平时促销29.9元一箱，销售商底价21.9元一箱，一箱520克，共10枚蛋黄酥，拍下包邮。

关于售后：
（1）商品支持7天无理由退货，但拆封后，非质量问题不退不换。
（2）收到商品后请检查包装是否完好，如有损坏，将问题商品与快递单一起拍照并于24小时内联系客服进行解决。

根据商品信息梳理工作内容并按团队角色类型和特点进行岗位分工，完成下表。

人员	角色类型	工作岗位	工作内容与职责

根据商品信息完成脚本话术撰写。（可直接填写下表，也可制作电子文档上传至云平台）
参考模板如下：

××直播间话术策划	
策划项目	策划商品：
暖场欢迎话术	
自我介绍话术	
引导关注话术	
氛围话术	
推品话术	
催单话术	
专场话术	
感谢话术	
结束话术	

根据商品信息完成直播间预热海报、公告制作，并制作推广短视频。
（此步骤完成作品可打印图片粘在此处，或上传电子文档至云平台）

续表

根据商品信息和直播活动策划主思路，完成直播间搭建策划简案，并将主要内容填写在下表中（能完成布景图示或现场展示更佳）

要求	技术关键或设备要求	责任人
场地要求		
背景要求		
灯光要求		
商品展示区要求		
直播设备要求		
主播服饰造型要求		
其他说明		

任务3：团队协作完成特定主题直播活动策划文案

某品牌女装店想在3月15日开展一场主题直播，请各小组撰写一份简要的主题直播活动策划。主要体现活动主题、选品情况、直播活动内容、推广预热、辅助安排等。可将关键要点绘制为思维导图（较详细），填写在以下空白处，或是上传电子文档到云平台。

教师随机选取小组进行任务完成情况分享，并点评。

任务评价

	评价指标项	标准分数	评价得分	计分
个人自评 20%	能自然融入团队、主动积极参与团队活动	5		
	能在主播团队找到自身定位，完成分配的任务	5		
	能完成直播任务策划创意设计，体现个人技能	10		
组间互评 40%	该小组在团队任务中表现出较强协作力，分工合理，合作默契，能在限时内完成任务	10		
	该小组完成任务内容充实，策划可行性强	20		
	该小组分享内容真实丰富，表达流畅	10		
教师评价 40%	该小组成员配合默契，围绕目标充分分工，成员各施所长，能高效率完成训练任务	10		
	该小组任务实施效果好，完成作品优秀	20		
	该小组实训体会分享真实可信，能体现对教学内容的理解与应用	10		
总分				

实训体会与反思：

【同步测验】

一、选择题

（   ）1. 成功团队的特征不包括_____。（单选题）
A. 凝聚力　　　B. 合作　　　C. 忘我
D. 士气　　　　E. 利益

（   ）2. 主播团队建设步骤包括_____。（多选题）
A. 组建核心层　　B. 制定团队目标　　C. 训练团队精英

D. 培育团队精神　　　E. 做好团队激励

（　　）3. 团队与群体的主要区别可以体现在_____。（多选题）
A. 从领导的角度　　B. 从目标的角度　　C. 从协作的角度
D. 从责任的角度　　E. 从技能的角度　　F. 从结果的角度

二、判断题

（　　）1. 领导人的激励工作做得好坏，直接影响到团队的士气，最终影响到团队的发展。

（　　）2. 团队建设的好坏，不会影响后继发展。

（　　）3. 没有士气的团队是缺乏吸引力、凝聚力、战斗力的；而士气旺盛的团队无论在任何环境中、遇到任何困难，都是无往而不胜的。

三、填空题

1. 主播团队有5个重要的构成要素（5P），分别是_____、人员（People）、定位（Place）、_____、_____。

2. 制定目标时要遵循SMART原则：_____，M——可衡量的，_____，R——相关的，T——有时限的。

3. 团队更强调个人的_____，团队是由员工和管理层组成的一个共同体，该共同体合理利用每一个成员的知识和技能协同工作，解决问题，达到共同的目标。

四、简答题

1. 请谈一谈主播团队应该如何进行有效的沟通。

2. 请谈一谈你对主播团队建设的理解。

责任编辑：张云怡
责任美编：秦　靖

ISBN 978-7-121-48033-1

定价：59.80元